Klaus Bittermann & Christoph Hesse (Hg.)
Umkämpfte Geschichte

THEORIE & DEBATTE Bd. 1

Herausgeber:

Jan Gerber, Klaus Bittermann, Remko Leemhuis

Wir danken dem AJC Berlin Lawrence & Lee Ramer Institute for German-Jewish Relations für die freundliche Unterstützung dieser Publikation.

Wir danken allen Autorinnen und Autoren, die uns ihre Beiträge für dieses Buch zur Verfügung gestellt haben.

Edition
TIAMAT
Deutsche Erstveröffentlichung
1. Auflage: Berlin 2026

Grimmstr. 26 – 10967 Berlin

www.edition-tiamat.de
mail@edition-tiamat.de
Buchcovergestaltung: Felder KölnBerlin Graphikdesign
Druck & Bindung: cpi books GmbH Leck
ISBN: 978-3-89320-335-2

Klaus Bittermann
Christoph Hesse (Hg.)

Umkämpfte Geschichte

Einsprüche gegen die Umdeutung des 7. Oktober

Mit Beiträgen von:

Paul Berman, Alexander Bogner, Pascal Bruckner, Bruno Chaouat, Norman Goda, Jeffrey Herf, Caspar Hirschi, Eva Illouz, Jürgen Kaube, Philipp Lenhard, Benny Morris, Doron Rabinovici, Anne Rethmann, Richard Schuberth, Dana von Suffrin

Critica
Diabolis
346

Edition
TIAMAT

Für Tania Martini

Inhalt

Klaus Bittermann & Christoph Hesse
Kein Ende in Sicht. Vorwort – 7

Eva Illouz
Ist Antizionismus eine Form des Antisemitismus? – 13

Philipp Lenhard
»Go back to Poland!« Das Paradigma des Siedlerkolonialismus – 23

Doron Rabinovici
Die Ächtung. Über den Boykott Israels – 43

Anne Rethmann
Im Namen der Moral. Akademische Boykottaufrufe – 56

Alexander Bogner & Caspar Hirschi
Rollentausch von Aktivisten und Antiakademikern – 69

Benny Morris
Der Krieg gegen die Geschichte. Zu Rashid Khalidis »Der hundertjährige Krieg um Palästina« – 81

Philipp Lenhard
Mit Adorno gegen Israel. Replik auf A. Dirk Moses – 98

Eva Illouz
Omer Bartov und die Grenzen des historischen Vergleichs – 112

Klaus Bittermann
Wie Pankaj Mishra die Welt nach Gaza sieht – 125

Norman J.W. Goda
Begeht Israel einen Völkermord? – 136

Bruno Chaouat
Der Begriff »Genozid« im postmodernen Denken – 152

Eva Illouz
Völkermord? Im Ernst? – 169

Jeffrey Herf
Der Genozidvorwurf und die Verharmlosung der Hamas – 181

Richard Schuberth
And the Winner ist … Hamas! –193

Paul Berman
Ein dummer Cartoon und die Universitätsideologie – 202

Klaus Bittermann
Auf der Suche nach der Identität – 235

Christoph Hesse
Erlöse uns von dem Bösen – 271

Pascal Bruckner
Ein imaginäres Palästina – 279

Jürgen Kaube
Staat als Wille und Vorstellung – 290

Dana von Suffrin
Schon wieder ein Goldenes Zeitalter vorbei – 294

Autoren und Texte – 300

Kein Ende in Sicht

Vorwort

Christoph Hesse & Klaus Bittermann

Zwei Jahre nach dem Massaker der Hamas vom 7. Oktober 2023 ging der Krieg in Gaza mit einem Waffenstillstand zu Ende, von dem allerdings kaum jemand erwartet, dass er der seit Jahrzehnten umkämpften Region den von Donald Trump in Aussicht gestellten »ewigen Frieden« bescheren wird. Unterdessen werden die seither entbrannten Debatten auch hierzulande unvermindert heftig weitergeführt. Diese Schlacht hat Israel jedenfalls verloren.

Das bekommen Juden überall auf der Welt zu spüren, nicht nur diejenigen, die Israel ausdrücklich wohlgesinnt sind. Während Palästina, ein *de facto* nicht existierender Staat, von immer mehr Ländern *de iure* anerkannt wird, steht Israel allenthalben am Pranger. In Europa werden immer mehr israelische Institutionen, Organisationen, Künstler, Sportler, Wissenschaftler usw. boykottiert. Dafür mag auch die in Israel selbst höchst umstrittene rechte Regierung Netanjahus mitverantwortlich sein, doch deutet nichts darauf hin, dass eine im Herbst 2026 möglicherweise gewählte linke oder liberale Regierung daran etwas ändern würde. Schließlich waren die Bemühungen der sozialdemokratischen Premierminister Barak und Olmert um einen friedlichen Kompromiss mit den Palästinensern nicht etwa an mangelnder Bereitschaft der Israelis gescheitert. Die Vorbehalte, die Ablehnung und der unverhohlene Hass, der Israel heute auch aus liberalen Ländern entgegenschlägt, hängt offenbar nicht von Entscheidungen oder Handlungen der jeweiligen Regierung ab. Ebenso wenig nimmt die den Palästinensern bekundete Sympathie an den Entscheidungen Anstoß, die deren Organisationen, nicht zuletzt zum Schaden der eigenen Bevölkerung, treffen. Und nicht einmal an den Verbrechen, die sie sowohl an Israelis als auch den Palästinensern selbst begehen, die sie ihrem aussichtslosen Kampf gegen Israel opfern.

Die im Oktober 2025 vereinbarte Waffenruhe gibt wenig Grund zur Hoffnung. Wenn die Hamas ihre Waffen abgäbe, wie es das provisorisch ausgehandelte Abkommen vorsieht, würde sie ihre Seele verlieren, erklärte Khaled Meshaal, Auslandschef der islamistischen Terrororganisation.[1] Die Hamas, das hat sie mit ihren zahllosen Angriffen auf Israel seit ihrer Machtübernahme in Gaza 2007 deutlich gemacht, lehnt eine friedliche Koexistenz mit einem jüdischen Staat in Palästina kategorisch ab, ganz gleich, zu welchen taktischen Zugeständnissen sie sich einstweilen bereit erklären mag. Kaum war die Waffenruhe in Kraft getreten, priesen ihre Führer sogleich »Stolz, Heldentum und Ehre« der Palästinenser, die sich der »faschistischen Besatzungsmacht« entgegengestellt hätten. Auch künftig werde sie »die nationalen Rechte unseres Volkes nicht aufgeben«.[2] Das »Ende der Besatzung«, für das sie erklärtermaßen kämpft, wäre erst mit einem Ende Israels erreicht. Und selbst dann, so steht zu vermuten, wäre der dort seit langem fest etablierte und kultivierte Hass auf die Juden noch nicht verschwunden. Dass »die Inhalte der palästinensischen Bildungsinstitutionen, vom Kindergarten bis hin zu Hochschulen, von antiisraelischen und antisemitischen Inhalten befreit werden«[3] müssten, wie ein Kommentator meinte, bleibt ein frommer Wunsch.

In Gaza ist die Hamas längst dabei, ihre durch den Krieg zeitweilig erschütterte Macht wieder zu stabilisieren, wie die *FAZ* berichtet: »Der frühere Leiter der Palästinenserabteilung des israelischen Geheimdienstes, Michael Milshtein, schätzt, dass die Islamisten noch über 30.000 Kämpfer verfügen. Das wären kaum weniger als vor dem Krieg, in dem Israels Armee nach eigenen Angaben Zehntausende Kämpfer getötet haben will. ›Die Hamas konnte enorm viele neue Mitglieder anwerben‹,

1 *Jüdische Allgemeine*, 11. Dezember 2025.
2 *Frankfurter Allgemeine Zeitung*, 29. Oktober 2025.
3 *Süddeutsche Zeitung*, 9. Dezember 2025.

vermutet Milshtein. Viele von ihnen seien jung und weniger erfahren als die führenden Köpfe, die die israelische Armee in den vergangenen zwei Jahren getötet hat. ›Aber ideologisch sind sie extrem gefestigt. Sie sind bereit, im Kampf zu sterben.‹«[4] Und nach wie vor können sie sich dabei auf die Unterstützung der Mehrheit der Bevölkerung verlassen.

Eine Umfrage des Palestinian Center for Policy and Survey Research vom Oktober 2025 ergab, dass 69 Prozent der Palästinenser eine Entwaffnung der Hamas ablehnen: 55 Prozent im Gazastreifen, 87 Prozent im Westjordanland. Wenn zugleich 80 Prozent aller Befragten Mahmud Abbas, den Chef der Palästinensischen Autonomiebehörde, für korrupt halten, entspricht dieser Eindruck sicherlich der Wirklichkeit; zu befürchten ist allerdings nur Schlimmeres, nämlich eine Machtübernahme der dort überaus populären Hamas auch im Westjordanland. Aufschlussreicher noch sind die Ergebnisse einer bereits im Oktober 2023 durchgeführten Studie. Demnach wollte die Mehrheit der Palästinenser nicht wahrhaben, dass ein Massaker an Israelis, von dem die Hamas etliche Videoaufnahmen in die Welt hinausgesendet hatte, überhaupt stattgefunden hat. Zugleich befand mehr als die Hälfte der Befragten den Angriff auf Israel für richtig. Den darauf folgenden Einmarsch der israelischen Armee hielten 86 Prozent nicht nur für ungerechtfertigt, sondern auch für einen in genozidaler Absicht geführten Krieg gegen die Palästinenser.

Das sehen ansonsten durchaus ernstzunehmende Leute in Amerika und Europa ganz ähnlich. Die »genozidale Botschaft« (Dan Diner), die die Hamas und ihre willigen Helfer an jenem 7. Oktober nicht nur Israel, sondern allen Juden in aller Welt übermittelt hatten, wurde außerhalb Israels als solche kaum wahrgenommen. Auch von den 250 Personen, die dabei als Geiseln in den Gazastreifen verschleppt worden waren, wo sie, wie man heute weiß, über Hunderte von Tagen gedemütigt und

4 *Frankfurter Allgemeine Zeitung*, 18. Dezember 2025.

misshandelt und viele von ihnen schließlich ermordet wurden, war auf den zahllosen Protestkundgebungen auf der ganzen Welt nicht die Rede. Stattdessen wurde, in zunehmender Lautstärke und Reichweite, ein »Genozid« in Gaza behauptet, von dem man wissen könnte, dass es sich dabei um einen zynischen Propaganda-Coup der Hamas handelt, die von Israel bekommen hat, was sie wollte: einen verheerenden Krieg nach von ihr vorab festgelegten Regeln. Nachdem ihre verwegene Hoffnung auf einen unmittelbar folgenden Angriff der Hisbollah und des Iran auf Israel sich nicht erfüllt hatte, ging es ihr vor allem darum, die militärisch überlegene israelische Armee in dicht besiedelten Gebieten in Kämpfe zu verwickeln, auf dass die Welt genau den Eindruck gewinne, der sich bis heute denn auch weithin verfestigt hat: Israel begeht einen Völkermord. Unschuldige und gleichermaßen wehrlose Menschen würden in der Absicht getötet, das »palästinensische Volk« zu vernichten. Dass das nicht der Wahrheit entspricht, ließe sich leicht feststellen.[5] Die Bereitwilligkeit, mit der diese Geschichte aufgenommen und weiterverbreitet wird – und zwar nicht nur vom *lunatic fringe* der »Palästina-Solidarität«, sondern von Regierungen, einflussreichen Intellektuellen oder Künstlern, NGOs usw. –, lässt allerdings vermuten, dass es dabei um etwas anderes als um Wahrheit geht. Statt die Verhältnismäßigkeit der Mittel zu diskutieren, herrscht das Bedürfnis vor, Israel zu beschuldigen, wenn nicht schlechthin für illegitim zu erklären. Das ist offenbar stärker als der Wunsch, die Ereignisse so rational wie irgend möglich zu begreifen.

Das zumindest versuchen die im vorliegenden Band versammelten Beiträge von Autorinnen und Autoren aus Europa,

5 Siehe Danny Orbach / Jonathan Boxman / Yagil Henkin / Jonathan Braverman, »Debunking the Genocide Allegations: A Reexamination of the Israel-Hamas War from October 7, 2023 to June 1, 2025«, https:// besacenter.org/wp-content/uploads/2025/09/213-2.9.2025-Edited. pdf

Amerika und Israel, die damit zugleich Einspruch erheben gegen eine Umdeutung der Geschichte, wie sie seit bald zwei Jahren auf unterschiedlichen Ebenen betrieben wird: in der Politik, der Wissenschaft und der alltäglichen Publizistik, von Social Media ganz zu schweigen.

Berlin, Dezember 2025

Ist Antizionismus eine Form von Antisemitismus?

Eva Illouz

Wenn die Annahmen, mit denen die beiden Seiten einer Kontroverse ihre Argumente vorbringen, als vorausgesetzt angesehen werden und damit unausgesprochen bleiben, blockieren sie das Denken und verschleiern das Urteil. Lassen Sie mich daher meine eigenen Annahmen darlegen, wenn ich eine Frage anspreche, die seit dem 7. Oktober (und schon davor) im Zentrum vieler Debatten steht: Ist Antizionismus eine Form von Antisemitismus?

Meine erste Annahme ist, dass ethnischer oder rassischer Hass auf binären Unterscheidungen und Hierarchien beruht – hier Christen, dort Juden, hier die Zivilisation, dort Primitive, hier Weiße, dort Schwarze. Diese Binärstrukturen sind tief in Sprache, Geschichten und Bildern verankert und verschwinden auch in scheinbar egalitären Gesellschaften wie den unseren nicht. Im Gegenteil, sie gedeihen dort. Politische Ideologien sind ein fruchtbarer Boden für solche Binärstrukturen.

Meine zweite Annahme ist, dass diese Kategorien nicht so leicht verschwinden – wie sehr wir auch gegen die grobe Vereinfachung und den Hass kämpfen, den sie mit sich bringen. Sie bestehen weiter und »bleiben kleben«, wenn auch auf gewundene und indirekte Weise. Als die Jim-Crow-Gesetze zur Rassentrennung in den USA aufgehoben wurden, wurden Schwarze fortan mit Kriminalität assoziiert; als der Feminismus Gesetzgebungen änderte, kam das Stereotyp der dämonisch-ehrgeizigen Frau auf. Hierarchische Binärstrukturen sind langlebig, weil ihre kognitiven und emotionalen Muster periodisch in neuen Formen wiedergeboren werden.

Die dritte Annahme ist, dass diese Hierarchien so tief in unser kulturelles Unterbewusstsein eingeschrieben sind, dass es viel mehr als bloß Bewusstsein für das eigene Denken erfordert, um sie loszuwerden. Das kulturelle Unbewusste verschont niemanden, auch nicht Mitglieder diskriminierter Gruppen. Manche Frauen können sexistisch sein, manche Juden antisemitisch und manche Antikolonialisten rassistisch. Das Argument »Ich kann kein Sexist/Rassist/Antisemit sein, weil ich eine Frau/schwarz/Jude bin«, ist daher nicht akzeptabel. Und dass nun viele Antizionisten Juden sind, stellt grundsätzlich keinen Beweis dafür dar, dass ihre Ideologie nicht antisemitische Ansichten verbreitet und wiederverwertet. Aus genau diesem Grund habe ich diese Annahmen dargelegt – um eine der schwierigsten Fragen in der politischen Arena anzugehen: Ist Antizionismus eine verschlungene Form des Antisemitismus?

Die progressive Linke – Judith Butler, Pankaj Mishra, Masha Gessen, um nur einige prominente Namen zu nennen – hat viel Energie darauf verwendet, zwischen Antizionismus als politischer Ideologie und Antisemitismus als abscheulichem, irrationalem Gefühl zu unterscheiden. Sie taten dies aus zwei scheinbar guten, wenn auch trivialen Gründen: Erstens weil wir in der Lage sein müssen, israelische Politik zu verurteilen, wenn sie unsere Entrüstung verdient, ohne unter den üblen Verdacht zu geraten, antisemitisch zu sein. Zweitens weil einige Mitglieder des jüdischen und israelischen Establishments (allen voran Premier Netanjahu) gelegentlich den Vorwurf des Antisemitismus zynisch missbrauchen, um Vorwürfe zu unterdrücken, dass Israel gegen internationales Recht verstößt, Kriegsverbrechen begeht und nicht vorhat, eine unmoralische Besatzung zu beenden. So weit, so gut.

Dennoch sind viele liberale und linksgerichtete zionistische Juden wie ich über die aktuellen Formen des Antizionismus tief beunruhigt und davon überzeugt, dass er den Geist des Antisemitismus heraufbeschwört. Warum ist die Bewegung zur Emanzipation der Juden die einzige Nationalbewegung, die 120 Jahre nach ihrer Entstehung noch immer angefochten und verunglimpft wird? Und warum ist Israel der einzige Staat auf der Welt, dessen Existenz auf dem Spiel steht und der ein Thema für Debatten und höfliche Gespräche beim Dinner ist? Die obsessive Beharrlichkeit, mit der Israel an den Pranger gestellt wird, zeigt mir zumindest, dass die Frage nach einer Nähe zwischen Antizionismus und Antisemitismus nicht vermieden werden kann – dem monotonen Mantra zum Trotz, dass sich diese Frage nicht stellen sollte. Um sie zu beantworten, brauchen wir eine Methode. Meine eigene folgt der naheliegenden Ansicht, dass rassischer und ethnischer Hass erkennbar ist, wenn Mitglieder einer Gruppe anders behandelt werden als die anderer Gruppen. Und wenn sie mit entmenschlichenden Bildern und Bedeutungen assoziiert werden.

Beim Versuch zu entscheiden, ob ein Wort, Verhalten oder eine Idee diskriminierend, sexistisch, rassistisch oder islamophob ist, hat sich die progressive Linke im Großen und Ganzen der Einschätzung von Mitgliedern der betroffenen Minderheit unterworfen. Das ist der einzig logische Weg, denn wenn Diskriminierung oder Rassenhass einer Gruppe zum Vorteil und einer anderen zum Nachteil gereicht, können wir nicht die Gruppe, die die Kontrolle hat, darüber urteilen lassen, wie schädlich ihr eigenes Verhalten ist. Ob Männer »nur« ein Kompliment machen oder Frauen am Arbeitsplatz belästigen, wenn sie Kommentare über deren Dekolleté, Gesäß oder Figur machen, kann nur von Letzteren, nicht von Ersteren entschieden werden. Diese Annahme ist universell akzeptiert – außer in einem Fall: wenn es um Juden geht.

Viele Juden bestehen darauf, dass Antizionismus eine Form von Antisemitismus ist, doch diese Behauptung wurde und wird von derselben Linken weiterhin aus mysteriösen Gründen abgelehnt, die sonst allen Minderheiten das Recht einräumt, zu definieren, wann ihre Würde verletzt wird. Beispielsweise haben in vielen westlichen Demokratien Muslime erfolgreich geltend gemacht, dass Themen wie der Einfluss der Muslimbruderschaft in westlichen Gesellschaften oder die patriarchale Unterdrückung von Frauen durch den Schleier islamophob und westzentriert seien. Wir dürfen also fragen, warum das Äquivalent für Juden nicht gilt. Warum ist die Linke gegenüber jüdischen Hinweisen, dass Antizionismus zumindest sehr nahe mit Antisemitismus verwandt ist, taub geblieben? Darüber hinaus sind Juden meines Wissens die einzige Minderheit, die offen und systematisch verdächtigt wird, ihre Opferrolle (»die Shoah«) zu instrumentalisieren, um politische und symbolische Ziele zu erreichen. Ich habe nie gehört, dass ähnliche Vorwürfe gegen andere oder rassische Gruppen erhoben werden, zumindest nicht im liberalen Lager. Die Vorstellung, dass ein progressiv eingestellter Mensch Nachfahren der Sklaverei verdächtige, ihre Geschichte und Opferrolle politisch auszunutzen, ist für mich erschreckend. Doch genau das wird Juden beim Thema Antisemitismus routinemäßig vorgeworfen. Warum gibt es also eine so auffällige Asymmetrie zwischen jüdischen und nichtjüdischen Stimmen, wenn es um die Frage geht, was als Beleidigung ihrer Gruppe gilt?

Ich glaube, es gibt nur eine plausible Antwort: Obwohl Muslime (um beim Beispiel zu bleiben) demografisch, territorial und wirtschaftlich (im Gesamtvermögen) den Juden weit überlegen sind, werden sie als Minderheit betrachtet, während Juden – besonders wenn sie mit Israel assoziiert werden – dieser Status verweigert wird. Wenn Muslime zwei Milliarden Menschen oder fast 30 Prozent der Weltbevölkerung ausmachen und Juden kaum 15 Millionen oder 0,2 Prozent, qualifizieren sich diese eindeutig eher als schutzbedürftige Minderheit. Doch in westlichen Demokratien werden Juden als dominante Gruppe behandelt, eine Wahrnehmung, die durch die Tatsache gestützt wird, dass Israel ein Militärstaat ist, der zahlreiche Kriege gewonnen hat. Umfrage um Umfrage in Europa und den USA ergibt, dass ein Drittel oder mehr der Bevölkerung glauben, Juden hätten zu viel Macht. Interessanterweise glauben auch eher progressive jüngere Menschen häufiger, dass Juden zu viel Kontrolle über Wirtschaft und Medien hätten.

Diese Asymmetrie in der Behandlung von Islam und Judentum verrät eine doppelte Form der Diskriminierung: Der Islam wird als schutzbedürftig angesehen, trotz seiner territorialen Ausdehnung und religiösen Macht, was eine orientalistische Herablassung offenbart. Und den Juden, die implizit mit Macht und Herrschaft assoziiert werden, wird der Minderheitenstatus entzogen. Mehr noch: Die einzige Möglichkeit, die Juden zur Verfügung stand, den Zionismus und die Tatsache, dass sie einen Staat benötigen, zu legitimieren, war stets der Verweis auf den fortbestehenden Antisemitismus – und dieses Argument entwertet sich ipso facto selbst. Die progressive Linke wischt das ganze Konzept des Zionismus vom Tisch, indem sie es reduktiv zur »scharfgemachten Instrumentalisierung« einer tragischen Historie umdeutet. So betrachtet solle der Begriff »Zionismus« durch seine Assoziation mit dem Judentum Israels Verbrechen rechtfertigen.

Die Verurteilung des Antisemitismus durch Juden wird tautologisch zum »Beweis« ihrer hinterhältigen Manipulation und disqualifiziert sie damit automatisch. Beachtenswert ist hier, dass die listigen Manöver des Iran und anderer muslimischer Länder, jede Kritik am Islam als Islamophobie zu diskreditieren, nie auf ähnliche Vorbehalte seitens der progressiven Linken gestoßen sind. Und so können wir ziemlich sicher sagen, dass die beiden wichtigsten Merkmale, die Antisemiten den Juden zugeschrieben haben, »zufällig« genau die sind, die heute Zionisten und dem Zionismus zugeschrieben werden: zerstörerische Macht und böswillige Ränkespiele, um sich der Verantwortung zu entziehen. Diese beiden antisemitischen Schlüsselmotive wurden vom Antisemitismus abgetrennt und auf den Zionismus übertragen.

Lassen Sie mich ein Dokument zitieren, das vom »Dyke March« in New York 2025 veröffentlicht wurde – der lesbischen Protestparade für mehr Sichtbarkeit. Das Dokument listet viele unterstützenswerte Forderungen auf: »Für körperliche Autonomie und reproduktive Gerechtigkeit; für die Befreiung aller unterdrückten Menschen; pro Einwanderer; bodyneutral und Fett-positiv; inklusiv für alle Religionen und spirituellen Praktiken; unterstützend für Sexarbeiter*innen; sex- und kinkpositiv; generationenübergreifend; für Selbstfindung; nichthierarchisch; ein Ort für Gemeinschaft und queere Freude; inklusiv.« In dieser beeindruckenden Liste gibt es nur eine Sache, die auf der Liste des Bösen steht: Zionismus. Urteilen Sie selbst: »Anti-zionistisch: Wir lehnen die nationalistische politische Ideologie des Zionismus ab, insbesondere so, wie sie von US-Institutionen propagiert wird, und die weiterhin zur Unterdrückung, Vertreibung und Marginalisierung des palästinensischen Volkes genutzt wird. Anti-Zionismus lehnt die imperialistische Vorstellung ab, dass das Selbstbestimmungsrecht eines Volkes zur Rechtfertigung institutioneller Ungleichheit, der gewaltsamen Vertreibung einer lokalen Bevölkerung oder der ethnischen Säuberung und des Genozids an einer anderen ethnischen und kulturellen Gruppe genutzt werden kann. Wir unterscheiden klar zwischen Opposition gegen Zionismus als politischer Ideologie und Antisemitismus. Wir stellen uns gegen Antisemitismus in all seinen Formen und erkennen an, dass das jüdische Volk historischer und fortdauernder Unterdrückung ausgesetzt war. Unsere Kritik richtet sich gegen ein politisches System und eine Ideologie, nicht gegen das jüdische Volk oder das Judentum.«

Beachten Sie, dass die formelhafte Unterscheidung zwischen Antizionismus und Antisemitismus hier wiederholt wird, um Antisemitismusvorwürfen vorzubeugen und Juden, die sich beleidigt fühlen könnten, zum Schweigen zu bringen. In der langen Liste der Übel, die die Welt plagen, sind nur Israel und Zionismus erwähnenswert. Nicht Klimawandel, nicht die Gefahr eines Nuklearkrieges, nicht die brutale Unterdrückung von Frauen in Afghanistan, nicht der russische Krieg gegen die Ukraine, nicht der Welthunger und verhinderbare tödliche Krankheiten, nicht die Millionen Vertriebenen und Ermordeten in der Republik Kongo. Nur Israel und Zionismus. Noch bemerkenswerter ist die Gleichsetzung von Zionismus und israelischer Politik. Tatsächlich ist Zionismus keine automatische Billigung der israelischen Politik. Es ist der Antizionismus, der Israel auf seine Politik reduziert. Und es damit leichter macht, das Land als Quelle des Bösen zu verallgemeinern.

Soweit ich weiß, wurde keine andere nationale Bewegung eines Volkes zu einem ähnlich generativen Prinzip des Bösen gemacht. Zum Beispiel wurde die FLN, deren Ergebnis das besonders mörderische Regime in Algerien war, nicht zu einer dämonischen Ideologie eines dämonischen Staates erklärt. Nur im Fall Israels ist das Gründungsprinzip einer Nation zu einem absoluten Antiprinzip geworden, gegen das sich Progressive aller Couleur versammeln. Normale israelische Bürger werden so zu Repräsentanten dieses kollektiven bösen Wesens gemacht. Bobby Vylan, ein englischer Punk-Sänger, drückte es in einem Song am treffendsten aus: »Death, Death, to the IDF.« Israelis sind die einzige Gruppe auf der Welt, die nicht nur boykottiert wird (»Ghettos« waren frühe Formen des Boykotts), sondern deren Tod öffentlich gefordert wird. Das liegt daran, dass Zionismus heute ein Makel und, wie der marxistische Wissenschaftler Steve Cohen sagt, transzendental geworden ist – eine prinzipielle Opposition gegen Israel, unabhängig von dessen Politik und Handlungen.

Da Zionismus den Juden ihr Selbstwertgefühl zurückgab und ihnen ermöglichte, mit erhobenem Kopf zu gehen, ist die Stigmatisierung des Zionismus etwa so, als würde man die Schwulenbewegung oder die zur Emanzipation Schwarzer zu Quellen der Schande machen. Genau deswegen fordern Progressive eine Unterscheidung zwischen Zionisten und Juden, zwischen Antizionismus und Antisemitismus. So können sie vermeiden, was eigentlich offensichtlich ist: Zionismus ist für das Judentum, was Weizen für die Spreu ist – begrifflich unterscheidbar, in der Praxis aber kaum zu trennen. Zionismus und Judentum sind so eng miteinander verbunden, dass nur eine gesunde Portion Selbsttäuschung das Gegenteil behaupten kann. Dennoch hat die progressive Linke enorme Energie darauf verwendet, uns davon zu überzeugen, dass die Bundisten der Zeit zwischen 1890 und 1930, die eine Auswanderung nach Palästina ablehnten und den Hass der Welt durch kulturelle Autonomie in Europa überwinden wollten, denen gleichzusetzen seien, die heute Todessongs auf Israel anstimmen. Der Versuch, einen Keil zwischen Antizionismus und Antisemitismus zu treiben und zeitgenössische Antizionisten als harmlose Bundisten zu sehen, hat enorme Verwirrung gestiftet – mit vier konkreten Folgen: Erstens wird es Juden erschwert, zu definieren, ab wann und sogar ob sie verunglimpft werden, wie es anderen Minderheitengruppen möglich ist. Juden können nicht mehr selbst bestimmen, wann ihre Würde gewahrt wird und wann nicht. Zweitens macht die Unterscheidung zwischen Antizionismus und Antisemitismus Juden nur dann akzeptabel, wenn sie dem Zionismus abschwören – so wie Christen einst von Juden verlangten, ihrem Glauben und ihrer Selbstdefinition abzuschwören, um verschont zu bleiben. Drittens führt das Misstrauen gegen jede Verurteilung des Antisemitismus als angebliche Strategie zur Förderung israelischer Interessen dazu, dass die progressive Linke einen geschlossenen Kreislauf erzeugt: Sie stellt die tautologischen Bedingungen dafür auf, sich a priori von jedem Vorwurf ethnischen, rassischen oder religiösen Hasses gegen Juden zu befreien, während sie gleichzeitig antisemitische Stereotype von Juden als verschlagene und zerstörerische Akteure reproduziert.

Schließlich schafft die Unterscheidung zwischen Antizionismus und Antisemitismus mehr Raum für Antisemitismus: Der scheinbare Keil zwischen politischer Meinung (Antizionismus) und illegitimem Hass (Antisemitismus) verschleiert die Kontinuität zwischen beiden und haucht dem Antisemitismus neues Leben ein. Genau das hat ein kürzlich erschienener Artikel von Masha Gessen in der *New York Times* geschafft: Demnach waren der Anschlag auf zwei israelische Botschaftsmitarbeiter am 21. Mai 2025 vor dem Capital Jewish Museum und der Brandanschlag auf eine proisraelische Kundgebung in Boulder nicht antisemitisch, sondern »untrennbar« mit Gaza verbunden. Also nicht von Hass, sondern von politischer Meinung motiviert. Gessens These steht für die Verwandlung von ethnischem Hass in eine respektable politische Meinung.

Wir müssen endlich mit dem doppelten Trugschluss aufräumen, dass Zionismus gleichbedeutend mit Unterstützung israelischer Politik und Antizionismus radikal verschieden von Antisemitismus sei. Sie sind vielleicht nicht identisch, aber sie weisen definitiv eine Familienähnlichkeit auf. Sehr viele Juden, mich eingeschlossen, haben keinerlei Schwierigkeiten, Zionist zu sein und gleichzeitig aufs Schärfste die Unmenschlichkeit des Krieges in Gaza und die Unmoral der Besatzung zu verurteilen. Wir haben kein Problem damit, Netanjahus Zynismus zu erkennen und dennoch die überwältigenden Beweise für Antisemitismus zu sehen. Netanjahu entwertet nicht die Existenz Israels, so wie Putin nicht die Russlands entwertet. Juden instrumentalisieren Antisemitismus nicht mehr oder weniger, um ihre Ziele zu erreichen, als Muslime Islamophobie instrumentalisieren, um strategische Vorteile im politischen Feld zu gewinnen. Wahrscheinlich tun sie es sogar weniger. Alle politischen und ideologischen Akteure instrumentalisieren. Es gibt nichts »Besonderes« an der angeblichen Instrumentalisierung durch Juden oder Israelis, denn politische Akteure versuchen oft, ihre Gegner auf hinterhältige oder legitime Weise zum Schweigen zu bringen.

In einer Welt ohne Antisemitismus würden weder Israels unmoralische Handlungen noch Netanjahus Zynismus den Zionismus in Frage stellen. Zionismus bedeutet, die Tatsache zu unterstützen, dass Israel – ein sehr fehlerhafter und unvollkommener Staat, wie die meisten Staaten – die legitime nationale Heimat der Juden ist. Für Antizionisten hingegen sollte gerade dieser Staat – und nur dieser – »abgeschafft« werden, physisch oder symbolisch.

Seine Bürger sollten eigentlich nicht existieren, da sie boykottiert werden müssen – also vom menschlichen Geschehen ausgeschlossen. In Wahrheit macht Antizionismus den Hass auf Israelis zur Pflicht. Die Behauptung, Antizionismus sei vom Antisemitismus zu trennen, ist kognitiv unplausibel und moralisch betrügerisch. Stellen Sie sich für einen Moment vor, es gäbe eine ganze intellektuelle Bewegung, die die Abschaffung afrikanischer Staaten fordert, sie ächtet und zu Paria-Staaten macht, sie wegen ihrer endlosen Kriege obsessiv verunglimpft und dabei hoch und heilig schwört, diese Haltung sei nicht rassistisch ... Es steht zu bezweifeln, dass viele darauf hereinfallen würden.

Antizionismus verweigert Juden eine wesentliche Dimension ihrer Existenz und Selbstdefinition; er verlangt von ihnen, auf einen elementaren Bestandteil ihrer Identität zu verzichten. Mehr noch: Wie die Reaktionen auf den 7. Oktober gezeigt haben und wie Masha Gessens Artikel schmerzhaft verdeutlicht, geht es beim Antizionismus möglicherweise darum, das Töten von Juden zumindest legitimer zu machen. Genauso wie Juden in der christlichen Welt diffamiert wurden, wo sie mit Verbrechen, Gottesmord, dem Vergießen von Nichtjudenblut und Ritualmorden in Verbindung gebracht wurden, ist es nun der Zionismus, dem dieselben Attribute der Destruktivität und Kriminalität zugeschrieben wurden. Eine säkulare Ideologie, deren Ziel es war, den Juden Würde und Unabhängigkeit zurückzugeben, wird als einzigartiger Träger einer radikalen Schuld und eines Bösen herausgestellt. Keine Parolen können das Offensichtliche verbergen: Antisemitismus gibt dem Antizionismus seinen Treibstoff und seine Leidenschaft, seine wichtigsten semantischen Motive. Er ermöglicht es Antisemiten, sich besser an die vorherrschenden Normen und die vorherrschende Sprache anzupassen. Es ist an der Zeit, diese Täuschung zu entlarven.

Der Antizionismus wird uns nur daran hindern, die dringenden Aufgaben zu bewältigen, die vor uns liegen: Israels rücksichtslose Zerstörung des Gazastreifens zu stoppen, den Gazastreifen wieder aufzubauen, den Palästinensern eine humane Zukunft zu geben und einen dauerhaften Frieden in der Region zu schaffen. Solange unsere Sprache von Antisemitismus kontaminiert ist und solange wir Kritik mit einer ontologischen Ablehnung Israels verwechseln, werden wir uns nur weiter von diesem Ziel entfernen.

Aus dem Englischen übersetzt von Sara Peschke.

»Go back to Poland!«
Der Zionismus, Palästina und das Paradigma des Siedlerkolonialismus

Philipp Lenhard

Am 20. April 2024, also genau 135 Jahre nachdem Adolf Hitler in Braunau am Inn zur Welt gekommen war, schrie in New York ein junger Mann in gelber Regenjacke, mit schwarzer Baseball Cap und Palästinafahne in der Hand »Go back to Poland!« in Richtung einer Gruppe jüdischer Studenten, die mit einer israelischen Flagge ausgestattet gegen den anschwellenden Antisemitismus an der Columbia University protestierten.[1] Diese antisemitische Attacke war zwar nicht repräsentativ für die antiisraelischen Proteste insgesamt, aber auch alles andere als ein Zufall. Vielmehr kam in dem Wunsch, die Juden möchten doch bitte verschwinden, und zwar am besten in das Land von Auschwitz und Kielce, eine postkoloniale Form der Judenfeindschaft zum Ausdruck, deren Geschichte zwar schon viel weiter zurückreicht, die aber erst im Schatten des gegenwärtigen Gazakrieges in den Vordergrund gerückt ist.

Wie kann man sich nun dem Zusammenhang zwischen postkolonialer Theorie und antiisraelischem Aktivismus aus geschichtswissenschaftlicher Perspektive nähern, ohne pauschalisierend zu behaupten, Postkolonialismus sei per se israelfeindlich und antisemitisch? Mit der zweifellos korrekten Aussage, »die« postkoloniale Theorie gebe es schließlich gar nicht, ist leider wenig gewonnen.[2] Zwar ist es richtig, dass maßgebliche

1 Steven Vago/Isabel Keane, »Anti-Israel protester screams ›Go back to Poland‹ at demonstrators with Israeli flag outside Columbia, harrowing video shows«, 21.4.2024, https://nypost.com/2024/04/21/us-news/anti-israel-protester-screams-at-demonstrators-with-israeli-flag-outside-columbia-u-go-back-to-poland/ (letzter Zugriff: 8.9.2024).

2 Sebastian Conrad, »Postkolonialismus und Israel: Anklage eines Ansatzes«, in: *Frankfurter Allgemeine Zeitung* vom 13.3.2024.

Vertreter des Postkolonialismus wie etwa Homi Bhabha, Gayatri Spivak oder Dipesh Chakrabarty dem Nahostkonflikt in ihrem Werk verhältnismäßig wenig Aufmerksamkeit gezollt haben, dennoch gehören neben unzähligen neueren Publikationen, wie etwa denen Joseph Massads, Patrick Wolfs, Saree Makdisis oder auch Ilan Pappés, nach wie vor auch Pionierstudien wie Maxime Rodinsons »Israel: A Colonial Settler-State?« von 1967, Fayez Sayeghs »Zionist Colonialism in Palestine« von 1965 und vor allem Edward Saïds »The Question of Palestine« von 1979 zu einflussreichen Schriften auf dem Gebiet.[3] Insofern ist es eben auch wenig überraschend, dass sich antiisraelische Aktivisten seit langem und zunehmend auf postkoloniale Begriffe und Konzepte beziehen.[4] Waren bis in die 1990er Jahre hinein vornehmlich marxistisch-antiimperialistische Deutungsmodelle in der Palästinasolidarität dominant gewesen, so verschob sich der Diskurs nach dem Zusammenbruch der Sowjetunion zunehmend in Richtung postkolonialer Theorie. An die Stelle der geopolitischen Erweiterung des Klassenkampftheorems im Sinne einer Unterscheidung zwischen »proletari-

3 Joseph Massad, »The Persistence of the Palestinian Question. Essays on Zionism and the Palestinians«. London 2006; Patrick Wolfe, »Settler Colonialism and the Elimination of the Native«, in: *Journal of Genocide Research* 8/4, 2006, S. 387–409; Saree Makdisi, »Palestine Inside Out. An Everyday Occupation«. New York 2008; Ilan Pappé, »Die ethnische Säuberung Palästinas«. Frankfurt am Main 2007; Maxime Rodinson, »Israel. A Colonialist Settler-State?« New York 1973 [1967]; Fayez Sayegh, »Zionist Colonialism in Palestine«, in: *Settler Colonial Studies* 2/1, 2012, S. 206–225; Edward Saïd, »The Question of Palestine«. New York 1979. Einen Überblick über die theoretischen Debatten des Faches und den zentralen Stellenwert Saïds bietet etwa: Leela Gandhi, »Postcolonial Theory. A Critical Introduction«. New York 1998, S. 64–80. Neueren Datums und in deutscher Sprache ist: María do Mar Castro Varela/Nikita Dhawan, »Postkoloniale Theorie. Eine Einführung«. 3. akt. Aufl. Bielefeld 2020, S. 99–159.

4 In jüngster Zeit hat es auch in den *Israel Studies* Versuche gegeben, postkoloniale Ansätze fruchtbar zu machen. Siehe etwa Arieh Saposnik/Derek Penslar/Stefan Vogt (Hg.), »Unacknowledged Kinships. Postcolonial Studies and the Historiography of Zionism«. Waltham, MA 2023.

schen Völkern« und »imperialistischer Bourgeoisie« trat nun der Fokus auf postkoloniale Gewalt- und Machtverhältnisse zwischen »globalem Süden« und »globalem Norden«.[5] Antiimperialistische und postkoloniale Theorie schließen sich selbstverständlich nicht aus, dennoch brachte der poststrukturalistischen Einflüssen geschuldete Verzicht auf marxistische Analysekategorien auch weitreichende Veränderungen der Theorie mit sich, etwa im Hinblick auf die Bewertung von Religion, Tradition, Fortschritt, Technologie und Kultur.[6] Das eurozentristische und modernisierungstheoretisch grundierte marxistische Interpretationsmodell wurde zunehmend durch ein identitätspolitisch gefärbtes, antiwestliches Deutungsschema globaler Machtstrukturen ersetzt, obwohl gerade der Poststrukturalismus sich ja die Dekonstruktion fixer Identitäten auf die Fahnen schreibt.[7]

Der mal mehr und mal weniger stark ausgeprägte identitäre Gehalt postkolonialer Theorie kommt am deutlichsten in einer spezifischen Spielart zum Ausdruck, nämlich im Siedlerkolonialismus-Theorem, das auf der undifferenzierten, polaren Gegenüberstellung von Indigenen und Siedlern aufbaut und diese

5 Das Konzept des »globalen Südens« geht in Anlehnung an Gramscis Auseinandersetzung mit dem italienischen Nord-Süd-Gefälle wesentlich auf den indischen Historiker Ranajit Guha und die von ihm mitgegründete »Subaltern Studies Group« der 1980er Jahre zurück, weist aber auch Berührungspunkte mit der älteren Dependenztheorie auf.

6 Exemplarisch siehe Gayatri Chakravorty Spivak, »Practical Politics of the Open End«, in: Sarah Harasym (Hg.), »The Post-Colonial Critic. Interviews, Strategies, Dialogues«. New York 1990, S. 95–112. Eine integrative Position vertreten: Crystal Bartolovich/Neil Lazarus (Hg.), »Marxism, Modernity, and Postcolonial Studies«. Cambridge/New York 2002. Dass der Postkolonialismus »antimarxistisch« sei, beklagt etwa der Soziologe Vivek Chibber, »Postkoloniale Theorie und das Gespenst des Kapitals«, Berlin 2018.

7 Innerhalb der postkolonialen Studien siehe etwa Homi K. Bhabha, »Hybridité, identité et culture contemporaine«, in: Jean Hubert Martin (Hg.), »Magiciens de la terre«, Paris 1989, S. 24–27.

festschreibt.[8] Das ursprünglich vor allem anhand der Geschichte Amerikas und Australiens entwickelte Konzept des Siedlerkolonialismus beansprucht, die scheinbar planlose und durch Abenteuerlust getriebene europäische Besiedlung und Inbesitznahme »neuer« Länder und Kontinente zu erklären, welche die Siedler für herrenlos hielten. In seinem Standardwerk hebt Patrick Wolfe gegen antikoloniale Theoretiker wie Frantz Fanon und Amílcar Cabral hervor, dass in den Siedlerkolonien nicht die Ausbeutung von Arbeitskraft und Ressourcen der Kolonisierten im Vordergrund gestanden habe, sondern die Vertreibung und Auslöschung der indigenen Bevölkerung.[9] Die europäischen Siedler verdrängten die autochthonen Einwohner des Landes, entrechteten sie, zerstörten ihre Kulturen und töteten einen Großteil von ihnen – sowohl durch unmittelbare Gewaltakte als auch durch eingeschleppte Krankheiten und die langfristigen Folgen der Vertreibungs- und Siedlungspolitik. Im siedlerkolonialistischen Paradigma sind die weißen Europäer unerwünschte Eindringlinge in eine ihnen fremde Welt – das mächtige koloniale Mutterland agiert zwar im Hintergrund und stattet die Siedler mit Ressourcen, Waffen und Ideologie aus, aber der Fokus der Siedlerkolonialismus-Theorie richtet sich auf die lokalen Macht- und Gewaltbeziehungen zwischen Allochthonen und Autochthonen.

Politische Aktivisten, die dieses Modell auf die Konflikte der Gegenwart anwenden, sind häufig der Auffassung, dass der Siedlerkolonialismus, der sich in staatlichen Formationen wie den USA, Kanada, Australien oder eben Israel institutionalisiert habe, letztlich nur durch die Rückgabe des gesamten ursprüng-

8 Zum Konzept der Indigenität im Kontext Israel-Palästina siehe: Amal Jamal, »Arab Minority Nationalism in Israel. The Politics of Indigeneity«, London/New York 2011, bes. S. 12–27. Mahmood Mamdani, »Neither Settler nor Native. The Making and Unmaking of Permanent Minorities«, Cambridge 2020, kritisiert die Naturalisierung dieser Identitäten aus postkolonialer Sicht.

9 Patrick Wolfe, »Settler Colonialism and the Transformation of Anthropo-logy. The Politics and Poetics of an Ethnographic Event«, London 1999, S. 1.

lichen Landes an die Indigenen und eine Dekonstruktion der politischen und sozialen Strukturen des Siedlerstaates abgeschüttelt werden könne.[10] Während unter den Indigenen Nordamerikas oder Australiens kaum jemand solch radikale Forderungen vertritt, sieht dies im Falle Palästinas ganz anders aus – maßgebliche politische Kräfte in der Region kämpfen offen für die vollständige Beseitigung des jüdischen Staates und die Errichtung eines arabischen und/oder islamischen Staates auf »jedem Zentimeter Palästinas«.[11] In der nach wie vor gültigen PLO-Charta von 1964/68 werden zwar »Juden, die vor dem Beginn der zionistischen Invasion in Palästina normal ansässig waren« (Art. 6), explizit als Palästinenser angesehen, doch der »angeborenen« und »von den Eltern auf die Kinder übertragenen« (Art. 4) palästinensischen Indigenität wird der Zionismus als ›raumfremde‹, europäisch-imperialistische Invasionsmacht gegenübergestellt.[12] Das Siedlerkolonialismus-Paradigma scheint also wie auf die politischen Ambitionen der PLO und anderer palästinensischer Organisationen zugeschnitten zu sein. Das erklärt auch, zumindest teilweise, warum antiisraelische Aktivisten im Westen dieses Erklärungsmodell in ihr politisches Weltbild übernehmen.

Aufgabe der Geschichtswissenschaft ist es, die These des »zionistischen Siedlerkolonialismus« auf ihren historischen Sachgehalt zu prüfen und damit Einfluss auf den öffentlichen Diskurs zu nehmen. Als Material eignet sich dafür besonders der jüngst auch in deutscher Übersetzung erschienene Bestseller »The Hundred Years' War on Palestine« des Historikers Rashid

10 Siehe die vielen Beispiele bei Adam Kirsch, »On Settler Colonialism. Ideology, Violence, and Justice«, New York 2024. Dtsch., »Siedlerkolonialismus. Ideologie, Gewalt und Gerechtigkeit«, Berlin 2025.

11 »Charter of the Islamic Resistance Movement (Hamas) of Palestine.« Translated by Muhammad Maqdsi, in: *Journal of Palestine Studies* 22/4, 1993, S. 124 (meine Übersetzung, PL).

12 »The Palestinian National Charter: Resolutions of the Palestine National Council«, July 1–17, 1968, https://avalon.law.yale.edu/20th_century/plocov.asp (meine Übersetzung, PL).

Khalidi, Edward-Saïd-Professor of Modern Arab Studies an der Columbia University und Mitherausgeber des *Journal of Palestine Studies.*[13] Mit seiner Monographie legte Khalidi eine postkolonial informierte, aus den Quellen gearbeitete Meistererzählung vor, die den antiisraelischen Protesten an US-Eliteuniversitäten Legitimität zu verleihen scheint und das skizzierte PLO-Narrativ geschichtswissenschaftlich unterfüttert.[14] Während in New York, Los Angeles oder Berkeley wütende Demonstrationen gegen »zionistischen Siedlerkolonialismus« und »Israels Genozid« stattfanden, wurde Khalidis Darstellung einer sich angeblich seit einem Jahrhundert vollziehenden kolonialen Landnahme Palästinas zum Verkaufsschlager. In studentisch organisierten Teach-Ins und populären Podcasts wurden Khalidis Thesen verbreitet, er selbst sprach auf zahlreichen Events und mindestens einer Kundgebung an der Columbia University. Damit hat das Buch für die Protestbewegung eine ähnliche Funktion inne wie einst Herbert Marcuses »One-Dimensional Man« für die Neue Linke. Wie Marcuse damals militante afroamerikanische Gruppierungen zur Avantgarde des Widerstands gegen Kapitalismus und US-Imperialismus stilisierte, um trotz der Enttäuschung über den ausbleibenden Klassenkampf des Proletariats an einer revolutionären Perspektive festhalten zu können, so rückt heute für so manchen Linken der antizionistische Kampf radikaler palästinensischer Gruppen an die Stelle des revolutionären Subjekts. Für viele Aktivisten in den Gaza-Solidaritäts-Encampments ging es beim Nahostkonflikt nicht nur um einen nationalen und territorialen Konflikt, sondern um einen Kampf zwischen Imperialismus und Antiimperialismus, kapitalistischem Westen und globalem Süden, »White supre-

13 Rashid Khalidi, »The Hundred Years' War on Palestine. A History of Settler Colonialism and Resistance, 1917–2017«, New York 2020. Alle im Fließtext genannten Seitenzahlen verweisen auf dieses Buch. Dtsch. »Der Hundertjährige Krieg um Palästina. Eine Geschichte von Siedlerkolonialismus und Widerstand«, Zürich 2024.

14 Siehe dazu die Rezension von Reinhard Schulze, »Modernisierung eines Mythos«, in: *Süddeutsche Zeitung* vom 14.6.2024.

macy« und »POCs«, ja letztlich um einen eschatologischen Krieg zwischen den Mächten des Bösen und des Guten.[15] Diese mitunter geradezu religiöse Dimension des heutigen Antizionismus ist ausschlaggebend für die Radikalität und Kompromisslosigkeit eines Teils der Protestbewegung. Das dichotome Weltbild führt zudem dazu, dass historische Fakten nur sehr selektiv zur Kenntnis genommen werden. Gerade das erhellt den großen Erfolg von Khalidis Buch, das in großer Fülle aufbietet, was das global zirkulierende Gerücht über den Zionismus bestätigt.

Trotz großen Detailreichtums und einer Vielzahl an Quellen präsentiert Khalidi eine weitgehend widerspruchsfreie Geschichte, die drei ineinander verwobene Grundthesen vertritt: *Erstens* habe der westliche (zunächst britische, dann US-amerikanische) Imperialismus seit 1917 kontinuierlich versucht, die autochthone palästinensische Gesellschaft mithilfe des Zionismus zu unterjochen und zu unterwerfen, *zweitens* habe der Zionismus als siedlerkolonialistische Bewegung von Anfang an auf die vollständige Verdrängung der Palästinenser und die Inbesitznahme des gesamten Territoriums abgezielt – mit anderen Worten, auf eine »ethnische Säuberung« Palästinas und einen Genozid an den Palästinensern. *Drittens* schließlich sei der Erfolg des zionistischen Projekts letztlich eine Folge des Zusammenwirkens von Imperialismus, Siedlerkolonialismus und Nationalsozialismus gewesen, da die Vertreibung der Juden aus Europa den entscheidenden demographischen Ausschlag für die Staatsgründung gegeben habe. Die Palästinenser seien deshalb letztlich zu Opfern der vermeintlich prozionistischen Nationalsozialisten geworden.[16]

15 Vgl. dazu Philipp Lenhard, »Israel als Symbol des Bösen: Das projizierte Feindbild«, in: *taz – die Tageszeitung* vom 9. 12. 2023.

16 Zur NS-Politik gegenüber dem Zionismus siehe Francis R. Nicosia, »Hitler und der Zionismus. Das 3. Reich und die Palästina-Frage 1933–193«, Druffel 1989. Eine entscheidende Veränderung der Palästinapolitik setzte mit Kriegsbeginn ein. Vgl. Klaus-Michael Mallmann/Martin

Khalidi hat seine »Geschichte von Siedlerkolonialismus und Widerstand« in sechs Kapitel unterteilt, denen jeweils eine zionistische »Kriegserklärung« gegen die Palästinenser zugeordnet wird. Schon diese Wortwahl suggeriert moralische Klarheit: Hier die Täter, dort deren Opfer. Aus dieser schlichten Dichotomie leitet sich die gesamte Erzählstruktur des Buches ab, das die Geschichte Palästinas seit 1917 und bis heute als eine des »Widerstands« gegen westlichen Imperialismus und zionistischen Siedlerkolonialismus darstellt.

Wie überzeugend ist eine solche Deutung? Es ist offensichtlich, dass die zionistischen Verbände die arabische Bevölkerung zwar 1948 in großer Zahl aus dem Territorium des neu zu gründenden jüdischen Staates verdrängt und vertrieben haben (eine Ereigniskette, die auf Arabisch »an-Nakba« genannt wird, »die Katastrophe«), dass aber weder der Zionismus noch der Staat Israel das palästinensische Volk und seine Kultur ausgelöscht und ersetzt haben. Während die amerikanischen oder australischen Ureinwohner infolge der europäischen Kolonisierung weitgehend dezimiert wurden, leben heute über zwei Millionen Araber in Israel (ein Fünftel der Bevölkerung) und weitere fünf Millionen in den palästinensischen Autonomiegebieten – verglichen mit etwa 1,3 Millionen am Vorabend der israelischen Staatsgründung. Die autochthone Bevölkerung Palästinas (ihr jüdischer Anteil nicht eingerechnet) hat sich also mehr als verfünffacht, womit das siedlerkolonialistische Deutungsmodell auf sehr wackligem Fundament steht.

Aber auch die Einteilung in Autochthone und Allochthone oder Siedler und Einheimische ist keineswegs so klar, wie es scheinen mag, schließlich ist heute die große Mehrheit der Israelis in Israel geboren. Die Frage ist also, ab welcher Generation eine Person als »einheimisch« gilt und nicht als »fremd« – eine Diskussion, die in Deutschland vor allem die AfD und andere

Cüppers (Hg.), »Halbmond und Hakenkreuz. Das ›Dritte Reich‹, die Araber und Palästina«, Darmstadt 2006.

Rechtsextreme immer wieder anstoßen wollen, um allen Deutschen mit Migrationshintergrund ihr Deutschsein abzusprechen. Aber selbst wenn man diesen Aspekt außen vor lässt (postkoloniale Theoretiker würden strikt zwischen Migration und kolonialer Besiedlung unterscheiden, auch wenn das im Einzelfall nicht immer so klar voneinander zu trennen ist) und sich nur auf die mehrere Generationen zurückreichende Geschichte des Landes bezieht, so ist Palästina zweifellos auch die historische Heimat des jüdischen Volkes. Abstrakt erkennt Khalidi die historische Beziehung der Juden zu Eretz Israel durchaus an, wie sie über Jahrhunderte elementarer Bestandteil der jüdischen Liturgie gewesen ist, aber wenn es konkret um die Legitimität der jüdischen Besiedlung Palästinas geht, soll diese auf einmal nichts mehr zählen. In der Vergangenheit hatte Khalidi große Mühe darauf verwendet, die nationale Identität der Palästinenser seit dem späten 19. Jahrhundert zu (re-)konstruieren, um damit den Anspruch auf einen eigenen palästinensischen Nationalstaat zu untermauern, aber im jüdischen Fall zieht er mit den Mitteln der historischen Nationalismusforschung und im Einklang mit der PLO-Charta (Art. 20) die jüdische Verbindung zu Eretz Israel als »invented tradition« in Zweifel.[17] Während Khalidi gekonnt die Geschichte seiner eigenen Familie in den Text hineinwebt, um Authentizität zu generieren, werden jüdische Erfahrungen und die Gründe für die Entstehung des Zionismus abgesehen von ein paar Lippenbekenntnissen vollständig ausblendet. Zwar wird der europäische Antisemitismus, der erhebliche Auswirkungen auf die Anziehungskraft des Zionismus besonders in Osteuropa hatte, durchaus kurz erwähnt, aber dass die Hoffnung auf eine Rück-

17 Rashid Khalidi, »The Neck and the Sword«, in: *New Left Review* 147, May/June 2024, https://newleftreview.org/issues/ii147/articles/ the-neck-and-the-sword. Zur Geschichte palästinensischer Identität siehe ders., »Palestinian Identity. The Construction of Modern National Consciousness«, New York 1997. Zur These der »invented tradition« des Zionismus siehe Shlomo Sand, »Die Erfindung des jüdischen Volkes«, Berlin 2010.

kehr nach Zion zentraler Bestandteil der jüdischen Tradition ist, wird verschwiegen. Stattdessen wird der Zionismus als europäische Geißel des globalen Südens und Brückenkopf des westlichen Imperialismus im Nahen Osten dargestellt. Dabei war die Beziehung zwischen Zionismus und britischem Imperialismus in erster Linie eine Wahlverwandtschaft. Nachdem Theodor Herzls anfängliche Versuche gescheitert waren, Sultan Abdülhamid II. und Kaiser Wilhelm II. als Schutzmächte zu gewinnen, richtete sich die Hoffnung auf Großbritannien. Zwar verbündeten sich England und Frankreich im Ersten Weltkrieg mit dem verhassten zaristischen Russland, wo seit Ende des 19. Jahrhunderts infolge staatlicher Unterdrückung und immer neuer Pogromwellen bis zu zwei Millionen Juden aus ihrer Heimat vertrieben worden waren, zugleich hätte ein Sieg des Deutschen Reiches im Krieg auch die türkische Herrschaft über Palästina fortgesetzt, die die Schaffung eines jüdischen Staates unmöglich gemacht hätte.[18] Als das Osmanische Reich infolge der Niederlage im Ersten Weltkrieg zerfiel, Russland nach der Oktoberrevolution in einem blutigen Bürgerkrieg versank und auch Deutschlands weltpolitischer Einfluss durch den Versailler Vertrag massiv geschwunden war, verlagerte sich der Schwerpunkt der diplomatischen Aktivitäten der Zionistischen Weltorganisation (WZO) folgerichtig nach London. War Deutschland noch bis Ende des Ersten Weltkriegs das politische Zentrum der zionistischen Bewegung gewesen, so rückte unter Chaim Weizmann, dem Präsidenten der WZO zwischen 1921 und 1931 sowie 1935 und 1946, das britische Empire an dessen Stelle. Khalidi ignoriert diesen pragmatischen Charakter der Beziehungen zwischen der WZO und den europäischen Mächten und erklärt stattdessen die zionistisch-britische Allianz, die sich 1917 in der Balfour Declaration manifestierte, vor allem durch die angebliche ideologische Affinität zwischen

18 Anita Shapira, »Zionism. A History«, Lebanon, PA 2012, 70.

Zionismus und britischem Imperialismus.[19] Alle britischen Politiker, die sich irgendwann positiv über den Zionismus äußerten, werden bei Khalidi selbst zu »Zionisten«. David Lloyd George, Lord Balfour, Winston Churchill und viele andere seien von der Macht der Juden überzeugt gewesen und hätten diese aus philosemitischen Motiven heraus mit der Unterstützung des Zionismus für das Empire gewinnen wollen. Zwar benennt auch Khalidi die imperialen Interessen Großbritanniens, aber er stellt das Verhältnis zwischen Briten und Zionisten nicht als temporäres Zweckbündnis dar, sondern als Beziehung zwischen englischem Mutterland und zionistischer Siedlerkolonie. Die heterogenen, nur teilweise sich überlappenden Interessen Großbritanniens und des Jischuw gerinnen in Khalidis Narrativ zu einem einzigen kolonialistischen Masterplan.

Schon Theodor Herzl hatte in der Tat die jüdische Besiedlung Palästinas als Teil der westlichen *mission civilisatrice* verstanden und sich im zeitgenössischen, typisch kolonialen Duktus über die »Barbarei« der alteingesessenen Bewohner des Landes geäußert.[20] Diese westlich-koloniale Haltung, die in Europa weitverbreitet war, teilten viele Zionisten, zugleich war sie aber auch Bestandteil einer diplomatischen Strategie, um die Briten als koloniale Vormacht für die Realisierung des zionistischen Projekts zu gewinnen. Der »Orientalismus«, der vor und während des Ersten Weltkrieges ganz ähnlich gegenüber deutschen Außenpolitikern formuliert wurde, war ein zentrales Element zionistischer Realpolitik.[21] Doch auch wenn führende Zionisten ihr Siedlungsprojekt im Einklang mit dieser Ideologie »kolonial« nannten, ist die historische Entwicklung deutlich komplexer. Wie Derek Penslar zu Recht bemerkt hat, war der Zionismus

19 Eine ähnliche These vertritt James Renton, »The Zionist Masquerade. The Birth of the Anglo-Zionist Alliance, 1914–1918«, New York 2007.

20 Shlomo Avineri, »Theodor Herzl und die Gründung des jüdischen Staates«, Berlin 2016, S. 176 f.

21 Fabian Weber, »Projektionen auf den Zionismus. Nichtjüdische Wahrnehmungen des Zionismus im Deutschen Reich, 1897–1933«, Göttingen 2020, S. 95–105.

»historisch und konzeptionell zwischen kolonialen, antikolonialen und postkolonialen Diskursen und Praktiken angesiedelt. Von Anfang an und bis zur Staatsgründung 1948 existierten im zionistischen Projekt koloniale und antikoloniale Elemente nebeneinander«.[22]

Unterhalb der diskursiven Ebene orientierte sich auch die praktische Siedlungstätigkeit und der Aufbau eines jüdischen Gemeinwesens an kolonialen Vorbildern – zugleich jedoch war der Jischuw keine europäische Kolonie in dem Sinne, dass die Siedler europäische Stellvertreter gewesen wären, die für das imperiale Mutterland Großbritannien (bzw. Deutschland) die Landnahme indigenen Territoriums vorangetrieben hätten. Der Zionismus repräsentierte eine transnationale Gemeinschaft von aus den europäischen, nordafrikanischen und arabischen Gesellschaften Verstoßenen, die sich im für sie »heiligen Land« zur Nation wiedervereinigen wollten. Die Politik der Zionisten lief deshalb auf Unabhängigkeit und Loslösung von den europäischen Mächten hinaus, auf eine Emanzipation und Befreiung vom jahrtausendealten Joch der Galut. Dies implizierte neben der Europäisierung des Orients auch eine Orientalisierung des Judentums, also sowohl die Einrichtung Wiener Kaffeehäuser in Tel Aviv und die Übernahme des britischen Rechtssystems als auch die Hebräisierung der Kultur und die vermeintliche »Rückkehr« zu einer in Torah und Talmud geschilderten Landwirtschaft.[23] Die nichtjüdischen Araber Palästinas hingegen sollten weder ausgebeutet und unterdrückt noch vertrieben und vernichtet werden. Stattdessen schwebte den Architekten des Zionismus legaler Landerwerb durch Verträge sowie eine politisch-ökonomische Koexistenz auf Grundlage nationaler Autonomie und wirtschaftlichen Austauschs vor.[24] Diese Vision war

22 Derek J. Penslar, »Is Zionism a Colonial Movement?«, in: Ethan B. Katz/Lisa Moses Leff/Maud S. Mandel (Hg.), »Colonialism and the Jews«, Bloomington/Indianapolis, IN 2017, S. 275–301, 276 (meine Übersetzung, PL).

23 Boaz Neumann, »Land and Desire in Early Zionism«, Waltham, MA 2011.

24 Avineri, »Theodor Herzl« (wie Anm. 20), S. 251.

in der Rückschau betrachtet ebenso naiv wie von europäischem Hochmut geprägt, was allerdings nichts daran ändert, dass die gewaltsame Zuspitzung des Konflikts das kumulative Ergebnis eines nicht linear verlaufenen Prozesses war, und nicht, wie von Khalidi behauptet, der vorab feststehende Plan einer ethnischen Säuberung. Die zionistische Haltung gegenüber den Arabern auf das Siedlerkolonialismus-Paradigma herunterzubrechen, wird demnach den realen Entwürfen zionistischer Politiker gerade in ihrer Heterogenität nicht gerecht.[25]

Aus Sicht der Briten wiederum erschien die Unterstützung des Zionismus anfänglich tatsächlich als ein geeignetes Mittel, um ordnungspolitische Ziele in der Region durchzusetzen und die Kontrolle über den Suezkanal als kürzesten Seeweg zur indischen Kronkolonie mit einer Pufferzone abzusichern. Dazu gehörte vor allem die Zurückdrängung des deutschen Einflusses, die Schwächung des Osmanischen Reiches und in der Mandatszeit auch die Unterdrückung lokaler Widerstände. Mit dem Jischuw glaubte die britische Mandatsmacht eine stark europäisch geprägte Bevölkerungsgruppe vor Ort zu haben, die auf die Unterstützung Großbritanniens bitter angewiesen war und sich deshalb gut instrumentalisieren ließ. Auch philosemitische Motive einzelner britischer Politiker spielten für den Erlass der Balfour Declaration 1917 gewiss eine Rolle, aber zugleich stand die Unterstützung der zionistischen Bewegung immer unter der Bedingung, dass sie den ordnungspolitischen Interessen des Empires nutzen musste. Damit aber – und das ist entscheidend

25 Das gilt auch für Zeev Jabotinsky, der in Khalidis Darstellung der »wahren Natur« des Zionismus eine Schlüsselfunktion einnimmt. Jabotinskys programmatischer Essay »Die eiserne Mauer« von 1923, der sich zweifellos kolonialistischer Rhetorik bedient und für eine kompromisslose Politik gegenüber den Arabern eintritt, sieht für diese zugleich nationale Autonomie in einem jüdischen Staat vor. Letzteres erwähnt Khalidi genauso wenig wie die Tatsache, dass der Text eine Reaktion auf die Beschränkung der jüdischen Einwanderung durch den »zionistischen« britischen Kolonialminister Winston Churchill war. Vgl. Michael Brenner, »Israel. Traum und Wirklichkeit des jüdischen Staates«, München 2016, S. 99–106.

– stand die zionistisch-britische Allianz von Anfang an unter einem Generalvorbehalt und konnte jederzeit einseitig von den Briten aufgekündigt werden.

In Khalidis Darstellung indes verkehren sich geradezu die Rollen: Hier sind es die Zionisten, die mit List, Geld und verborgener Macht die Briten zum Werkzeug ihrer kolonialen Ambitionen machen: »Die Zionisten konnten ihre Unterstützer oder manchmal auch ihre Anführer, wie den beeindruckenden Chaim Weizmann, zumindest bis 1939 an den entscheidenden Schalthebeln in Whitehall platzieren«, schreibt er, um noch nachzuschieben, dass im Londoner Regierungsviertel »manche Beamte ebenfalls glühende Zionisten« gewesen seien. Zustimmend zitiert Khalidi einen britischen Beamten, der behauptet hatte, nicht die britische Regierung sei »die kolonisierende Macht hier; das jüdische Volk ist die kolonisierende Macht«. Der Zionismus habe »eine verführerische biblische Rechtfertigung und eine etablierte internationale Basis und Finanzierung« auf seiner Seite. Zugleich hätten die zionistischen Führer genau verstanden, dass sie ihre realen Absichten, nämlich die Vertreibung der Araber und die Schaffung einer jüdischen Bevölkerungsmehrheit, geheim halten mussten, um nicht »die Sympathien der Welt« (!) zu verspielen. Sie hätten auch versucht, gegenüber den Palästinensern eine »täuschende Fassade« zu errichten.

Doch auch diese gewaltige Nebelwolke aus Täuschung, Lug und Betrug, so Khalidi, habe nicht ausgereicht, um den zionistischen Plan der totalen Landnahme zu verwirklichen, denn trotz der »außergewöhnlichen Fähigkeit der zionistischen Bewegung, Kapital zu mobilisieren und in Palästina zu investieren«, sei die Zahl der jüdischen Einwanderer zwischen 1926 und 1932 stagniert. Ausschlaggebend für den Erfolg der zionistischen Strategie sei deshalb letztlich die Machtübernahme der Nationalsozialisten in Deutschland gewesen. Laut Khalidi war die Flüchtlingswelle deutscher Juden nach 1933 der entscheidende Faktor, der das zionistische Siedlungsprojekt vorantrieb:

»Alles änderte sich 1933 mit der Machtübernahme der Nationalsozialisten in Deutschland, die sofort begannen, die alteingesessene[26] jüdische Bevölkerung zu verfolgen und zu vertreiben. Angesichts diskriminierender Einwanderungsgesetze in den Vereinigten Staaten, dem Vereinigten Königreich und anderen Ländern blieb für viele deutsche Juden nur noch der Weg nach Palästina offen. Hitlers Aufstieg wurde zu einem Markstein sowohl in der modernen Geschichte Palästinas als auch des Zionismus.«

Allein im Jahr 1935 seien 60 000 Juden nach Palästina eingewandert – eine Zahl, die von Khalidi nicht eingeordnet wird. Tatsächlich emigrierten zwar in diesem Jahr zwischen 61 000 und 66 000 Juden ins Mandatsgebiet Palästina, aber lediglich elf Prozent von ihnen kamen aus Deutschland.[27] Der Prozentsatz deutscher Juden unter den Einwanderern wuchs zwar in den folgenden Jahren vor Kriegsbeginn auf 27 Prozent (1936), 34 Prozent (1937) und schließlich sogar 52 Prozent (1938) an, aber gleichzeitig gingen die absoluten Zahlen gegenüber dem Höhepunkt 1935 massiv zurück. Schon 1936 sank die Zahl um mehr als die Hälfte (29.727), und ein Jahr später gelangten nur noch

26 Im englischen Original heißt es »well-established«, was hier besser als »arriviert« übersetzt werden sollte und auf den angeblichen materiellen Wohlstand der deutschen Juden verweist, der dank des Ha'avara-Abkommens nach Palästina transferiert worden sei. Allerdings ist Khalidis Darstellung des Abkommens zwischen der Jewish Agency, der ZVD und dem Reichswirtschaftsministerium verkürzt, weil er zum einen die damit einhergehende Ausplünderung der deutschen Juden durch das NS-Regime ignoriert und zum anderen verschweigt, dass es ausgerechnet die Briten waren, die das Abkommen 1937 mit Rücksicht auf arabische Interessen beendeten. Vgl. Avraham Barkai, »German Interests in the Haavara-Transfer Agreement 1933–1939«, in: Leo Baeck Institute Yearbook 35, 1990, S. 245–266.

27 In den drei Jahrzehnten *vor* der Staatsgründung emigrierten etwa 14 000 jemenitische, 10 000 syrische und 8000 irakische Juden nach Palästina. Vgl. Michael Brenner, »Geschichte des Zionismus«, 5. Aufl. München 2019, S. 96 f.

etwas mehr als 10.000 Juden nach Palästina.[28] Zwar stieg die Zahl im Jahr 1939 – nach den Novemberpogromen und im Jahr des Kriegsbeginns – noch einmal auf 27.561 an, aber schon 1940 lag sie wieder auf dem Vorjahresniveau von 10.000 Personen. Khalidi erwähnt diese Schwankungen nicht, weil sie sein Narrativ untergraben würden: Die britische Mandatsmacht schränkte die jüdische Einwanderung nach Palästina spätestens seit 1937 aufgrund des arabischen Widerstands drastisch ein, bis hin zur Veröffentlichung des berüchtigten »Weißbuches«, das 1939 – also am Vorabend des Holocaust – die jüdische Einwanderung auf insgesamt 75.000 Personen in den nächsten fünf Jahren limitierte.[29] Khalidi diskutiert das Weißbuch, das die britische Palästinapolitik in den folgenden Jahren bestimmte und das für die europäischen Juden katastrophale Auswirkungen hatte, zwar als Ausdruck eines »grundlegenden Wandels« der britischen Politik, nämlich als Abkehr von einer angeblich »bisher uneingeschränkten Unterstützung des Zionismus«, nur um das Weißbuch wenig später als faktisch folgenlos herunterzuspielen. In Wahrheit wurde die darin vorgesehene Begrenzung auf 75.000 jüdische Emigranten nicht einmal ausgeschöpft – von 1939 bis 1944 erreichten lediglich 50.000 Juden das Land. Weil die Quote noch nicht erfüllt war und Ende des Jahres 1945 immer noch 400 Zertifikate übrig waren, gestatteten die Briten nach Kriegsende noch einmal 1500 Juden pro Monat die Einwanderung.[30] Dazu kam noch die Alija Bet, also die illegale Einwanderung, im Zuge deren verschiedene zionistische Organisationen zwischen 1939 und 1944 knapp 19.000 Immigranten zusätzlich ins Land schmuggelten, um sie vor dem fast sicheren

28 Die Zahlen variieren in verschiedenen Studien leicht. Hier angegeben nach Aviva Halamish, »Palestine as a Destination for Jewish Immigrants and Refugees from Nazi Germany«, in: Frank Caestecker / Bob Moore (Hg.), »Refugees from Nazi Germany and the Liberal European States«, New York 2010, S. 122–151, S. 144.

29 Ebd. 142.

30 Arieh J. Kochavi, »The Struggle against Jewish Immigration to Palestine«, in: *Middle Eastern Studies* 34/3, 1998, S. 146–167, S. 149.

Tod in Europa zu bewahren – eine Perspektive, die Khalidi in seiner gesamten Darstellung vollkommen ausklammert.[31] Die Frage, ob die arabischen Führer das Weißbuch besser hätten akzeptieren sollen, wird von ihm ausschließlich im Hinblick auf die »palästinensische Sache« beurteilt, das Schicksal der jüdischen Flüchtlinge kümmert ihn nicht.

Auch die Tatsache, dass die angeblich so einseitig prozionistischen Briten eine signifikante arabische Zuwanderung zuließen, kommt aus nachvollziehbaren Gründen in Khalidis Buch nicht vor. In der gesamten Mandatszeit erfolgte eine kontinuierliche arabische Immigration aus Syrien, Transjordanien und von der Sinai-Halbinsel, die die arabische Bevölkerung Palästinas in Kombination mit der natürlichen Geburtenrate von 668 000 im Jahr 1922 auf etwa eine Million im Jahr 1940 anschwellen ließ.[32] Schon zwischen 1922 und 1931, so hat der Ökonom Fred Gottheil errechnet, waren etwa 60000 nichtjüdische Araber ins Mandatsgebiet gekommen, womit 1931 fast zwölf Prozent der arabischen Bevölkerung Palästinas Migrationshintergrund hatten.[33] Das Ausmaß arabischer Immigration nach Palästina zwischen 1931 und 1947 ist stark umstritten, aber die meisten Autoren geben für die gesamte Mandatszeit eine Zahl von 100.000 bis maximal 200.000 an.[34] Das Ergebnis dieser Berechnungen ist, dass sich die relative Größe der jüdischen Bevölkerung in Palästina seit 1936 nicht wesentlich verändert hat, sondern bis zur Staatsgründung kontinuierlich zwischen 28 und 32 Prozent lag. Ein entscheidender Wandel trat

31 Dalia Ofer, »Escaping the Holocaust. Illegal Immigration to the Land of Israel, 1939–1944«, New York/Oxford 1990, S. 319.

32 Michael Wolffsohn, »Israel. Grundwissen – Länderkunden«, Bd. 3, Wiesbaden 1984, S. 116.

33 Fred M. Gottheil, »Arab Immigration into Pre-State Israel: 1922–1931«, in: *Middle Eastern Studies* 9/3, 1973, S. 315–324, 319 u. 322.

34 Siehe etwa Arieh L. Avneri, »The Claim of Dispossession. Jewish Land-Settlement and the Arabs 1878–1948«, New Brunswick 1984, 282. Die Zahlen von Joan Peters, »From Time Immemorial. The Origins of the Arab-Jewish Conflict over Palestine«, New York 1984, sind von der Forschung einhellig als viel zu hoch zurückgewiesen worden.

erst mit dem Abzug der Briten, und damit *nach* der Mandatszeit, ein, vor allem in den 1950er Jahren, als auch Hunderttausende Juden aus der muslimischen Welt in den neuen jüdischen Staat emigrierten, größtenteils auf der Flucht vor Verfolgung in ihrer angestammten Heimat.[35] Heute stellen die Misrachim in Israel die Mehrheit der jüdischen Bevölkerung.

Khalidis Grundthese, der westliche Kolonialismus hätte den Zionismus von Anfang an vollumfänglich unterstützt, was wiederum den Staat Israel zu einem siedlerkolonialistischen Brückenkopf des Westens mache, lässt sich insofern historisch kaum halten. Vielmehr waren es gerade imperiale und ordnungspolitische Interessen, die die Briten immer wieder in Gegensatz zur zionistischen Bewegung brachten. Ähnliches gilt für den Jischuw und auch die verschiedenen arabischen Akteure, die je nach Interessenslage mal mit den Briten kooperierten und mal Widerstand leisteten. So sehr sich Juden und Araber in Palästina auch bekämpften, sie standen doch nach dem Ende des Osmanischen Reiches beide als unterworfene Völker der britischen Mandatsmacht gegenüber. Es waren nicht zuletzt die antibritischen Anschläge der zionistischen Untergrundorganisationen Lechi und Irgun, die zur vorzeitigen Beendigung der Mandatsherrschaft durch die Regierung Clement Attlees führten.[36]

Der Zionismus beabsichtigte von Anfang, ein unabhängiges jüdisches Gemeinwesen in Palästina zu errichten – zum einen als Reaktion auf den Antisemitismus, zum anderen aber auch als Verwirklichung eines nationalen, religiösen und politischen Versprechens, das seine lang zurückreichenden Ursprünge in der jüdischen Geschichte hatte. Mit dem zionistischen Projekt waren zudem immer schon verschiedene Konzepte verbunden, wie der offenkundige Konflikt mit der lokalen arabischen Bevölkerung zu lösen sei. Vertreibung und »ethnische Säuberung«

35 Dazu Nathan Weinstock, »Der zerrissene Faden. Wie die arabische Welt ihre Juden verlor 1947–1967«, Wien/Freiburg 2019.

36 J. Bowyer Bell, »Terror Out of Zion. The Fight of Israeli Independence«, Second edition. Abingdon/New York 2017.

waren Konzepte, die 1948 im Kontext des maßgeblich durch die arabische Zurückweisung des UN-Teilungsplans und die anschließende Invasion ausgelösten Unabhängigkeitskrieges nicht nur diskutiert, sondern auch lokal durchgeführt wurden. Allerdings wurde der sogenannte Tochnit Dalet (Plan D), der je nach militärischer Notwendigkeit auch die Zerstörung palästinensischer Dörfer und die Vertreibung der Zivilbevölkerung vorsah, weder systematisch umgesetzt, noch kann er auf das zionistische Projekt als Ganzes übertragen werden.[37] Benny Morris hat nachgewiesen, dass der erste israelisch-arabische Krieg aus jüdischer Perspektive als ein »Krieg ums Überleben« wahrgenommen wurde, woraus zeitlich und lokal begrenzt auch eine Politik der »ethnischen Säuberung« resultiert sei. Insgesamt aber sei die vollständige Vertreibung und Umsiedlung der arabischen Bevölkerung Palästinas »niemals allgemeine oder erklärte zionistische Politik« gewesen.[38] Auf der anderen Seite sei »Vertreibungsdenken, oder, wo es möglich wurde, Vertreibungsverhalten« charakteristisch für den Mainstream der palästinensischen Nationalbewegung gewesen.[39]

Ohne die verschiedenen zionistischen militärischen Strategien und politischen Konzeptionen genauer zu differenzieren, schreibt Khalidi sein siedlerkolonialistisches Narrativ bis in die Gegenwart fort. Selbst wenn man seiner Darstellung der zionistischen Besiedlung Palästinas und der israelischen Staatsgründung zustimmen würde, wäre es absurd und in höchstem Maße ahistorisch, eine mehr als hundertjährige Geschichte immer auf dieselbe Logik zurückzuführen. Einfache Formeln wie die des »zionistischen Siedlerkolonialismus« vereindeutigen eine überaus komplexe Geschichte, um den Zionismus zu dämonisieren.

37 Yoav Gelber, »Palestine, 1948. War, Escape, and the Emergence of the Palestinian Refugee Problem«, Second, revised and expanded version. Brighton 2012, S. 305.

38 Benny Morris, »1948 – The First Arab-Israeli War«, New Haven, CT 2008, S. 408 (meine Übersetzung, PL). Dtsch. »1948. Der erste arabisch-israelische Krieg«, Leipzig 2023.

39 Ebd. (meine Übersetzung, PL).

Das Deutungsschema des »Siedlerkolonialismus« wird somit der Geschichte des Zionismus ebenso wenig gerecht wie der realen Gestalt des heutigen Israel. Das schließt nicht aus, dass postkoloniale Theorie(n) für eine Deutung des Geschehens fruchtbar gemacht werden können, aber nur dann, wenn auch die Grenzen des jeweiligen Ansatzes reflektiert werden.

Die politisch (nicht geschichtswissenschaftlich) entscheidende Frage wiederum ist sicherlich, wie es zu einem friedlichen Zusammen- oder Nebeneinanderleben aller Menschen im Land kommen kann. Das »Siedlerkolonialismus«-Modell trägt zu einer solchen politischen Lösung wenig bei. Vielmehr verschärft es durch die Unterscheidung zwischen »Indigenen« und »Siedlern« die bestehende Situation und kann in letzter Konsequenz auf die antisemitische Forderung herauslaufen, die israelischen Juden sollten doch gefälligst »nach Polen zurückgehen«.

Die Ächtung
oder das Ghetto im Zeitalter der Globalisierung

Doron Rabinovici

Geächtet wird eine ganze Nation, nicht nur eine Politik, nicht ein klar umrissenes Unrecht, nicht ein Regime. Nicht manche Fraktionen werden boykottiert, sondern verbannt werden alle mit dieser bestimmten Staatszugehörigkeit und von jener ganz gewissen Herkunft. Das ist es, was den Boykott Israels von allen anderen unterscheidet. Es geht hier um den Ausschluss von allem, was israelisch ist, ob Kunst, Wissenschaft, Literatur oder auch Wirtschaft. Es geht um eine pauschale Negation, um die totale Verdammung.

Der Boykott, der gegen andere Staaten gerichtet ist, grenzt nicht alle Künstler und Künstlerinnen aus, ob sie nun für oder gegen die Regierung des Landes agieren. Es wird der Dirigent Waleri Abissalowitsch Gergijew, der ein Vertrauter und Parteigänger von Putin ist, in westlichen Ländern ausgeladen, aber niemand denkt daran, etwa Oppositionelle zu canceln. Niemand will Pussy Riot mit dem Regime im Kreml verwechseln. Auch wird scharf zwischen der Kunst von Ai Weiwei und der Politik der Diktatur in Peking unterschieden. Kein halbwegs vernünftiger Mensch käme auf die Idee, die Frauen, die für ihre Freiheit auf die Straßen Teherans gingen, seien für die Mullahs in Teheran verantwortlich. Die kritischen Stimmen aus Russland, China oder dem Iran werden selbstredend unterstützt.

Die Boykottbewegung BDS (Boycott, Divestment and Sanctions) fordert hingegen, dass alle Israelis ausgegrenzt werden, sofern sie nicht arabisch, sondern jüdisch sind. Um die politische Position der Israelis einschlägiger Abstammung geht es dabei gar nicht. Der Boykott, der gegen Israel gerichtet ist, trifft vor allem jene, die künstlerisch und wissenschaftlich arbeiten und die zumeist nicht zu den nationalistischen Kreisen zählen, sondern an wechselseitige Verständigung glauben. Israels Teilnahme am Eurovision Song Contest ist umstritten, obgleich der öffentlich-rechtliche Rundfunk Israels, der dafür zuständig ist, kein Regimesender ist, sondern wegen seiner Berichterstattung von der Regierung immer wieder attackiert wird.

Im Jahr 2002 wurden Gideon Toury von der Universität Tel Aviv und Miriam Schlesinger von der Bar-Ilan-Universität aus der Redaktion der Zeitschriften *Translator* und *Translation Studies Abstract* entfernt. Allein der Staatsbürgerschaft wegen hatte die Herausgeberin – die in Ägypten geborene Kollegin Mona Baker – die beiden Israelis geschasst. Schlesinger war für die Organisation Peace Now tätig und war zuvor Vorsitzende von Amnesty International in Israel gewesen. In Israel waren es Rechte gewesen, die sie ihrer Meinung wegen angegriffen hatten, doch nun wurde sie allein aufgrund ihrer Nationalität verstoßen.

Mona Baker erklärte hierzu: »Israel ist über bloße Kriegsverbrechen hinausgegangen. Es ist grauenhaft, was dort vorgeht. Viele von uns würden darüber gern als Holocaust sprechen, den die Welt irgendwann wahrnehmen wird, viel zu spät natürlich, wie beim letzten Mal… Ich bedauere, dass der israelische Staat existiert.« Diese Worte stammen aus dem Jahr 2002. Schon damals wurden jene Anklagen gegen Israel erhoben, die uns heute noch entgegenschallen. Bereits zu jener Zeit wurde Israel des Genozids beschuldigt. Gideon Toury antwortete Mona Baker: »Ich bin ganz zufrieden, ein Israeli zu sein. Tatsächlich verdanke ich diesem Umstand mein Leben. Der einzige Grund, warum es mich gibt, ist, dass es meinem Vater und meiner Mutter – jedem für sich – gelang, Deutschland Mitte und Ende der 30er Jahre zu verlassen und nach Palästina zu gehen, wie das Land damals genannt wurde. Sie waren die einzigen aus ihren Familien, denen das gelang.«

Im Frühjahr 2024 veröffentlichte die renommierte US-Online-Literaturzeitschrift *Guernica* den Essay »From The Edges Of A Broken World« von Joanna Chen, einer Autorin und Übersetzerin aus dem Hebräischen und Arabischen. Hier erzählte sie, die Aktivistin für Koexistenz, wie schwer ihr nach dem 7. Oktober zunächst gefallen war, wieder zu ihrem Engagement für eine gemeinsame Zukunft zurückzufinden. Nach der Veröffentlichung legten 15 Mitglieder der Redaktion aus Protest ihre Mitarbeit fürs Medium nieder. Eine schrieb, der Text der Israelin sei »ein Pfeiler des eugenischen weißen Kolonialismus, der sich als Güte ausgibt«.

Das Canceln einzelner kritischer Israelis durch ihre eigene rechte Regierung in Jerusalem ist Ausdruck einer autoritären Politik und eine Einschränkung der Meinungsfreiheit. Aber der pauschale Boykott eines ganzen Volkes – allein wegen der Abstammung – ist von rassistischem Charakter. Geahndet wird die Herkunft. Der Soziologin Eva Illouz etwa, einer scharfen Kritikerin der Besatzung und des Angriffs der israelischen Regierung auf den Rechtsstaat, war im Frühjahr 2024 der renommierte Israel-Preis zugesprochen worden. Aber der zuständige Minister des rechtsextremen Kabinetts erklärte daraufhin, ihr die Auszeichnung nicht verleihen zu wollen, so sie ihre Anklagen gegen die Regierung nicht wieder zurücknähme. Illouz verzichtete angesichts dieses Ultimatums auf den Preis. Aber im Herbst 2025 wurde sie vom »Love Lab« der Erasmus-Universität Rotterdam als israelische Wissenschaftlerin ausgeladen. Und zwar »nach interner Debatte« und »demokratischer Abstimmung«, denn die Kollegen würden angesichts eines Besuches von Illouz sich »sehr unwohl fühlen«. Sie war für einen rein soziologischen Gastvortrag zu Liebesbeziehungen – ohne jeglichen Bezug zum Nahostkonflikt – vorgesehen gewesen. Die Erasmus-Universität hatte bereits im Juni 2025 die Zusammenarbeit mit drei israelischen Universitäten eingestellt.

Der israelische DJ Roi Perez wiederum verließ schon vor zehn Jahren Israel, lebt nun in Berlin und beteuert, wie sehr er doch gegen – wie er es nennt – »the ongoing genocide in Gaza« sei, den Zionismus ablehne und den Boykott von Israel unterstütze. Doch all das bewahrte ihn nicht davor, in einem Posting namens »making apartheid look like a party« angegriffen zu werden, worauf in England ein Konzert mit ihm, das am 10. Oktober 2025 hätte stattfinden sollen, abgesagt wurde. Allein aufgrund seines Geburtsortes, seiner Staatsbürgerschaft und seiner

Herkunft. Eben seine Distanz zur israelischen Politik wird DJ Roi Perez von den Feinden Israels zum Vorwurf gemacht, denn – so hieß es – er verkörpere eben dadurch die koloniale Erzählung eines wohlwollenden, queerfreundlichen liberalen Zionismus. Angesichts solcher Hetze gibt es kein Entkommen durch politische Zugeständnisse. Die Abstammung reicht, um schuldig gesprochen zu werden.

Im Oktober 2024 riefen Tausende Autoren und Autorinnen dazu auf, hebräische Verlage, Festivals, Agenturen, doch auch Kollegen und Kolleginnen zu boykottieren. Unter den Unterzeichnenden dieses Bannfluchs fanden sich prominente Namen wie etwa Annie Ernaux, Abdulrazak Gurnah, Arundhati Roy, Sally Rooney, Pankaj Mishra, Kamilla Shamsie, Naomi Klein, oder auch Judith Butler. In ihrem Appell wurde der 7. Oktober gar nicht erwähnt, aber das muss einen vielleicht nicht verwundern, denn Judith Butler hatte etwa die Massaker einen Akt des bewaffneten Widerstands und die Hamas einen Teil der globalen Linken genannt.

Was erstaunt, ist die Bereitschaft von Schreibenden, nicht mehr auf Hebräisch erscheinen zu wollen. Sonst ist es doch so, dass eine Protestbewegung nichts sehnlicher wünscht, als mit ihrer Kritik an einem Land auch die Menschen dort zu erreichen, die Opposition zu stärken und der verhassten Macht entgegenzutreten. Wenn ein Regime mit Zensur reagiert, versucht der Widerstand, diese Verbote auf verschiedene Weise zu unterlaufen. Hier aber ist es die Sprache selbst, die vom Boykott getroffen werden soll. Das ist die Aufkündigung jeglichen Glaubens an die Notwendigkeit zum Dialog, an die Hoffnung auf Verständigung und an die Kraft der Literatur – ausgesprochen von Literaten und Literatinnen ersten Ranges. Dieses Manifest bedeutete, die Israelis aus jenem Bereich von Kunst, Wissenschaft und Aufklärung auszuschließen, der sonst als universalistisch angesehen wird und das eigentlich Menschliche ausmacht. Aber Israel wird zur Nation des Unmenschlichen schlechthin gestempelt. Es ist ein neues Ghetto, das hier entsteht.

Die Boykottbewegung unterscheidet aus Prinzip nicht zwischen dem Israel von 1948 und den 1967 besetzten Gebieten. Im Grundsatzpapier von BDS wird das Ende der »Besetzung und Kolonisierung allen besetzten arabischen Landes« gefordert, womit eben auch der Kernbereich des Staates selbst gemeint ist. Was so angestrebt wird, ist nichts als Revisionismus. Die vollkommene Rückabwicklung des zionistischen Projekts, eine Heimstatt für verfolgte Juden zu schaffen. Auf friedlichem Weg ist das selbstredend nicht möglich. Es geht um die Vernichtung Israels.

Die Boykottbewegung trifft aber mit ihren Aktionen nicht nur alle jüdischen Israelis, sondern ruft auch immer wieder zum Boykott von jüdischen Kulturwochen in Berlin, in Wien oder Paris auf, sobald hier israelische Bücher, Filme oder Musik dargeboten werden. Auf diese Weise geraten alle jüdischen Gemeinden automatisch in ihr Visier, denn wie sollte jüdisches Leben ohne Bezug zum jüdischen Staat möglich sein und wie sollten jüdische Festivals ohne israelische Beiträge auskommen können? Die wichtigsten Persönlichkeiten jüdischer Kunst und Wissenschaft sind heutzutage in Israel zu finden.

Bei einer Wiener Gedenkkundgebung für die Opfer des rechtsextremen Terroranschlags in Hanau forderte BDS-Austria, eine Vertreterin der Jüdischen Österreichischen HochschülerInnen nicht sprechen zu lassen, solange sie sich nicht von Israel und seinem Existenzrecht lossage.

Bei den Boykottinitiativen gegen andere Länder – etwa gegen Südafrika oder auch gegen Russland – geht es nie um die Existenz der Nation an sich. Auch wird da nicht die Diaspora zum Zielobjekt der Hetze. Niemand beschmiert ein chinesisches Restaurant, weil die uigurische Minderheit unterdrückt wird. Russisches Essen wird nicht gemieden, weil Putin die Ukraine vernichten will. Gegen iranische Lokale wird nicht der Mullahs wegen demonstriert. Russisch-orthodoxe Kirchen werden nicht attackiert.

Der Unterschied, der aber vor allem auffällt, ist der Furor, der Israel entgegenschlägt. Niemals wurde mit solcher Rage und mit solch leidenschaftlichem Ingrimm gegen russische oder südafrikanische Künstler vorgegangen. Wenn es indes um Israel geht, kennt der Zorn keine Grenzen. Da werden in Spanien Radrennen unterbrochen und israelische Sportler angegriffen, israelische Fußballfans gejagt, bei Festivals Bühnen gestürmt, israelische Teilnehmerinnen an dem Eurovision Song Contest gemobbt und ausgebuht, auf einer englischen Universität in eine ökonomische Vorlesung eingedrungen und der Lehrende mit Mord bedroht, weil er vor Jahrzehnten einst in Israels Armee diente, da wird vor israelischen Restaurants protestiert, aber zugleich werden auch irgendwelche jüdische Lokale und Geschäfte fernab des Landes mit Parolen gegen Israel bemalt und mit Stickern beklebt, als wäre die Diaspora Teil einer Weltverschwörung, die der Regierung in Jerusalem Befehle erteilt.

Manche mögen nun einwenden, BDS habe immerhin den Vorzug, eine Form palästinensischen Widerstands zu sein, die gewaltfrei ist. Aber die Boykottbewegung selbst versteht sich als Teil eines nationalen Kampfes, der durchaus blutig und kriegerisch ist. Zu sagen, BDS sei gewaltfrei, hat ungefähr denselben Wahrheitsgehalt, wie zu behaupten, die israelische Siedlungspolitik sei eine friedliche Strategie, denn da würden ja nur Häuser, Schulen oder Sporthallen gebaut, als wäre die Siedlungspolitik nicht ebenso ein integraler Teil des gewalttätigen Konflikts. Resolutionen gegen Menschenrechtsverletzungen und Untaten veröffentlicht BDS nur, wenn sie von Israel begangen werden. Es gibt keine einzige Resolution von BDS zu den vielen Attentaten auf jüdische Institutionen. BDS verurteilt auch nie mörderische Anschläge gegen jüdische Zivilpersonen, ob innerhalb oder außerhalb von Israel. Diese Kampagne ist nicht als Alternative zum Terror entstanden, vielmehr waren unter den Erstunterzeichnern des BDS-Aufrufs aus dem Jahre 2005 das Council for the National and Islamic Forces in Palestine, das auch die Hamas umfasst, und als eigene Gruppe firmierte hier gar der Islamische Jihad. Nie war von der Hamas eine Kritik an der Boykottbewegung zu hören und auch umgekehrt nie irgendeine Distanzierung der BDS von der Hamas und ihren Verbrechen.

Fernab der Konfliktzone – in Berlin, Wien, New York oder London – negiert BDS die historische Komplexität jüdischer Geschichte, indem der Zionismus von Anfang an nur als rassistisches Unternehmen wahrgenommen wird. Nicht bloß der Judenstaat selbst wird zum Feindbild. Wie sollten jüdische Gemeinden einen Boykott gegen jüdische Kulturfestivals, gegen jüdische Filmwochen, gegen jüdische Organisationen, die ihre Bindung zu Israel nicht verleugnen können, denn nicht als Fortsetzung des Antisemitismus empfinden? Vor dem Hintergrund europäischer Vergangenheit weckt die Boykottbewegung bei vielen die Erinnerung an die antijüdischen Parolen: »Kauft nicht bei Juden!« und an den Ausschluss alles Jüdischen.

Aber kein Text ohne Kontext. Derselbe Satz kann an einem Ort etwas anderes bedeuten als an einem anderen. Wenn Rechtsextreme in Charlottesville rufen: »Jews will not replace us«, ist das eine antisemitische Parole, doch im Westjordanland wäre es eher ein Slogan gegen die Siedlungspolitik. In Ramallah oder Gaza ist ein Boykottaufruf vor allem Ausdruck des nationalen Konflikts und des palästinensischen Widerstands, wenn ein Palästinenser mit der Besatzungsmacht nichts zu tun haben möchte. Auch muss anders bewertet werden, wenn Israelis in Tel Aviv keine Waren aus den besetzten Gebieten kaufen wollen. In diesem Text geht es ebenso nicht um die eine oder andere Sanktionsmaßnahme gegen eine Regierungsentscheidung. Zudem war es so unverständlich nicht, wenn während des Gazakrieges daran gedacht wurde, ganz bestimmte Waffen – wie etwa schwere Bomben – nicht mehr an Israel zu liefern, solange der Kampf im dicht besiedelten urbanen Gebiet fortgesetzt wird. Angesichts Zigtausender ziviler Opfer muss es niemanden wundern, wenn viele in anderen Ländern voller Leidenschaft gegen das vielfache Töten auftraten und Konsequenzen forderten.

Wir befinden uns in einen Diskurs des wechselseitigen Verdachts, in dem beide Seiten argwöhnen, das Gesagte sei nicht das wirklich Gemeinte. Kritik an Israel, denken die einen, sei nur ein Vorwand, um antisemitische Gefühle zu artikulieren, bewusst oder auch unbewusst. Die anderen hingegen glauben, der Antisemitismusvorwurf diene nur dem Interesse Israels, legitime Kritik zum Schweigen zu bringen.

Zweifellos wollen die meisten jener, die in Europa oder den USA für den Ausschluss von Institutionen und Personen der israelischen Kunst, Wissenschaft oder Zivilgesellschaft eintreten, nicht Antisemiten sein, und sie beteuern nachdrücklich, keine Ressentiments gegen Juden zu hegen. Aber der Boykott agiert unweigerlich in einem einschlägig antisemitischen Diskurs, und er befördert ihn auch, ob willentlich oder nicht. Der Boykott verleiht jenen, die ihrem Ressentiment voller Leidenschaft, aber nicht mehr so offenherzig wie in alten Zeiten nachgehen können, ein moralisches Motiv. So können sie ihren Groll gegen Jüdisches ausleben, indem sie vorgeben, es gehe ihnen nur um politische Kritik.

Nicht alle, die eine Petition der Boykottbewegung unterschreiben, wissen von ihren eigentlichen Zielen. Aber die Zentren von BDS in den einzelnen Ländern kennen sehr wohl die Stoßrichtung ihrer Aktivität, und sie fokussieren ihre Kampagnen in diesem Sinne. Insofern ist es stimmig, den Teilorganisationen und den Initiativen dieser Strategie des Bannfluchs gegen die jüdische Nation keine Unterstützung und keine Räume in öffentlichen Institutionen zu gewähren, wie es etwa der einschlägige Beschluss des Bundestags fordert, aber zu weit geht es und völlig verfehlt ist es, wenn deshalb diese parlamentarische Resolution so exzessiv interpretiert wird, dass alle, die einen Boykott befürworten, nun öffentlich gecancelt und ausgeladen werden müssen.

Der Kampf gegen die Boykottbewegung kann nur gelingen, wenn er einer für Meinungsfreiheit und nicht einer der Zensur ist, wobei allerdings den Raum der offenen Auseinandersetzung nur schützt, wer auch Grenzen der Diffamierung setzt und jeglichen Ausschluss aufgrund von Herkunft nicht zulässt.

Der Befund, wieviel an Feindseligkeit und Ressentiment hinter der Boykottbewegung gegen Israel steckt, ist nicht neu. Im Grunde ist es erstaunlich, dass eine solche Kampagne der

Israelhetze, in der Judenhass so leicht unter falschem Etikett des Universalismus vertrieben werden kann, nicht längst desavouiert ist. Das Gegenteil ist der Fall. Die Unterstützung für BDS nahm in den letzten Jahren zu, reicht jedoch weit in die Vergangenheit zurück.

Der Boykott Israels durch arabische Kräfte setzte im Jahr 1948 mit der Staatsgründung ein. Allein den Namen Israel auszusprechen, war in vielen Staaten des Nahen Osten jahrzehntelang verpönt. Geredet wurde allenfalls vom zionistischen Gebilde oder einfach von den Juden. Aber was erstaunt, ist, dass Israels schiere Existenz nun auch in westlichen Staaten und unter progressiven Kräften diffamiert wird. Im Jahr 2022 – lange vor dem Krieg des 7. Oktober – veröffentlichte Amnesty International einen Bericht, der Israel vorwarf, seit 1947/8 – also seit der Staatsgründung und lange, ehe es besetzte Gebiete gab – ein Apartheidregime errichtet zu haben. Das Israel des Jahres 1948 wurde also bereits mit einem System verglichen, das aufgrund rassistischer Theorien Menschen anderer Hautfarbe und Herkunft jegliche politische Teilhabe verwehrte.

Nicht nur das: Die rassistische Herrschaft in Südafrika beruhte einst auf der Trennung der gesamten Öffentlichkeit mit separaten Stränden, Bussen, Toiletten, Schulen, Aufzügen, Restaurants, Parkbänken, Blutkonserven, Rettungswagen. Schwarze durften in kein weißes Krankenhaus Südafrikas. Eine Methode zur Feststellung der sogenannten Rassenzugehörigkeit war der Test, ob ein Kugelschreiber – ins Haar gesteckt – zu Boden fällt oder in den krausen Locken hängenbleibt. Auch wer das Unrecht der Besatzung oder die Diskriminierung der arabischen Minderheit in Israel kritisiert, kann die Unterschiede zu dem, was Apartheid bedeutet, erkennen. In Israel verfügen arabische Menschen über das passive und aktive Wahlrecht, sitzen als Abgeordnete in der Knesseth, sind in der hohen Diplomatie vertreten, in der Medizin, in der Pharmazie, in der Wirtschaft, auf den Universitäten, in der Kunst. Eine arabische Partei war vor wenigen Jahren in die Regierungskoalition eingebunden.

Wer so tut, als gründe Israel auf einer rassistischen Ideologie, der muss glauben wollen, es sei den Juden, die einst vor der Verfolgung flohen, um nichts anderes als um kolonialistisch rassistische Ausbeutung gegangen. Ausgeblendet werden so die Pogrome in vielen Ländern, auch die Shoah, doch ebenso, dass viele der jüdischen Israelis aus arabischen Staaten des Nahen Osten vertrieben wurden. Kaum irgendwer weiß vom Farhud im Bagdad des Jahres 1941, vom Schicksal der jüdischen Gemeinden in Alexandria oder Aleppo, von den Massakern 1920 in Jaffa oder von der Auslöschung des jüdischen Hebron 1929. Der Begriff Apartheid wird seines historischen Kontextes entrissen und mit juristischer Sophisterei so zurechtgebogen, dass gegen Israel eine Anklage erhoben werden kann, um jene, die 1948 – drei Jahre nach der Befreiung vom Nationalsozialismus – eine jüdische Zufluchtsstätte anstrebten, mit den Rassetheoretikern der Nationalen Partei Südafrikas gleichsetzen zu können. Grenzt eine solche Geschichtsklitterung nicht an Auschwitzleugnung, wenn auch vermeintlich im Namen der Menschenrechte? Aber im Grunde geht es vielen, die mit den Begriffen Apartheid, Siedlerkolonialismus oder Genozid herumwerfen, gar nicht um eine analytische Erörterung des Konflikts oder um seine Lösung, sondern um reine Diffamierung.

Israelische Kunst und Wissenschaft boykottieren zu wollen, ist in den letzten Jahren eine Strategie geworden, die in vielen gesellschaftlichen Feldern akzeptiert ist. Militärisch mag Israel den Krieg gegen die Hamas, die Hisbollah und den Iran gewonnen haben und so mächtig wirken wie noch nie. Politisch und medial hat der Staat indes viel an Terrain verloren. Sein bloßes Existenzrecht steht vielerorts zur Disposition.

Der Boykott von Israelis bei Sportveranstaltungen, beim Eurovision Song Contest, bei Festspielen oder auf Universitäten ist nicht mehr der Spleen einiger Radikaler, sondern wird in der breiten Öffentlichkeit diskutiert. Zudem gesellt sich zum offenen und lauten Bekenntnis, israelische Kunst oder Wissenschaft auszugrenzen, auch der stille und uneingestandene Ausschluss. Wozu, so denken nicht wenige, sich Unannehmlichkeiten einhandeln, indem Israelis eingeladen werden? So werden etwa Sicherheitsprobleme vorgeschoben, wenn es darum geht, israelische Filme nicht zeigen zu wollen. Eine Dokumentation über die Massaker des 7. Oktober sollte zunächst beim Festival in Toronto nicht vorgeführt werden, da die Leitung erklärte, es seien die Urheberrechte der Videos, welche die Hamasmörder während ihrer Verbrechen aufgenommen hatten, nicht geklärt. Erst nach Protesten wurden die Aufnahmen doch noch präsentiert.

Israelis aus Kunst und Wissenschaft merken die Folgen dieser Entwicklung. Es kommt zu weniger Einladungen, weniger Veröffentlichungen und weniger Übersetzungen. Diese Ächtung hörte in den Wochen nach dem Ende des Krieges in Gaza und der Unterzeichnung des Waffenstillstands nicht auf. Beinah scheint es, als würden die Aktionen gegen die israelische Zivilgesellschaft nun erst an Schwung gewinnen. Die größte Studentenfraktion der Wiener Universität, der Verband Sozialistischer StudentInnen (VSSTÖ) duldete in früheren Jahren keine Veranstaltung der BDS auf akademischem Boden, doch im Herbst 2025 unterstützte der VSSTÖ zeitweilig die Forderungen einer Aktion, die jede Kooperation mit der Hebräischen Universität Jerusalem ablehnt. Das Amsterdamer Concertgebouw wiederum sagte die Chanukka-Feier, die bisher traditionell dort stattfand, für das Jahr 2025 ab, weil da der Chefkantor der israelischen Armee, Shai Abramson, hätte auftreten sollen. Das, so wurde mitgeteilt, stehe »im Widerspruch zur Mission [...], Menschen mit Musik zu verbinden«.

Diese Ausgrenzung ist Folge, doch zugleich auch Motor einer Stimmungsmache. Das Ressentiment wird zum Prinzip. Boykott allein aufgrund von jüdisch-israelischer Identität ist nicht mehr tabu, sondern wird zu einer alltäglichen Praxis und Leidenschaft. Der antisemitische Reflex kann unter neuem Namen aufscheinen. Nicht selten genügt die Erwähnung jüdischer Leidensgeschichte – ob der Massenmorde in Europa, der Vertreibungen aus arabischen Ländern oder der Massaker des 7. Oktober –, und schon wird der Vorwurf erhoben, das diene doch bloß dem zionistischen Narrativ, um die palästinensischen

Opfer auszublenden. Mahnmale für die Shoah werden mit »Globalize Intifada« beschmiert. Auf Demonstrationen wird gerufen: »Free Palestine From German Guilt!« Jüdische Museen, Volkshochschulen und Studiengänge berichten davon, wie jüdische Themen nun bei vielen im Publikum nicht mehr gängig, gefällig und schick sind, sondern auf einen Widerwillen stoßen. Überdruss am Jüdischen war vor wenigen Jahren noch ein Zeichen von Intoleranz und Borniertheit, doch jetzt wird es zur verständlichen Reaktion einer Gesinnung, die gerne sensibel, kritisch oder »woke« genannt wird. Jene Abneigung, der vor kurzem noch der Gasgeruch von Auschwitz anhaftete, wird nun zum Windstoß in eine neue Ära. Nicht lange ist es her, da waren diese Ächtung und dieser Hass nichts als Insignien jenes ruchlosen Ungeists, der einst in Europa den Mord an Millionen verschuldete. Aber jetzt werden sie – als hätte es nie Gedenkkultur gegeben – als eine Meinung unter anderen angesehen und akzeptiert.

Die jüdischen Gemeinden der Diaspora müssen sich für den Staat Israel – für seine Politik, doch auch für sein bloßes Dasein – rechtfertigen. Sie sind in einer Zwickmühle gefangen. Nach den Massakern des 7. Oktober 2023 und dem Krieg in Gaza ließ jene Zivilgesellschaft, die sich immerzu rühmt, für allgemeine Menschenrechte und die liberale Demokratie einzutreten, die Gemeinden im Stich und griff sie gar an, wenn sie um Verständnis für die Nöte und Zwangslagen Israels warben. Zugleich sehen sie, wie das offizielle Israel mit jenen Kräften Europas Bündnisse schließt, die gegen alle Minderheiten, auch gegen die jüdische, und gegen die offene Gesellschaft mobil machen. Zu einem Symposium gegen Antisemitismus lud die Regierung in Jerusalem just Abgeordnete der rechtsextrem-rassistischen Parteien aus den Niederlanden, Spanien, Schweden, Italien oder Ungarn ein, worauf die meisten Vertreter der jüdischen Diaspora der Konferenz fernblieben.

Wer indes Antisemitismus bekämpfen und den Hass zwischen den israelischen und der palästinensischen Menschen nicht weiter schüren will, kann den pauschalen Ausschluss der israelischen Nation nicht als eine Spielart politischer Vorlieben und persönlicher Selbstverwirklichung hinnehmen, denn die Verdammung des jüdischen Staates ist nichts als Kriegshetze, die jeden Dialog und jeglichen Kompromissfrieden ablehnt und letztlich auf nichts anderes hinzielt als auf Vernichtung.

Die Selbstbestimmungsrechte für die Palästinenser zu erringen und die Sicherheit der Israelis zu gewährleisten, ist kein Widerspruch. Das eine könnte vielmehr gar die Voraussetzung für das jeweils andere sein. Der Bewegung für den Boykott entgegenzutreten, ist nicht bloß ein Kampf für das Existenzrecht einer Nation.

Im Zeitalter der Globalisierung wird wieder Israel – der Staat, doch auch das Volk im biblischen Sinne – zum internationalen Sündenbock abgestempelt. Israel wird zum Synonym für alles, was verhasst ist, sei es die Apartheid, der Rassismus, der Kolonialismus, der Kapitalismus oder auch der freie Westen mitsamt der Moderne. Israel ist das Symbol, das ganz verschiedene Gruppen in ihrem Hass einen kann, ob sie nun islamistisch, links antiimperialistisch, rechtsextrem identitär oder gar queerfeministisch sein mögen. Wo dieses Ressentiment neuerdings aufquillt, wird eine Zukunft in Freiheit nicht möglich sein.

Im Namen der Moral

Akademische Boykottaufrufe nach dem 7. Oktober

Anne Rethmann

Ende Mai 2024 versammelten sich Dutzende Studierender vor dem Verwaltungsgebäude der Universität Granada. Manche weinten, andere fielen sich in die Arme. Ein Bild verbreitete sich rasch in den sozialen Medien: eine junge Frau, die in Tränen ausbricht – nicht aus Trauer, sondern aus Freude darüber, dass ihre Universität gerade beschlossen hatte, alle Beziehungen zu Israel abzubrechen.[1]

Dieses Bild steht nicht allein. Es gehört zu einer Welle von Boykottaufrufen, die nach dem Hamas-Massaker vom 7. Oktober 2023 und dem darauf folgenden zerstörerischen Krieg in Gaza vor allem an westlichen Universitäten verstärkt auftraten und bis heute anhalten. Während das Massaker weltweit Entsetzen auslöste, entstand parallel und in bemerkenswerter Geschwindigkeit ein Aktivismus, der sich nicht nur gegen israelische Institutionen richtet, sondern zunehmend auch Einzelpersonen allein aufgrund ihrer Staatsangehörigkeit und institutionellen Zugehörigkeit ausschließt.

Was sagt diese Momentaufnahme aus Granada über Teile der akademischen Welt aus? An vielen Universitäten, an denen Boykottaufrufe gegen Israelis zuvor eher randständig waren, werden sie inzwischen als moralisch notwendige Reaktion verstanden – getragen von einer Sprache, die scheinbar eine evidente Gewissheit über israelische Schuld, die Ursachen des Konflikts und die Legitimität von Widerstand voraussetzt. Dabei werden aktuelle geopolitische Realitäten, die komplexe Ge-

1 Der Kommentar dazu lautete: »In a powerful show of solidarity with Palestine, students at the University of Granada celebrate with tears of joy after their university decides to cut all ties with Israel.«

schichte der Gewalt in dieser Region und die Rolle nichtstaatlicher Akteure wie der Hamas auffallend häufig ausgeblendet.

Um die Kontinuitäten, aber auch die Brüche und neuen Entwicklungen aufzuzeigen, stelle ich im Folgenden drei Fragen in den Mittelpunkt. Erstens: Welche konzeptuellen Rahmen und politischen Narrative strukturieren die aktuellen Boykottaufrufe? Zweitens: Welche emotionalen und kollektiven Mechanismen treten hier zutage? Und drittens: Wie kann auf solche ausschließenden Praktiken reagiert werden?

Konzepte und Narrative: Boykottaufrufe gegen die israelische Wissenschaft

Forderungen nach einem akademischen Boykott israelischer Wissenschaftler:innen und Institutionen sind Teil transnationaler Bestrebungen, Druck auf den Staat Israel wegen seiner Politik gegen Palästinenser:innen auszuüben. Zwar gab es entsprechende Initiativen bereits früher, doch nach der Zweiten Intifada gewannen sie an Reichweite und organisatorischer Struktur. 2004 veröffentlichte die Palestinian Campaign for the Academic and Cultural Boycott of Israel (PACBI) ihren ersten Aufruf,[2] gefolgt 2005 vom »Palestinian Civil Society Call for Boycott, Divestment and Sanctions against Israel until it Complies with International Law and Universal Principles of Human Rights«. Getragen von einem breiten Bündnis palästinensischer NGOs und zivilgesellschaftlicher Akteure, darunter PACBI als eine der treibenden Kräfte, wurde dieses Dokument zum politischen Manifest der globalen BDS-Bewegung. 2007 gründete sich mit dem BDS National Committee ein Dachverband, der die Koordinierung, Förderung und Umsetzung der BDS-Aktivitäten im In- und Ausland übernahm. Die 2014 publizierten »PACBI Guidelines for the International Academic Boycott of

2 PACBI, »Call for an Academic and Cultural Boycott of Israel«, 5.7. 2004, https://bdsmovement.net/pacbi/pacbi-call

Israel«[3] kodifizierten schließlich die Prinzipien und Kriterien des akademischen Boykotts, auf die sich auch aktuelle Boykottaufrufe immer wieder beziehen.

Die BDS-Bewegung versteht sich ausdrücklich in der Tradition des Boykotts gegen das südafrikanische Apartheidregime und stellt Israel als rassistisches, koloniales Regime dar. Seit den 1970er Jahren ist diese Analogie verbreitet, und sie wurde auf dem parallel zur UN-Weltkonferenz gegen Rassismus 2001 abgehaltenen NGO-Forum in Durban nochmals explizit so formuliert. In dem Abschlussbericht des NGO-Forums wurde Israel als »rassistischer Apartheidstaat« benannt, der »genozidale Handlungen« gegen die Palästinenser:innen verübe.[4] Diese Rhetorik prägt bis heute das diskursive Fundament der Bewegung. BDS-Befürworter:innen betrachten den israelisch-palästinensischen Konflikt nicht als vielschichtige politische Auseinandersetzung, sondern als einseitige, kontinuierliche Gewaltausübung durch Israel – beginnend mit der Staatsgründung 1948. Militärische Angriffe durch Nachbarstaaten oder nichtstaatliche Akteure, innerpalästinensische Spaltungen oder Terroranschläge gegen israelische Zivilisten werden entweder ausgeblendet oder als zwar nicht legitime, aber verständliche antikoloniale Gegenwehr gedeutet.

Diese einseitige Deutung fußt auf der Analogie zu Südafrika und dem von Anfang an vorhandenen Vorwurf genozidaler Gewalt. Diese Lesart Israels wie auch der damit verbundene Anspruch auf Legitimität eines akademischen Boykotts waren und bleiben jedoch stark umstritten. Während Befürworter:innen argumentieren, israelische Universitäten seien strukturell in die Besatzung verstrickt, etwa durch Rüstungsforschung und

3 PACBI Guidelines for the International Academic Boycott of Israel, 8.7.2014, https://bdsmovement.net/pacbi/academic-boycott-guidelines

4 NGO-Forum, »Abschlussbericht des NGO-Forums zur UN-Weltkonferenz gegen Rassismus«, Durban, 3.9.2001, §§ 160 und 162, https://i-p-o.org/racism-ngo-decl.htm. Eigene Übersetzung aus dem Englischen; im Original: *genocidal acts, racist apartheid state.*

Normalisierungsprogramme, die die Missachtung palästinensischer Rechte übertünchten, haben Kritiker:innen bereits vor dem 7. Oktober dieser Sichtweise widersprochen. Sie betonen, dass dieser reduktive Blick auf Israel nicht nur historisch und politisch problematisch ist, sondern dass der daraus abgeleitete Boykott auf grundlegender Ebene die akademische Freiheit untergrabe, kollektive Schuld zuweise und Einzelpersonen direkt für die Politik der israelischen Regierung verantwortlich mache. Dabei werde verkannt, so kritische Stimmen, dass israelische Wissenschaftler:innen und Institutionen – trotz aller Versuche der gegenwärtigen Exekutive, massiv auf die Universitäten Einfluss zu nehmen – ihre akademische Autonomie nach wie vor bewahren.[5] Ein weiterer zentraler Kritikpunkt bezieht sich auf doppelte Standards: Israel werde herausgegriffen, während gravierende Menschenrechtsverletzungen anderswo kaum vergleichbare Reaktionen auslösen. Hinzu kommt die Warnung, dass die wiederholte Ausgrenzung israelischer Wissenschaftler:innen antisemitische Ressentiments verstärken kann, insofern jüdische Wissenschaftler:innen unter Generalverdacht geraten und ebenfalls ausgeschlossen werden, falls sie sich nicht positionieren. Seit dem 7. Oktober hat sich diese Tendenz verschärft: Vermehrt werden sie mit der Erwartung konfrontiert, sich öffentlich von Israel zu distanzieren, unabhängig von ihrer tatsächlichen Verbindung zu diesem Staat.

Israelischen Forschenden und Fachgesellschaften selbst wird der Druck besonders deutlich. Von ihnen wird verlangt, ihre Haltung zum Zionismus offenzulegen – wobei oft unklar bleibt, was unter Zionismus überhaupt verstanden wird. Zugleich sollen sie dem Genozidvorwurf zustimmen. Die Weigerung, diesen in erster Linie juristische Klassifikation für die Beschreibung des Vorgehens Israels in Gaza zu übernehmen, kann zum Ausschluss führen, als wäre die Ablehnung des Genozidvor-

5 Vgl. Barak Medina, »Addressing the Academic Boycott as a Wake-up Call for Israeli Academia«, *Justice*, Nr. 74 (2025), S. 22–26.

wurfs gleichbedeutend mit der Leugnung der humanitären Katastrophe in Gaza. Diese Erwartung dient als eine Form dessen, was ich *conditional inclusion* nennen würde. Zugehörigkeit wird an ideologische Loyalitätsbekundungen geknüpft, obwohl die wissenschaftliche und rechtliche Diskussion insbesondere über den Genozidbegriff nicht eindeutig entschieden ist.

Ein alarmierendes Beispiel war die Entscheidung der International Sociological Association (ISA) im Sommer 2025, die Israelische Soziologische Gesellschaft zu suspendieren.[6] Der Gesellschaft wurde faktisch ein Ultimatum gestellt: sich dem Genozidvorwurf anzuschließen oder ausgeschlossen zu werden. Gleichzeitig veröffentlichte dieselbe Menschenrechtskommission der ISA eine Solidaritätserklärung für iranische Akademiker:innen und betonte dabei, dass diese nicht mit ihrem Regime gleichzusetzen seien.[7] Diese Differenzierung wurde den israelischen Kolleg:innen verweigert. Dabei werden nicht nur doppelte Standards angewendet, sondern auch die politische Realität ausgeblendet, dass Israel – bei allen tiefgreifenden Problemen und internen Konflikten – nach wie vor eine Demokratie ist, in der abweichende Meinungen offen artikuliert werden können. Autoritäre Regime wie der Iran unterdrücken Dissens gewaltsam; Israel ringt darum, ihn hörbar zu halten. Alle israelischen Wissenschaftler:innen mit der Regierung gleichzusetzen, ignoriert diese Pluralität und löscht gerade den Raum aus, in dem Dissens formuliert werden kann.

Ein ähnliches Spannungsfeld in der gegenwärtigen Boykottdebatte zeigt sich in der oft beschworenen Unterscheidung zwischen individuellen und institutionellen Boykotten. Hier wird argumentiert, individuelle Boykotte seien problematisch, insti-

6 ISA Human Rights Committee, »ISA Executive Committee Decision on the Israeli Sociological Society«, angenommen am 29.6.2025, https://t.ly/VXu2H.

7 ISA Human Rights Committee, »Statement in Solidarity with Iranian Scholars amid Escalating Violence«, angenommen am 26.6.2025, https://t.ly/85D7.

tutionelle dagegen moralisch durchaus geboten. Diese Trennung wirkt auf den ersten Blick nachvollziehbar, vermeidet sie doch scheinbar die Diskriminierung von Einzelpersonen. In der Praxis erweist sie sich jedoch als Fiktion: In einem Land wie Israel, dessen Bildungs- und Kultursystem zu großen Teilen öffentlich finanziert ist, führt der Boykott von Institutionen zwangsläufig zum Boykott von Individuen. Kaum jemand kann Forschung ohne staatliche oder institutionelle Förderung realisieren. Ferner ist die Möglichkeit der militärischen Nutzung universitärer Forschung – oft als Grund für den Boykott von Institutionen wie der Tel Aviv University oder dem Technion angeführt – kein israelisches Spezifikum, sondern kennzeichnet Hochschulsysteme weltweit, auch in den USA und Europa. Wird dieses Kriterium jedoch ausschließlich im israelischen Fall zur Grundlage eines institutionellen Boykotts gemacht, zeugt dies erneut von doppelten Standards.

Mein Verweis darauf zielt nicht auf eine Relativierung oder Aufrechnung des Leidens einer Gruppe gegen das einer anderen. Die Suche nach langfristigen politischen Lösungen setzt aber eine Analyse der Entstehungsbedingungen dieses Leids voraus: der beteiligten Akteure, der geopolitischen Konstellationen, die es ermöglichen, sowie der Dynamik, durch die Gewalt fortgeschrieben wird. Ein einseitiger Blick auf Israel, der die regional-geopolitische Entwicklung und die Verantwortung anderer Akteure ausblendet, mag der eigenen moralischen Selbstvergewisserung dienen, auf der selbstdefinierten richtigen Seite der Geschichte zu stehen. Die konkrete Lage vor Ort, die durch jahrzehntelange Gewalt geprägt ist, verändert er nicht. Gerade deshalb lohnt ein Blick auf die emotionalen und kollektiven Mechanismen, die diese Boykotte antreiben und stabilisieren.

Nach dem 7. Oktober knüpften die akademischen Boykottaufrufe unbeirrt an die alten Deutungsmuster der BDS-Bewegung an. Kein Innehalten, keine Reflexion darüber, was der 7. Oktober offengelegt hat, stattdessen wurden vielerorts Poster mit Bildern der von der Hamas verschleppten Geiseln abgerissen. Universitäten und wissenschaftliche Vereinigungen in Nordamerika und Europa wurden zu Schauplätzen, auf denen der fernab von ihnen geführte Krieg symbolisch ausgetragen wird – durch Erklärungen, Boykotte und Abgrenzungspolitiken. Die Aufrufe werden dabei maximal moralisch begründet, das heißt als Haltung gegen den von ihnen behaupteten genozidalen Krieg, den Israel gegen die Palästinenser führe. Dieses Erklärungsmuster hängt jedoch weniger mit den konkreten Kriegsentwicklungen zusammen, sondern spiegelt vielmehr vertraute Deutungsrahmen wider, die Kontext nur dort sehen wollen, wo es ins eigene Weltbild passt.

Helmuth Plessner warnte 1924 in »Die Grenzen der Gemeinschaft« vor der Idolatrie organischer Einheit – vor jener Tendenz der Gemeinschaftsideologien seiner Zeit, Authentizität durch erzwungene Gleichheit herzustellen und damit das Individuum selbst zu gefährden. »Das Idol dieses Zeitalters ist die Gemeinschaft«, schrieb er, und warnte vor dem Verlust des Rechts auf Distanz[8] – jener Bedingung, ohne die Urteilskraft und Selbstreflexion verkümmern. Gerade im Licht der akademischen Boykottaufrufe nach dem 7. Oktober gewinnt Plessners Beschreibung an Aktualität. Denn was sich seitdem an vielen Universitäten in Europa und Nordamerika beobachten lässt, ist nicht nur politischer Protest, sondern eine Form symbolischer Gemeinschaftsbildung, die wesentlich über emotionale Intensität, moralische Gewissheit und performative Einheit funktioniert.

8 Helmuth Plessner, »Grenzen der Gemeinschaft«, Frankfurt 2001, (1924), S. 28.

Die Sprache vieler dieser Proteste ist apodiktisch: Genozid, Apartheid, Siedlerkolonialismus; die Praxis kollektiv: Sprechchöre, Trommeln, ritualisierte Slogans. Zugehörigkeit entsteht durch die Übernahme eines bestimmten Vokabulars; Abweichung wird als Verrat gedeutet. Diese Dynamik prägt insbesondere studentische Proteste, doch auch Lehrende haben sie wesentlich verstärkt. Nicht selten reichen ihre Stellungnahmen weit über Solidarität mit Palästinensern hinaus und kippen in pauschalen Antiisraelismus – bisweilen sogar in eine Verharmlosung oder Unterstützung der Gewaltakte vom 7. Oktober.

Es gibt ohne Zweifel legitime Proteste, die das Leid der palästinensischen Zivilbevölkerung in diesem Krieg thematisieren, ohne Gewalt zu feiern oder antiisraelische Stereotype zu bedienen. Doch solche Beispiele sind selten geworden. Versuche, Proteste in diesem Sinne differenziert zu gestalten, geraten selbst unter Generalverdacht: Sie gelten als normalisierend oder unpolitisch, als unzureichende Parteinahme in einer moralisch binär strukturierten Debatte. Diese Diskussionskultur verweist auf ein tieferliegendes Problem: Wo Distanz verloren geht, verengt sich die Möglichkeit zum differenzierten Urteil. Positionen werden identitär, nicht argumentativ; sie müssen in diesem Denkschema eindeutig einer Seite zugeordnet werden. Wer den 7. Oktober als Zäsur beschreibt – als Terrorakt, der Anerkennung als solchen verlangt –, wird reflexhaft mit der gegenwärtigen israelischen Regierung identifiziert. Wer hingegen auf »Kontext« pocht, interpretiert das Massaker oft als bedauerliche, aber letztlich verständliche Reaktion in der langjährigen Geschichte der Besatzung.

Die israelische Besatzungspolitik der vergangenen Jahrzehnte gilt als völkerrechtlich problematisch, moralisch und politisch schwer zu legitimieren und ist entsprechend stark umstritten – auch und gerade in Israel selbst. Doch »Kontext« darf nicht zum Instrument werden, ein historisches Ereignis entfesselter Gewalt zu relativieren. In den Wochen nach dem 7. Oktober ließen sich wiederholt Rationalisierungsversuche beobachten, die den Angriff primär als Folge »struktureller Gewalt« interpretierten und damit unmittelbare Gewalt zu einer bloßen Reaktion erklärten. In Teilen akademischer Debatten verfestigte sich dabei eine ideologische Fehlwahrnehmung, die drei Prämissen normalisiert hat: Israel wird ausschließlich als siedlerkoloniales Projekt verstanden; ein Staat mit jüdischer Mehrheit in dieser Form gilt als grundsätzlich illegitim; der 7. Oktober wird als Reaktion, nicht als eigenständige Initiative gedeutet.

Gerade die Anwendung der Siedlerkolonialismus-Theorie trägt hier zu einer intellektuellen Verengung bei. Sie arbeitet häufig mit essenzialisierenden Darstellungen. Die palästinensische Gesellschaft erscheint dabei als homogene indigene Gemeinschaft, während Israel als künstliche, von außen hervorgebrachte politische Konstruktion beschrieben wird, deren Entstehung primär auf europäische – insbesondere deutsche – Ursachen im Zusammenhang mit dem Holocaust zurückgeführt wird. Solche Deutungsmuster fanden mitunter auch in der öffentlichen Protestkultur Ausdruck: So waren auf den Straßen Berlins wiederholt Plakate mit der Aufschrift »Free Palestine from German Guilt« zu sehen. Diese Reduktionen machen beide Gesellschaften politisch unkenntlich und blockieren die Wahrnehmung realer Pluralität – sowohl innerhalb Israels als auch innerhalb der palästinensischen Gesellschaft. Sie bleiben nicht folgenlos, sondern erzeugen Affektbindungen, in denen politische Positionen zu identitätsstiftenden Orientierungen werden. Die emotionale Logik hinter diesen Bewegungen ist für viele der Beteiligten fast existenziell. Performative Freude, ritualisierte Sprechchöre und symbolische Bilder – Kufiyahs, Wassermelonen, Landkarten ohne den Staat Israel – verweisen auf eine Form von Identitätsbildung, die nicht über Gemeinsamkeit, sondern – und dies ist der entscheidende Punkt – über aggressive Ausschließung funktioniert.

Als Plessner vor dem Verlust von Distanz warnte, erkannte er, dass die Gefahr nicht nur von außen, sondern von innen droht: Eine Gemeinschaft, die Konformität einfordert, zerstört die Fähigkeit des Individuums zur Reflexion. In einem solchen Umfeld lädt jede Infragestellung des dominanten Narrativs zur

Denunziation ein. Robert Jay Lifton hat 1961 in seinem Klassiker »Thought Reform and the Psychology of Totalism« beschrieben, wie totalisierende Diskurse auf »denkbeendende Klischees« zurückgreifen: eine Sprache, die sich »repetitiv in allumfassendem Jargon äußert, vorschnell abstrahiert, hochgradig kategorisch und unablässig urteilend ist – und die für alle außer ihre glühendsten Anhänger tödlich langweilig wirkt«.[9]

Max Horkheimer und Theodor W. Adorno beschreiben in der siebten These des Kapitels »Elemente des Antisemitismus« in der »Dialektik der Aufklärung« ein ähnliches Phänomen, wenn sie vom Ticketdenken sprechen: Formen von Sprache, die keinen individuellen Gedanken mehr artikulieren, sondern ideologische Versiegelung reproduzieren.[10] Sprache wird nicht mehr Medium der Einsicht, sondern der Konformität. An dieser Stelle lässt sich ein Bezug zu Shulamit Volkovs Konzept des kulturellen Codes herstellen.[11] Zum einen bezeichnet es den bewussten Einsatz von Symbolen und Zeichen, mit denen Zugehörigkeit zu einem bestimmten politischen oder sozialen Milieu signalisiert wird. Zum anderen beschreibt es die unbewusste Aneignung weit verbreiteter kultureller Annahmen, die unabhängig von reflektierter Zustimmung reproduziert werden.

Gerade in diesem Spannungsfeld zwischen bewusster Posi-

9 Robert Jay Lifton, »Thought Reform and the Psychology of Totalism: A Study of ›Brainwashing‹ in China«, Chapel Hill and London: The University of North Carolina Press, 1961, S. 429. Eigene Übersetzung ins Deutsche von Anne Rethmann.

10 Max Horkheimer and Theodor W. Adorno, »Elemente des Antisemitismus: Grenzen der Aufklärung,« in »Dialektik der Aufklärung. Philosophische Fragmente« (1947), in »Gesammelte Schriften«, Bd. 5, hrsg. von Gunzelin Schmid Noerr, Frankfurt 2003, S. 197–238.

11 Shulamit Volkov, »Readjusting Cultural Codes: Reflections on Antisemitism, Anti-Zionism and the Critique of Israel« (2006), in »Interpreting Antisemitism: Studies and Essays on the German Cases«, hrsg. von Vivian Liska, Berlin: De Gruyter, 2023, S. 121–133. Shulamit Volkov, »Antisemitism as a Cultural Code: Reflections on the History and Historiography of Antisemitism in Imperial Germany« (1978), in: »Interpreting Antisemitism: Studies and Essays on the German Cases«, hrsg. von Vivian Liska, Berlin: De Gruyter, 2023, S. 61–84.

tionierung und unreflektierter Reproduktion wird verständlich, wie antiisraelische Deutungsmuster wirksam werden können. Sie müssen nicht notwendig antisemitisch intendiert sein, schließen aber an kulturelle Bedeutungsrepertoires an, die historisch antisemitisch codiert sind. Antisemitismus ist hier weniger ein geschlossenes Weltbild als vielmehr ein kultureller Code, der sich in bestimmten Symbolen, Interpretationsschemata und sprachlichen Routinen sedimentiert hat und in politischen Kontexten aktualisiert werden kann.

Vor diesem Hintergrund erscheinen die jüngsten Boykottaufrufe als Beispiel einer Verflechtung politischer Artikulation und kultureller Codierung. Sie gehen häufig von romantisierenden Vorstellungen der palästinensischen Gesellschaft und einer reduktiven Darstellung Israels als inhärent kolonial und rassistisch aus. Dadurch verwischt sich nicht selten die Grenze zwischen legitimer politischer Kritik und der Delegitimierung Israels – oder, insbesondere im Kontext des aktuellen Krieges, zwischen legitimer Solidarität mit Palästinensern und dem Ausschluss von Israelis aus akademischen und kulturellen Räumen.

Komplexe politische Konflikte wie den im Nahen Osten in symbolische Moraldramen zu verwandeln – geprägt durch Schlagworte, Rituale und Gruppendynamiken – hilft weder Israelis noch Palästinensern weiter. Dies gilt umso mehr angesichts des Traumas des 7. Oktober auf israelischer Seite und des zerstörerischen Krieges auf palästinensischer Seite. Es mag Karrieren fördern oder akademische Modewellen bedienen. Doch es bringt einen notwendigen politischen Lösungen nicht näher, geschweige denn einem langfristigen Frieden.

BDS und die Grenzen institutioneller Toleranz

Das eigentliche Problem liegt heute weniger in definitorischen Kämpfen um den Begriff des Antisemitismus als in dessen Mystifizierung: einer Verschiebung weg von der Auseinandersetzung mit konkreten Bedrohungen – antisemitische Hetze, Diskriminierung, physische Gewalt – hin zu Metadebatten über Deutungshoheit, angebliche und tatsächliche Instrumentalisierung. Diese Verschiebung verschleiert reale Gefahren. Tragisch zeigte sich dies am 21. Mai 2025 in Washington, als Yaron Lischinsky und Sarah Milgrim vor dem Jewish Museum erschossen wurden. Der Täter rief »Free Palestine« und griff Menschen an, die er als Juden kollektiv für den Gaza-Krieg verantwortlich machte. Später wurde versucht, den antisemitischen Charakter der Tat zu relativieren, indem man auf die israelische Staatsangehörigkeit der Opfer verwies.

Vor dem Hintergrund dieser ins Leere laufenden Diskussion – bei der selbst ein eindeutig antisemitischer Anschlag noch in Definitionsstreitigkeiten aufgelöst wurde – sollte die Debatte über institutionelle Reaktionen auf BDS nicht primär über konkurrierende Antisemitismusdefinitionen – etwa IHRA versus JDA – geführt werden,[12] sondern über die Effekte und damit über Antidiskriminierungsrecht. Die BDS-Bewegung richtet sich gegen Personen aufgrund ihrer Nationalität und institutionellen Zugehörigkeit – und in Israels überwiegend staatlich finanziertem Hochschulsystem führen institutionelle Boykotte zwangsläufig zu individuellen. Öffentliche, steuerfinanzierte Institutionen haben daher die rechtliche Pflicht, solche Formen des Ausschlusses zurückzuweisen. Die Verweigerung öffentlich subventionierter Plattformen ist keine Zensur und im Fall Deutschlands kein Ausdruck »deutscher Schuld«, sondern eine Konsequenz demokratischer und menschenrechtlicher Normen.

Die BDS-Bewegung steht in Deutschland zwar unter verfassungsschutzrechtlicher Beobachtung, sie ist dennoch nach wie vor legal. Private Initiativen dürfen weiterhin für BDS werben.

12 »IHRA Working Definition of Antisemitism«, angenommen von der International Holocaust Remembrance Alliance, 26.5.2016, https://holocaustremembrance.com/resources/working-definition-antisemitism. »Jerusalem Declaration on Antisemitism«, veröffentlich am 25.3.2021, https://jerusalemdeclaration.org/.

Explizite BDS-Veranstaltungen können jedoch nicht auf staatliche Unterstützung hoffen, da öffentlich finanzierte Institutionen die Pflicht haben, Diskriminierung zu unterbinden – und dazu gehört auch die Ablehnung einer Bewegung, die Menschen aufgrund ihrer Staatsangehörigkeit ausschließt. Hier greift Artikel 3 Absatz 3 des Grundgesetzes als verfassungsrechtliches Prinzip. Der Apartheid- und Genozidvorwurf ist weiterhin von der Meinungsfreiheit geschützt. Hassrede – einschließlich ästhetisierter Verherrlichung des 7. Oktober – dagegen nicht.

Die Folgen dieser Boykottaufrufe zeigen sich in Israel in einem scheinbaren Paradox: Universitäten geraten zugleich unter externen Druck durch internationale Ausgrenzungsinitiativen, die sie kollektiv verantwortlich machen, und unter internen Druck durch eine Regierung, die sie als »linksextreme Hochburgen« diffamiert. Beide bedrohen die akademische Autonomie – wenn auch aus entgegengesetzten Motiven. Wer sich also um den Aufstieg autoritärer Tendenzen berechtigterweise sorgt, kann sich nicht allein auf rechte politische Akteure in Regierungen konzentrieren. Die Geschichte zeigt, dass gesellschaftliche Prozesse – einschließlich der internen Druckmechanismen sozialer Bewegungen – ebenfalls einer genauen Betrachtung bedürfen. Dazu zählen heute auch jene moralisch aufgeladenen akademischen Milieus, in denen der Boykott israelischer Kollegen als höchste Tugend gilt und jede Abweichung vom Kanon als Verrat.

Aus all dem ergibt sich ein Perspektivwechsel: weg von definitorischen Metadebatten, hin zu rechtlichen Maßstäben und zur Verantwortung wissenschaftlicher Institutionen. Gerade wenn moralische Gewissheit am lautesten proklamiert wird, ist es Aufgabe der Wissenschaft, Distanz zu bewahren. Dies ist kein Plädoyer für Neutralität, sondern für Differenzierung. Und Differenzierung ist nicht das Gegenteil von moralischer Urteilskraft und politischer Verantwortung – sie ist deren Bedingung.

Rollentausch von Aktivisten und Antiakademikern

Die Politisierung der Wissenschaft und ihre konfuse Logik

Alexander Bogner und Caspar Hirschi

Der Neid ist längst dem Mitleid gewichen. Von Europa aus wirkte Harvard lange wie der akademische Garten Eden, in dem die Früchte der Erkenntnis so üppig heranreiften wie nirgendwo sonst. Nun gleicht die reichste Privatuniversität aus der Ferne einer vom Trump'schen Trommelfeuer sturmreif geschossenen Festung. Harvard gilt als neues Menetekel für die Politisierung der Wissenschaft. Nur: Was muss man sich darunter heute eigentlich vorstellen?

Politisierung wird im Zusammenhang mit der Wissenschaft generell als eine Gefahr gesehen, die von außen droht. Üben Regierungen Druck auf die freie Erkenntnissuche aus, treiben sie der Wissenschaft den kritischen Geist aus und fördern Forschungsergebnisse, die nicht dem Stand des Wissens, sondern den Erwartungen der Mächtigen entsprechen. Klassische Beispiele sind die Diktaturen des Nationalsozialismus und Stalinismus. Deren ideologische Vereinnahmung der Wissenschaft hat in westlichen Demokratien einem Gegenideal zum Durchbruch verholfen, das die »Wertfreiheit« von Forschung und Lehre zu respektieren versprach. Seither dient das Stichwort der »Politisierung« dem Kampf gegen das Eindringen von herrschenden Ideologien in die Autonomie der Wissenschaft.

Diese Sicht scheint sich in Trumps zweiter Amtszeit auf den ersten Blick zu bestätigen. Stellt man jedoch den Antiakademismus der amerikanischen Regierung in Bezug zum wissenschaftlichen Aktivismus für Palästina, zeigt sich ein anderes Bild. Erstens ist der Glaube an eine »wertfreie« Forschung innerhalb der Wissenschaft so stark geschwunden, dass es kaum mehr als Widerspruch erscheint, wenn ganze Fachrichtungen ihre wissenschaftlichen Studien mit politischen Zielen verbinden. In diesem Fall werden bestimmte Werteprioritäten von allen Mitgliedern geteilt und der fachinternen Kritik entzogen.

Zweitens greifen Rechtspopulisten die engagierten Wertebekenntnisse aus der Wissenschaft frontal an, indem sie ihnen das Ideal einer »wertfreien« Wissenschaft entgegenhalten. Sie geben vor, die Wissenschaft von »woker« Ideologie zu befreien, damit sie sich wieder auf ihre (unpolitische) Kernaufgabe konzentrieren könne – und drehen jeder Forschung den Geldhahn ab, die sie der Politisierung verdächtigen.

Damit haben sich die klassischen Rechtfertigungstopoi in der Auseinandersetzung um die Politisierung der Wissenschaft im Vergleich zur Weltkriegszeit ins Gegenteil verkehrt: Der wissenschaftliche Aktivismus verteidigt den Einsatz der Wissenschaft für ideologische Zwecke, der antiakademische Populismus behauptet die Zweckfreiheit der Wissenschaft. Das Problem der Politisierung erscheint vor diesem Hintergrund nicht mehr bloß als eine Bedrohung von außen, sondern vielmehr als eine Dialektik, die durch ein wechselseitiges Hochschaukeln von Selbst- und Fremdpolitisierung vorangetrieben wird. Will man diesen Prozess aufhalten, muss man ihn erst verstehen.

Anfang Juli 2025 fand in Rabat das fünfte Weltforum der Soziologie mit mehreren Tausend Teilnehmern aus aller Welt statt. Eingeladen hatte die Internationale Gesellschaft für Soziologie (ISA) als globale Dachorganisation von mehr als vierzig nationalen Fachgesellschaften. Die Gastgeberrolle nahm der marokkanische Soziologenverband ein. Wenige Tage vor der Eröffnung ließ dieser verlauten, die Teilnahme am Forum erfordere »die Achtung der marokkanischen Werte«. Was damit gemeint war, hatte der Verband zuvor mit der BDS-Bewegung in Marokko abgesprochen: Alle müssten den »systematischen Genozid« an den Palästinensern verurteilen, und niemand aus dem »zionistischen Gebilde« dürfe anwesend sein.

Die ISA zollte den »marokkanischen Werten« Respekt, indem sie der Israelischen Gesellschaft für Soziologie (ISS) postwendend die Mitgliedschaft entzog. Im Begründungsschreiben, das nur wenige Sätze umfasst, erklärte der ISA-Vorstand, die ISS habe sich nicht deutlich genug von der israelischen Politik im Gazakrieg distanziert. Anders die ISA: Im Oktober 2023 hatte sie öffentlich die »schrecklichen Ereignisse in Israel und Palästina« beklagt, ohne die Hamas als Auslöser der neuerlichen »Gewaltspirale« im Nahostkonflikt zu benennen. Im Mai 2025 verurteilte sie den »gnadenlosen Angriff« auf Gaza, der bis dahin zu 52.535 dokumentierten Toten geführt habe, wobei die ISA die wirkliche Opferzahl eher bei 300.000 vermutete.

Die Israelische Gesellschaft für Soziologie bedauerte in ihrem Antwortschreiben den Entscheid der ISA und betonte ihre »tiefe Besorgnis und Bestürzung über das schreckliche Ausmaß der Zerstörung, der Todesfälle und des menschlichen Leids, das die israelische Regierung der Bevölkerung von Gaza zugefügt hat«. Gleichzeitig wies sie darauf hin, dass der Ausschluss den Widerstand israelischer Soziologen gegen die eigene Regierung zu schwächen drohe. Und sie hob hervor, dass die ISA mit dem Ausschluss ihre Statuten verletzte. Diese nämlich bestimmen den einzigen Zweck der Gesellschaft darin, »Soziologen überall zu vertreten, unabhängig von ihrer Denkschule, ihren wissenschaftlichen Ansätzen oder ihrer ideologischen Meinung«, mit dem Ziel, »das soziologische Wissen weltweit zu fördern«.

Würde die ISA nach ihren eigenen Statuten handeln, könnte sie nur dann gegen nationale Fachgesellschaften vorgehen, wenn diese ihre Mitglieder an der freien Verfolgung ihrer Forschungsinteressen hindern würde – indem sie ihnen etwa die Einhaltung nationaler Werte vorschrieben.

Mit seinen politischen Einlassungen scheint der soziologische Weltverband in die Rolle des »kollektiven Intellektuellen« zu schlüpfen, wie ihn Pierre Bourdieu in den neunziger Jahren als Verbund von weltweit führenden Fachspezialisten entworfen hat, die durch gemeinsame Forschungsprojekte und Protestaktionen das Elend der Welt bekämpfen. Die ISA als internationales Repräsentationsorgan für das Fach Soziologie würde demnach die Autorität einer ganzen wissenschaftlichen Disziplin in die Waagschale werfen, um das Unrecht an den Palästinensern anzuprangern und dessen Komplizen in Israel abzustrafen.

Einer solchen Deutung widerspricht zunächst, dass der fachliche Repräsentationsanspruch der ISA schwach abgestützt ist. Der Ausschluss der ISS erfolgte durch den ISA-Vorstand, war nicht mit den nationalen Mitgliedern abgesprochen und löste unter anderem Protestschreiben der Deutschen (DGS) und Österreichischen Gesellschaft für Soziologie (ÖGS) aus. Letztere trat überdies aus der ISA aus (der Koautor dieses Beitrags Alexander Bogner war als ÖGS-Präsident am Entscheid beteiligt). Noch schwerer fällt ins Gewicht, dass die Legitimation für die Intervention nicht einmal ansatzweise aus geballter Fachkompetenz zu Israel und Palästina abgeleitet war.

Was der ISA-Vorstand über Gaza sagte, hat die wissenschaftliche Qualität einer Zeitungsschlagzeile. Um sich die Legitimation für die Intervention zu beschaffen, bediente sich die ISA vielmehr eines Hilfskonstrukts, mit dem die Selbstpolitisierung der Wissenschaft eine neue Dimension erreicht. Es ist die Umdeutung der Wissenschaftsfreiheit zum politischen Bekenntniszwang.

Plädoyers für die Wissenschaftsfreiheit stehen prominent in allen Stellungnahmen der ISA gegen Israels Gewaltausübung in Gaza. Sie folgt damit dem Beispiel anderer Initiativen an europäischen und amerikanischen Universitäten zur Boykottierung israelischer Forscher. »Academic freedom« wird dabei für Studierende und Dozierende eingefordert, die »Missbrauch, Verfolgung und Unterdrückung« erlitten, weil sie »Petitionen und Stellungnahmen« gegen Israel unterstützten. In der Stellungnahme vom 15. Mai ruft die ISA erst zum »Schutz der Wissenschaftsfreiheit und Redefreiheit für alle Menschen auf«, um anschließend ihre Geltung »besonders für Dozierende und Studierende, die gegen die gewalttätigen Praktiken der israelischen Regierung forschen, lehren und protestieren«, einzufordern.

Soll die Wissenschaftsfreiheit für politisch Gleichgesinnte ein bisschen mehr gelten als für Andersdenkende, verkehrt sie sich ins Gegenteil. Genau das geschieht in der Praxis: Zur Ausübung der Wissenschaftsfreiheit gehört für propalästinensische Aktivisten, israelische Kollegen daran zu hindern, ihre wissenschaftlichen Erkenntnisse auf internationalen Konferenzen vorzustellen und mit Forschungspartnern in anderen Ländern zu kooperieren. Mit anderen Worten: Derart politisiert, dient das Konzept der Selbstermächtigung zur Verletzung der Wissenschaftsfreiheit anderer.

Vom historischen Ursprung und gesetzlichen Kern der Wissenschaftsfreiheit bleibt bei diesem Verständnis kaum mehr etwas übrig. Die »akademische Freiheit«, wie die Wissenschaftsfreiheit im 19. Jahrhundert auch in Deutschland genannt wurde, gibt dem wissenschaftlichen Personal an Universitäten das Recht, »irgend welche wissenschaftliche Streitfrage wissenschaftlich zu diskutieren«. So hat es Hermann von Helmholtz in seiner berühmten Rektoratsrede an der Berliner Universität 1877 formuliert, und er führte zur Konkretisierung seiner Aussage gezielt jene Beispiele an, die damals für die größte Empörung sorgten: »In diesem Augenblicke können auf deutschen Universitäten die extremsten Consequenzen materialistischer Metaphysik, die kühnsten Speculationen auf dem Boden von Darwin's Evolutionstheorie ebenso ungehindert wie die extremste Vergötterung päpstlicher Unfehlbarkeit vorgetragen werden.«

Entscheidend hier ist das Wort »wissenschaftlich«. Die Wissenschaftsfreiheit soll einen möglichst ungehinderten Erkenntnisfortschritt ermöglichen, auch und gerade zu Fragen, die religiöse Gefühle verletzen, ideologische Verblendungen entlarven, politische Machtstrukturen freilegen oder wirtschaftliche Interessen treffen. Sie hat etwas Prometheisches, indem sie die ungerichtete Neugier ohne Rücksicht auf Bestehendes schützt. Damit Staaten eine solche Freiheit gewähren, müssen ihre politischen Eliten der Wissenschaft im Allgemeinen und neuen Erkenntnissen im Besonderen einen hohen Eigenwert beimessen. Einen rationalen Grund dazu haben sie jedoch nur, wenn die Wissenschaft als ein System anerkannt ist, das sich von der Politik fundamental unterscheidet. Ist das nicht mehr der Fall, lässt sich kaum rechtfertigen, warum Universitätsangehörige mehr als nur die Redefreiheit aller anderen Bürger genießen sollen. Wissenschaftlicher Aktivismus setzt diese Unterscheidung aufs Spiel.

Im Kontext der akademischen Proteste gegen Israel geht es nicht darum, wissenschaftlich gewonnene Erkenntnisse ohne Rücksicht auf äußere Autoritäten öffentlich zu machen, sondern Wissenschaft autoritativ auf den Dienst für die »richtige Sache« festzulegen. Der politische Meinungskampf wird ins wissenschaftliche Feld getragen, in der Erwartung, dass man ihn dort einfacher nach den eigenen Wertvorstellungen gestalten kann. Die Wissenschaftsfreiheit soll die Universität in eine geschützte politische Werkstatt verwandeln, in der unliebsame Meinungen und unwillkommene Redner keine Bühne erhalten und aus der heraus die politische Öffentlichkeit im Namen der Wissenschaft umso stärker beeinflusst wird. Vor dem Hintergrund ihrer weitreichenden Politisierung werden von der Wissenschaft nicht mehr Erkenntnisse, sondern Bekenntnisse erwartet, wobei diese möglichst uniform ausfallen müssen, damit sie als »die« Haltung der Wissenschaft verbreitet werden können.

Wie lässt sich diese Umdeutung der Wissenschaftsfreiheit theoretisch rechtfertigen? Einen Anhaltspunkt gibt ein eben erschienener Aufsatz des kürzlich verstorbenen britischen Soziologen Michael Burawoy in der *Sociological Review*. Burawoy, der Professor an der Universität Berkeley und langjähriger Präsident der ISA war, setzt mit der Frage ein: »Warum sollten sich Soziologen nicht zu Palästina äußern?« Seine Antwort fällt kurz aus: Es gibt keinen guten Grund, es nicht zu tun, und nur eine akzeptable Art, es zu tun – als uneingeschränkte Parteinahme für die Palästinenser. Wer sich um eine Stellungnahme drücke und hinter der vermeintlichen Neutralität der Wissenschaft verstecke, beziehe auch Stellung, und zwar »für den Status quo, für Israels asymmetrisches Massaker an den Palästinensern in Gaza und darüber hinaus«.

Um ein öffentliches Wertebekenntnis abzugeben, genüge im

Fall Palästinas »eine minimale Kenntnis seiner Geschichte« und ein konzeptionelles Gerüst zur Orientierung und Bewertung. Burawoy wählt das Konzept des »Siedlerkolonialismus«, und sein Aufsatz verdeutlicht, dass er es »in Zeiten der ›Postkolonialität‹« für das einzig Richtige hält, weil es »uns zwingt, unsere eigene Vergangenheit zu überdenken und dem ›Siedlerkolonialismus‹ als Überrest eines zerfallenden Imperiums neue Bedeutung beizumessen«. Sich als Brite in Berkeley auf die Seite der Palästinenser zu schlagen, läuft folglich darauf hinaus, die Last der eigenen siedlungskolonialistischen Erbsünde auf israelischen Schultern abzuladen.

Der Seitenblick auf den rechtspopulistischen Antiakademismus in den USA genügt Burawoy, um den wissenschaftlichen Aktivismus von jeder Verantwortung für die Politisierung der Wissenschaft zu entlasten: »In den USA, aber auch anderswo«, schreibt er, »ist der Angriff auf propalästinensische Proteste nur die Spitze eines umfassenderen Krieges gegen die Klasse professioneller Experten«. Wenn man schon untergeht, dann besser mit wehenden Fahnen: »Wir können uns hinter dem Anspruch der ›Neutralität‹ verstecken, aber selbst dann werden wir niedergemäht werden. Wenn wir nicht für die Autonomie der Universität einstehen, werden wir am Ende wohl keinen Ort mehr zum Stehen haben.« Burawoy bleibt einen Beleg schuldig, inwiefern wissenschaftlicher Aktivismus die universitäre Autonomie stärken könnte und warum er für den Rechtspopulismus nur einen Vorwand darstellt, um das Wissenschaftssystem zu zerstören.

Vor allem bleibt bei dieser Sichtweise verborgen, dass der rechtspopulistische Antiakademismus direkt auf den wissenschaftlichen Aktivismus zugeschnitten ist. Auch Trump und ein beträchtlicher Teil der »MAGA-World« verstehen sich als Verteidiger der Redefreiheit und halten minimale Kenntnisse für ausreichend, um ein definitives Urteil zu Palästina und Israel zu fällen. Ebenso kennt ihr Urteil keine Schattierungen, sondern nur Schwarz und Weiß, einfach mit umgekehrter Wertung. Denn als konzeptionelles Gerüst für ihre Bewertung haben sie nicht »Siedlerkolonialismus«, sondern »Antisemitismus« ausgewählt. Und damit werfen sie, anstatt israelische Forscher von Tagungen auszuschließen, propalästinensische Aktivisten ins Gefängnis.

Die rechtspopulistische Rechtfertigung für die politische Intervention ins Wissenschaftssystem unterscheidet sich zugleich markant von den totalitären Diktaturen der Weltkriegszeit. Unter Hitler und Stalin wurden Gegenmodelle zur bestehenden Wissenschaft entworfen, die in den totalitären Ideologien der jeweiligen Diktaturen verankert waren. In Deutschland kam zur Rassenhygiene die »arische Physik«, in Russland zum Marxismus-Leninismus der »Lyssenkoismus« als neue wissenschaftliche Leitdisziplin hinzu. Empirisch bestätigte Forschungsleistungen wie die Relativitätstheorie oder die Evolutionsbiologie wurden auf politischen Befehl hin abgeschafft.

Dem Trumpismus geht jeglicher Ehrgeiz in diese Richtung ab. Er belässt es beim Versprechen an die eigene Basis, die Universitäten vom »linksradikalen« Aktivismus zu säubern, und klemmt mit diesem Argument Forschung ab, die ihm politisch verdächtig klingt. Damit richtet er den Vorwurf der Ideologisierung an die Wissenschaft selbst und inszeniert sich als Verteidiger der »objektiven« Forschung. Mit dieser Rechtfertigungslogik radikalisiert er eine Haltung, die in der republikanischen Partei eine lange Tradition hat: Um missliebige Klimapolitik zu verhindern und die Kontroverse in die Länge zu ziehen, war es üblich, die Klimaforschung mangelnder Objektivität und Präzision zu bezichtigen. So forderte der Republikaner John Doolittle schon 1995 bei einer Expertenanhörung im Repräsentantenhaus angesichts der mit jeder Klimamodellierung verbundenen Ungewissheiten: »Theorien oder Spekulationen genügen nicht. Wir brauchen Wissenschaft, nicht Pseudowissenschaft.«

Aus dem Verdacht, dass die Wissenschaft im Dienst einer progressiven Ideologie stehe, gewinnt der Populismus eine unerschöpfliche Skandalisierungsenergie. Die Wissenschaft erscheint als eine Welt, in der nicht Leistung, sondern Herkunft zähle, Privilegierte als Diskriminierte gälten, Täter zu Opfern erklärt würden, die Wissenschaftsfreiheit Sprechdiktaten weiche, die individuelle Freiheit klimapolitischen Zwängen Platz mache, das Recht auf Verteidigung von der Pflicht zur Vorverurteilung abgelöst werde und die biologische Geschlechterordnung durch ein ideologisches Geschlechterchaos ersetzt werde. Wie stark dieses Bild an der Realität vorbeigeht, spielt politisch keine Rolle, weil kaum jemand aus der rechtspopulistischen Basis, anders als ihre politischen Anführer, eine Innensicht ins Wissenschaftssystem hat.

Wissenschaftlicher Aktivismus ist die denkbar schwächste Waffe im Abwehrkampf gegen populistische Angriffe auf die Autonomie der Universitäten. Zum einen haben die Aktivisten ein instrumentelles Verhältnis zur wissenschaftlichen Autonomie; sie berufen sich auf diesen Wert, um ihre politischen Interventionen als interessefreien Dienst an der Gesellschaft aus Wahrheits- und Gerechtigkeitsliebe auszuweisen. Einfluss können sie allerdings nur dann ausüben, wenn es ihnen gelingt, die Patronage von Machtträgern zu erhalten, die ihre Werteprioritäten teilen, ihre Expertise nutzen und ihre Forschung im Gegenzug als förderungswürdig ausweisen. Forschung, die sich politischer Nutzbarkeit entzieht, gerät damit tendenziell unter Rechtfertigungsdruck.

Zum zweiten teilt der Aktivismus wesentliche Grundannahmen mit seinem populistischen Gegenüber und spielt ihm dadurch in die Karten. Auch Aktivisten sind davon überzeugt, dass die heutige Wissenschaft ein grundlegend wertegetriebenes Unternehmen ist, das politischer Eingriffe und Entscheidungen bedarf, damit es rundläuft. Nur die Strategien unterscheiden sich: Während die eine Seite antiideologische Reinigung betreibt, um lästige Kritik abzuschütteln, pocht die andere Seite auf ideologische Klarheit, um ihre Stimme im Kampf um Hegemonie zu stärken. Akademische Freiheit bedeutet für beide Seiten folglich dasselbe, nämlich die Pflicht, das politisch Richtige zu sagen. Fremd- und Selbstpolitisierung der Wissenschaft greifen wie Zahnräder ineinander.

Die aktuelle Konfrontation zwischen wissenschaftlichem Aktivismus und rechtspopulistischem Antiakademismus kommt damit einer Wiederaufführung des sogenannten Werturteilsstreits als vollendeter Farce gleich. Diese Auseinandersetzung um das Verhältnis von wissenschaftlichem Wissen und gesellschaftlichen Werten wurde in Deutschland schon vor dem Ersten Weltkrieg und in Amerika bis weit nach dem Zweiten Weltkrieg geführt. Heute werden die damals vertretenen Positionen ins Karikaturhafte gesteigert und mit sorglosen Selbstwidersprüchen angewendet.

Wäre Trump an »wertfreier« Forschung gelegen, könnte er nicht die Leiterin des Büros für Arbeitsmarktstatistik wegen »liberal bias« entlassen, sobald die Beschäftigungsdaten, deren Erhebungsmethode jede Manipulation durch die Behördenleitung ausschließt, nicht seinen Erwartungen entsprechen. Und würden wissenschaftliche Aktivisten ihre Behauptung, Forschung sei genauso wertegetrieben wie jede andere Tätigkeit, ernst nehmen, könnten sie andere Forschende nicht wegen des Verdachts auf abweichende Werteprioritäten in ihrer Wissenschaftsfreiheit einschränken. Vielmehr müssten sie anerkennen, dass auch und gerade zum Nahostkonflikt eine politische Einheitsposition innerhalb einer Fachgemeinschaft ausgeschlossen ist – es sei denn, man verabsolutiert ein bestimmtes theoretisches Konzept zur einzig legitimen Grundlage aller Analyse.

Leute wie Burawoy verdrängen die Vielfalt legitimer Sichtweisen auf den Nahostkonflikt, wenn sie als einzige Alternative zur bedingungslosen Solidarisierung mit Palästina den feigen Rückzug in die vermeintliche Neutralität der Wissenschaft anführen. Wer sich an der Universität der Schwarz-Weiß-Logik des Aktivismus entzieht, verhält sich noch längst nicht neutral, und wer zum Nahostkonflikt schweigt, betreibt noch längst nicht die Sache Netanjahus. Beides kann zum Beispiel auch vom legitimen Anliegen geleitet sein, den allgegenwärtigen Einladungen zur (Selbst-)Politisierung der Wissenschaft zu widerstehen.

Im Jahr 1984, als über dem westlichen Wissenschaftssystem die Sonne der staatlichen Schutzgarantien nie unterzugehen schien, schrieb Bruno Latour den obskuren Satz: »Wissenschaft ist Politik mit anderen Mitteln.« Seither diskutiert die Wissenschaftsforschung darüber, was Latour gemeint haben könnte. Gewiss ist nur, dass er eine Provokation landen wollte, die vor allem an die Adresse der Natur- und Biowissenschaften gerichtet war (und dort auch ankam), und dass es ihm fernlag, diese zu ermuntern, im Namen ihrer Fachdisziplinen politische Stellungnahmen zum Weltgeschehen abzugeben. Schon gar nicht beabsichtigte er, Regierungen einen Freibrief zur grenzenlosen Manipulation des Wissenschaftsbetriebs auszuhändigen. Latour gehörte zu einer Forschergeneration, welche die moderne Wissenschaft als eine mächtige Maschine wahrnahm, deren Ausstoß an Erfindungen und Erkenntnissen die Welt und unser Weltbild laufend veränderte und damit auch die Politik umgestaltete, auch wenn das gar nicht die Absicht war. Dass sich sein Satz heute auf die krudestmögliche Art zu bewahrheiten droht, hätte sich Latour wohl nicht träumen lassen.

Wie aber lässt sich wirkungsvoll einer ideologischen Überhitzung begegnen, die sich der forcierten Entgrenzung von Wissenschaft und Politik verdankt? Zunächst sollte man nicht hinter eine Einsicht zurückfallen, die schon Kontrahenten wie Max Weber und Gustav Schmoller im ersten Welturteilstreit geteilt haben: Wissenschaft ist immer von subjektiven Werteprioritäten geprägt, von der Wahl der Forschungsfrage bis zur Präsentation der Erkenntnisse; »Wertfreiheit« kann höchstens ein unerreichbares Ideal, nicht aber ein realistisches Ziel darstellen. Für die Autonomie der Wissenschaft ist darum entscheidend, dass Forschende der politischen Dimension ihres eigenen Tuns mit dem gleichen »organisierten Skeptizismus« begegnen, den sie allen Erkenntnisansprüchen üblicherweise entgegenbringen. Zwangsläufig normative Entscheidungen im Forschungsprozess müssen als solche ausgewiesen und zur Diskussion gestellt werden; individuelle Idiosynkrasien gilt es durch kollektive Kritik so gut es geht auszugleichen.

Nur eine selbstkritische Infragestellung der eigenen Werteprioritäten macht es möglich, dass Wissenschaftsfreiheit wieder so gelebt wird, wie sie Hermann von Helmholtz im 19. Jahrhundert beschrieben hat: als Lizenz, mit originellen Fragestellungen und raffinierten Methoden Dinge zu erforschen, die in allen politischen Lagern für Empörung sorgen können. Die Universität ließe sich nicht mehr so leicht als Ort der politischen Indoktrination diffamieren, sondern würde wieder vermehrt als Stätte der freien Forschung und Lehre gewürdigt. Zweitens könnte an Universitäten eine Kultur der normativen Selbstbescheidung Einzug halten, die den Hang zur politischen Selbstermächtigung im Namen der Wissenschaft schwächt. Anstatt im Namen der eigenen Fachdisziplin politische Forderungen aufzustellen, würden Forschende ihr Fachwissen der Analyse von Problemen und die Entwicklung von Handlungsoptionen anbieten. Die Rolle des Aktivisten, der seinen Zahlen einen politischen Sachzwang unterstellt, könnte jener des »ehrlichen Maklers« weichen, der sinnvolle Alternativen vorschlägt. Die Wissenschaft würde dabei nicht ihren kritischen Stachel verlieren, ginge es doch darum, eingeschliffene Hintergrundannahmen zu irritieren, nicht aber eine bestimmte Position durchzusetzen.

Gelingt ein solcher Kulturwandel, heißt das noch längst nicht, dass sich Universitätsangehörige nicht mehr in die Politik einbringen können. Sie müssen dabei bloß die Konsequenz aus Burawoys Binsenweisheit ziehen, dass sich Menschen in der Wissenschaft nicht von anderen Menschen unterscheiden. Konkret heißt das: Wer politisieren will, tut dies als Bürgerin oder Bürger und lässt den Hut der Wissenschaft an der Universität hängen. Man kann Parteien beitreten, sich in Parlamente wählen lassen und an Demonstrationen (außerhalb des Campus!) teilnehmen, aber man macht es aus persönlicher Überzeugung und nicht im Namen der Wissenschaft. Wer sich dafür entscheidet, verdient höchste Anerkennung: Man schützt damit nicht nur die Autonomie der Wissenschaft, sondern stärkt die Stabilität der Demokratie.

Der Krieg gegen die Geschichte

Benny Morris

Ich bin oft gefragt worden, ob es auf palästinensischer Seite so etwas wie die revisionistische* israelische Geschichtsschreibung gibt, zu der ich in den späten achtziger Jahren beigetragen habe. Leider, würde ich sagen, gibt es sie noch nicht – und sie wird sicherlich weder in den ideologisch restriktiven, autoritären Gebieten unter der Kontrolle der Palästinensischen Autonomiebehörde und der Hamas noch in der arabischen Welt gedeihen. Allerdings könnte das in der palästinensischen Diaspora, in den offenen Gesellschaften des Westens, geschehen. Gelegentlich erwähnte ich zögernd Rashid Khalidi und deutete an, dass er eines Tages eine echte, auf den Archiven basierende historische Arbeit vorlegen könnte, die die grundlegenden Annahmen, Positionen und das Verhalten der Palästinenser in den vergangenen 130 Jahren des nationalistischen Kampfes und der Konfrontation mit den Zionisten in Frage stellt.

Als Professor für Geschichte des Nahen Ostens an der University of Chicago veröffentlichte Khalidi 1997 das Buch »Palestinian Identity«, in dem er die Entstehung des palästinensischen Nationalbewusstseins im späten 19. und frühen 20. Jahrhundert nachzeichnet. Nach seinem Wechsel an die Columbia University (wo er heute den Edward-Saïd-Lehrstuhl für moderne arabische Studien innehat) veröffentlichte Khalidi »The Iron Cage«. In »Palestinian Identity« versuchte er, die Entste-

* Der Begriff »revisionistisch« meint an dieser Stelle »kritisch«. Er bezieht sich auf die Gruppe der »neuen israelischen Historiker«, die etwa zwischen 1988 und 2008 auf Grundlage von Archivmaterial die traditionelle israelische Darstellung des Zionismus und der Staatsgründung einer »Revision« unterzogen und auch die Mitverantwortung Israels für das palästinensische Flüchtlingsproblem und den israelisch-palästinensischen Konflikt untersuchten. (A.d.Ü.)

hung einer eigenständigen palästinensisch-arabischen Identität, die sich von der der Araber in den Nachbarländern Syrien-Libanon, Jordanien und Ägypten unterscheide, künstlich in die Vergangenheit zu verlegen. Vermutlich sind die Ansprüche auf Staatlichkeit umso legitimer und überzeugender, als je älter deren vermeintliche Provenienz gilt.

»The Iron Cage« konzentrierte sich auf die palästinensische Nationalbewegung während der Jahre des britischen Mandats (1917–1948) und des Kriegs von 1948 und ging der Frage nach, warum die Palästinenser den Kampf gegen den Zionismus (bisher) verloren haben und es ihnen nicht gelungen ist, einen eigenen Staat zu erlangen. Das Buch enthielt einen Hauch von Selbstkritik, also Kritik an der palästinensischen Nationalbewegung, der Khalidi und ein Großteil seiner angesehenen Familie stets angehörten.

In den Jahren 1991 bis 1993 war Khalidi offizieller, vermutlich besoldeter Berater der gemeinsamen jordanisch-palästinensischen Delegation, später der (PLO-)palästinensischen Delegation, bei der Nahost-Friedenskonferenz in Madrid und bei den anschließenden israelisch-palästinensisch-US-amerikanischen Verhandlungen in Washington, D.C. Interessanterweise erscheint diese Tatsache nirgendwo in Khalidis Wikipedia-Biographie und wird auch in den Kurzbiographien in seinen verschiedenen Büchern nicht erwähnt. Vermutlich hätte das öffentliche Eingeständnis seiner Verbundenheit mit der PLO dem Image des glaubwürdigen, unparteiischen Historikers geschadet.

In ähnlicher Weise hat Khalidi es immer zurückgewiesen, während des Libanon-Kriegs 1982 als »PLO-Sprecher« fungiert zu haben, und er tut dies auch in diesem Buch. »The Hundred Years' War on Palestine«* hat jedoch einen autobiographischen Strang, der uns über den Sommer 1982 Folgendes erzählt: »Ich fungierte als vertrauliche Quelle für westliche Journalisten.«

* Rashid Khalidi, »Der Hundertjährige Krieg um Palästina. Eine Geschichte von Siedlerkolonialismus und Widerstand«, Zürich 2024.

Das Buch zeigt auch ein Foto von Khalidi, der »bei einer (PLO-)Pressekonferenz im Commodore Hotel in Beirut aushilft«, so zumindest die Bildunterschrift.

In seinem früheren Buch »The Iron Cage« konzentrierte sich Khalidis Kritik an der palästinensischen Nationalbewegung sehr auf die Versäumnisse der palästinensischen Führung, insbesondere des Leiters der Bewegung in den dreißiger und vierziger Jahren, Hadj Muhammad Amin al-Husseini, und auf ihr klägliches Versagen, die vielfältigen Möglichkeiten zu nutzen, die ihnen die Geschichte für die Verwirklichung der palästinensischen politischen Bestrebungen geboten hatte. In »The Hundred Years' War on Palestine« weitet Khalidi seine Kritik an den alten palästinensischen Eliten – aus denen er stammt – auf die PLO-Führung unter Yassir Arafat aus, die in den sechziger und siebziger Jahren aus den Flüchtlingslagern hervorging und die alte Elite der »Notabeln« ersetzte. Darüber hinaus macht er den Führern der umliegenden arabischen Staaten, von Gamal Abd al-Nasser und Anwar Sadat in Ägypten bis zu den Assads in Syrien, schwere Vorwürfe, weil sie die Palästinenser und ihre Sache ständig für ihre eigenen Zwecke missbrauchten und manipulierten, während sie es versäumten, den Palästinensern in entscheidenden Momenten zwischen 1947 und 2019 wirksam zu helfen.

Aber letztlich ist »The Hundred Years' War on Palestine« keine revisionistische Geschichtsschreibung, und Khalidi ist kein palästinensischer »neuer Historiker«. Tatsächlich entpuppt sich das Buch als eine weitere, etwas schwülstige Rezitation des traditionellen palästinensischen Narrativs. Dessen Mantra ist die westliche und zionistische Schuld an allem, was den Palästinensern widerfahren ist, und die leidenschaftliche, persönliche Beteuerung der palästinensischen Unschuld. Es ist gespickt mit Fotos und Anekdoten des Khalidi-Clans, die bis ins 19. Jahrhundert zurückreichen. Eine der eindrucksvolleren Anekdoten ist Khalidis Beschreibung seiner erschütternden Erlebnisse mit Frau und zwei kleinen Kindern im Schlepptau während der israelischen Belagerung und des Beschusses von Westbeirut im Jahr 1982.

Khalidis Fazit lautet, dass der Zionismus ein »kolonialistisches« Unternehmen sei, eine Doktrin, die in der Palästinensischen Nationalcharta von 1964 verkündet wurde. Aus dieser Ursünde resultieren alle Übel des Zionismus und alles palästinensische Leid. Der Untertitel »A History of Settler Colonialism and Resistance, 1917–2017«, sagt alles. Khalidi geht sogar so weit zu behaupten, dass der Zionismus ein »klassisches europäisches Kolonialunternehmen des 19. Jahrhunderts« sei. Aber stimmt das?

Kolonialismus wird gemeinhin definiert als die Politik und Praxis einer imperialen Macht, die politische Kontrolle über ein anderes Land erlangt, es mit ihren Söhnen besiedelt und wirtschaftlich ausbeutet. Nach keinem objektiven Maßstab entspricht der Zionismus dieser Definition. Der Zionismus war eine Bewegung verzweifelter, idealistischer Juden aus Ost- und Mitteleuropa, die entschlossen waren, in ein Land einzuwandern, das einst von Juden bevölkert und regiert worden war, nicht in ein »anderes« Land, und die Souveränität über dieses Land wiederzuerlangen.

Die Siedler waren nicht die Söhne einer imperialen Macht, und das Siedlungsunternehmen war nie darauf ausgerichtet, einem imperialen Mutterland politisch oder strategisch zu dienen oder das Land im Namen eines Imperiums wirtschaftlich auszubeuten. Es war bekannt, dass es dem Land an natürlichen Ressourcen mangelt. Und die meisten Zionisten wollten die Einheimischen nicht ausbeuten, sondern standen deren Schicksal gleichgültig gegenüber oder wollten einfach nur, dass sie gehen (was Khalidi im Laufe des Buchs wiederholt einräumt).

Tatsächlich untermauert Khalidi zu Beginn des Buchs die zionistische Position, vielleicht ohne sich darüber im Klaren zu sein, was er da tut (und unter offensichtlicher Missachtung der PLO-Propaganda des vergangenen halben Jahrhunderts, die behauptet, dass die jüdische Verbindung zu Jerusalem und damit zu ganz Palästina ein Mythos sei). Er zitiert seinen Ururgroßonkel Yusuf Diya al-Din Pasha al-Khalidi, der einst Bürgermeister von Jerusalem und Mitglied des osmanischen Parlaments war und der am 1. März 1899 an den Gründer des politischen Zionismus, Theodor Herzl, schrieb: »Wer könnte die Rechte der Juden in Palästina anfechten? Mein Gott, historisch gesehen ist es dein Land.« (Natürlich fügte Yusuf Diya hinzu, dass das Land inzwischen von Arabern bevölkert sei und es keinen Platz für einen zionistischen Zustrom gebe, der nur zu Blutvergießen führen könne.)

Was den Vorwurf betrifft, die Zionisten seien Handlanger des Imperialismus, so verschweigt Khalidi seinen Lesern, dass die Zionisten zwischen 1917 und 1948 alles andere als zahme britische Mündel waren. Immerhin haben zionistische Untergrundgruppen während und nach dem Zweiten Weltkrieg einen gewaltsamen Aufstand gegen die britische Herrschaft geführt. In jüngerer Zeit war Israel weit davon entfernt, ein williges Instrument dessen zu sein, was Khalidi als »amerikanischen Imperialismus« bezeichnen würde. In der Tat beruht ein Großteil der jüngsten Kritik, die in den USA an der Großzügigkeit gegenüber Israel geäußert wird, darauf, den strategischen Wert Israels für die USA in Frage zu stellen.

Um seine Definition des Zionismus als Kolonialismus zu verdeutlichen und zu untermauern, beginnt Khalidi seine Geschichte gleichwohl im Jahr 1917. Am 2. November jenes Jahres gab die britische Regierung die Balfour-Erklärung heraus, in der sie die Errichtung einer »nationalen Heimstätte für das jüdische Volk« in Palästina befürwortete. Diese berühmte Erklärung habe den Konflikt ausgelöst, erzählt er. Von diesem Zeitpunkt an, so Khalidi, seien die zionistischen Kolonisten Arm in Arm mit ihrem imperialen Patron gegen die einheimische Bevölkerung Palästinas vorgegangen, um sie zu verdrängen. Mit diesem Taschenspielertrick macht Khalidi die Zionisten zu Agenten Großbritanniens.

An einer Stelle zu Beginn des Buchs räumt Khalidi zähneknirschend ein, dass »es keinen Grund gibt, warum das, was in Palästina seit über einem Jahrhundert passiert, nicht sowohl als kolonialer als auch als nationaler Konflikt verstanden werden kann«. Aber dann sagt er, dass »unsere Sorge hier (dem) kolonialen Charakter gilt«, und überschwemmt den Leser mit Rhetorik und »Fakten«, die ausschließlich auf den »kolonialen« Charakter des zionistisch-arabischen Konflikts hinweisen. Er verdrängt damit jede Erinnerung daran, dass der Zionismus eine nationale Bewegung ist und dass der Kampf immer zwischen zwei nationalen Bewegungen stattgefunden hat, die beide – meiner Ansicht nach – einen rechtmäßigen Anspruch auf das Land haben. In der Tat sagt uns Khalidi ausdrücklich, dass es sich nicht um einen Kampf zwischen »zwei Rechten« handelt.

Tatsächlich begann die Geschichte des Zionismus und seines Konflikts mit den Arabern 1882 mit der Ankunft der ersten Zionisten in Palästina oder dem Land Israel, was Araber später als den Beginn der »zionistischen Invasion« bezeichneten. Die einheimische Bevölkerung leistete unweigerlich, zögerlich und unüberlegt Widerstand. Im Jahr 1886 griffen etwa 50 bis 60 Araber aus dem Dorf Yahudiya die benachbarte neue jüdische Siedlung (gemäß Khalidis Ausdrucksweise eine »Kolonie«) Petach Tikvah wegen eines Streits über Grenzen und widerrechtliches Betreten an, wobei sie vier Siedler verletzten und eine Jüdin einen tödlichen Herzanfall erlitt. 1908 griff eine Gruppe von Arabern in Jaffa – der Stadt, über deren Hafen die meisten frühen zionistischen Siedler einreisten – ein jüdisches Paar an, das am Strand spazieren ging. Juden übten Vergeltung, indem sie Araber angriffen, und ein Mob von Arabern stürmte daraufhin das Spector Hotel, eine Herberge für Neueinwanderer, wo 13 Juden zum Teil schwer verletzt wurden. Die Juden nannten dies ein Pogrom.

Im November 1913 veröffentlichte ein namhafter Araber, Scheich Sulayman al-Taji (al-Faruqi), in der arabischen Tageszeitung *Filastin* in Jaffa vor dem Hintergrund der anhaltenden arabischen Landverkäufe an Juden das folgende Gedicht:

»Juden, Söhne des klirrenden Goldes, hört auf mit eurem Betrug; / Wir lassen uns nicht betrügen, unser Land zu verschachern! / (…) Die Juden, das schwächste aller Völker und das geringste von ihnen, / Feilschen mit uns um unser Land; / Wie können wir weiter schlummern?«

Antijüdische Gewalt wurde endemisch, und jüdische Siedlungswächter – die als Symbol des zionistischen Unternehmens galten – starben zwischen 1911 und 1913 regelmäßig durch arabische Hinterhalte.

Im April 1914 berichtete der britische Konsul in Jerusalem: »Die Angriffe auf Juden in den Außenbezirken werden immer häufiger.« Der Konflikt begann also lange vor der Balfour-Erklärung und bevor die Briten 1917 bis 1918 Palästina eroberten und den Zionismus kurzzeitig unterstützten.

Khalidis These, wie sie schon im Titel seines Buchs zum Ausdruck kommt, lautet, dass die Zionisten im Bunde mit den Briten, dann mit den Franzosen und schließlich mit den Amerikanern einen unaufhörlichen Krieg gegen die Araber Palästinas geführt hätten. Das Buch besteht aus sechs Kapiteln mit den Überschriften »Die erste Kriegserklärung, 1917–1939«, »Die zweite Kriegserklärung, 1947–1948« und so weiter und schließt mit »Die sechste Kriegserklärung, 2000–2014«.

Schauen wir uns Khalidis Berichterstattung über die entscheidenden Jahre 1917 bis 1948 etwas genauer an, die meiner Meinung nach die Qualität seiner Geschichte insgesamt widerspiegelt. Mit Blick auf die Balfour-Erklärung sagt Khalidi, dass »das britische Empire nie durch Altruismus motiviert war«. Zu der Erklärung bewogen habe es vielmehr sowohl das »romantische, religiös abgeleitete philosemitische Verlangen, die Hebräer in das Land der Bibel ›zurückzubringen‹, als auch ein antisemitischer Wunsch, die jüdische Einwanderung nach Großbritannien zu reduzieren, verbunden mit der Überzeugung, dass das ›Weltjudentum‹ die Macht habe, das neuerdings revolutionäre Russland (im Ersten Weltkrieg) weiterkämpfen zu lassen und die Vereinigten Staaten in den Krieg zu ziehen«.

Außerdem, so sagt er, wollte Großbritannien Palästina aus geostrategischen Gründen kontrollieren. Er verschweigt seinen

Lesern, was der damalige britische Außenminister Lord Arthur Balfour selbst nach 1917 mehrfach erklärte: dass er von dem Wunsch beseelt war, etwas für die Juden zu tun, weil sie in den vorangegangenen 1900 Jahren unter der christlichen Welt sehr gelitten hatten, und wegen der Werte und Normen, einschließlich des Monotheismus und der Vorstellungen von sozialer Gerechtigkeit, die sie der Menschheit durch das Alte Testament geschenkt hatten. Wie bei jedem komplexen Akt der Staatskunst, an dem viele Akteure beteiligt sind, spielten sicherlich verschiedene Motive eine Rolle, aber Khalidi streitet jeden humanitären Impuls hinter der Balfour-Erklärung kategorisch ab, was ich für einen Fehler halte.

Im Frühjahr 1936 rebellierten die Araber gegen die britische Herrschaft. Sechs Monate später stellten sie den Aufstand ein, und die Briten setzten eine Untersuchungskommission, die Peel-Kommission, ein, die sich mit ihren Beschwerden befassen sollte. Im Juli 1937 schlug die Kommission eine »Lösung« vor, die auf der Beendigung des Mandats und der Teilung des Landes in zwei unabhängige Staaten basierte. Dies war der erste internationale Vorschlag für eine Zweistaatenlösung. Die Juden sollten 17 Prozent von Palästina erhalten, die Araber etwa 75 Prozent.

Khalidi erzählt uns, dass »nach diesem Plan« die 75 Prozent »unter britischer Kontrolle bleiben oder an (…) Abdullah« übergeben werden sollten. Seine Formulierung ist in entscheidender Hinsicht irreführend. Die Kommission empfahl auch, etwas unaufrichtig, dass das arabische Gebiet Palästina mit dem benachbarten Emirat Transjordanien vereinigt werden sollte, das damals von Prinz Abdullah, einem britischen Mündel, regiert wurde. (Nach dem Peel-Plan sollten die Briten im Rahmen eines neuen Mandats etwa acht Prozent des Landes behalten, darunter Jerusalem und Bethlehem mit ihren heiligen Stätten sowie einen Korridor von diesen Städten zum Mittelmeer.)

Die palästinensischen Araber und die umliegenden arabischen Staaten – nicht jedoch Abdullah – lehnten die Peel-Vorschläge rundweg ab und begannen im Oktober einen neuen

Aufstand, der bis zum Frühjahr 1939 andauern sollte, als er schließlich von den Briten mit ein wenig Hilfe der Zionisten niedergeschlagen wurde. Den Arabern war es gelungen, rund 500 Juden und etwa 150 britische Soldaten zu töten; sie selbst hatten zwischen 2000 und 5000 Tote zu beklagen. Khalidi erzählt uns, der Aufstand sei so heftig und ausgedehnt gewesen, dass die Briten »100.000« Soldaten eingesetzt hätten, um ihn zu unterdrücken. Dies ist eine gewaltige Übertreibung. Die britischen Streitkräfte in Palästina zählten in den Jahren 1936 bis 1939 nie mehr als 40.000, womöglich weniger.

Nach dem Aufstand gab die britische Regierung im Mai 1939 eine neue politische Erklärung ab. Die neuen britischen Vorschriften schränkten die jüdische Einwanderung stark ein, indem sie sie auf 75.000 über einen Zeitraum von fünf Jahren begrenzten, wobei jede weitere Einwanderung von der Zustimmung der Araber abhängig gemacht wurde (von der jeder wusste, dass es sie nicht geben würde). Das Weißbuch versprach der arabischen Mehrheitsbevölkerung des Landes (der Mehrheit, die durch die Beschränkung der jüdischen Einwanderung gesichert war) außerdem die Unabhängigkeit innerhalb von zehn Jahren und schränkte den künftigen jüdischen Landerwerb radikal ein.

Die Araber, angeführt von Amin al-Husseini, dem Großmufti von Jerusalem, lehnten das Weißbuch ab, und Khalidi schließt sich dieser Ablehnung mehr oder weniger an, indem er sagt, dass man den Briten nicht zutrauen konnte, die angekündigte Politik umzusetzen, und dass den Juden ein Vetorecht gegen die versprochene Unabhängigkeit unter arabischer Mehrheitsregierung eingeräumt worden sei. »Auf jeden Fall war es bereits zu spät«, schreibt Khalidi. »Die Regierung Chamberlain war nur noch wenige Monate im Amt, als sie das Weißbuch herausgab, Großbritannien befand sich bald darauf im Krieg, und Winston Churchill, der Nachfolger Chamberlains (…), war vielleicht der glühendste Zionist im britischen öffentlichen Leben.« Aber das ist Unsinn. Im Mai 1939 gab es keinen Grund zu der Annahme, dass Chamberlain nicht noch jahrelang regieren würde, vielmehr blieb er noch ein weiteres Jahr, bis Mai 1940, Premierminister, nicht nur für »ein paar Monate«. Und Churchill war zwar prozionistisch eingestellt, hielt jedoch aus Gründen der Staatsräson im Zweiten Weltkriegs an der antizionistischen Politik seines Vorgängers fest, einschließlich der drastischen Beschränkung der jüdischen Einwanderung, selbst als die europäischen Juden von den Nazis ermordet wurden.

Die meisten Historiker des britischen Mandatsgebiets glauben, dass sich die palästinensischen Araber mit ihrer Ablehnung des antizionistischen Weißbuchs von 1939 selbst ins Knie geschossen haben (oder vielleicht noch schlimmer), aber nicht Khalidi. Er zitiert wohlwollend Punkte aus den Memoiren von Dr. Husayn al-Khalidi, seinem Onkel, der zeitweise Bürgermeister von Jerusalem und Mitglied des Arabischen Hohen Komitees war, dem Leitungsgremium der palästinensisch-arabischen Nationalbewegung. »Es war ihre [die britische; B. M.] konsequente Unterstützung für die Zionisten, die Dr. Husayn am meisten verärgerte«, erzählt Khalidi. Er verkennt, dass die Briten 1938 bis 1939 unter dem Eindruck der arabischen Revolte, aus Angst vor dem drohenden Weltkrieg gegen die deutsch-italienisch-japanische Allianz und in dem Bestreben, die arabische Welt auf ihrer Seite oder zumindest neutral zu halten, eine Kehrtwende zu einem antizionistischen Kurs vollzogen (den sie bis Mitte der fünfziger Jahre beibehielten).

Khalidis Darstellung des arabisch-zionistischen Konflikts während des Zweiten Weltkriegs und der Zeit danach ist gleichermaßen fehlgeleitet und krankt an einer Reihe von Behauptungen und Auslassungen, die die Realität der Ereignisse verzerren. Khalidi betont, dass »über zwölftausend« palästinensische Araber im Zweiten Weltkrieg in der britischen Armee dienten – eine Zahl, die wahrscheinlich doppelt so hoch ist wie die tatsächliche Zahl, wobei die meisten von ihnen in Stützpunkten innerhalb Palästinas als Dienstpersonal und nicht als Kombattanten dienten. Khalidi gibt diese Zahl an, um die weitaus größere Wahrheit zu verschleiern, dass nämlich, den verfügbaren Eindrücken nach zu urteilen (da es keine Meinungsumfragen dazu gab), die meisten Araber, einschließlich der meisten Araber Palästinas, Deutschland und einen Sieg der Achsenmächte im Zweiten Weltkrieg unterstützten, und sei es nur, weil sie die Briten hassten, die gerade ihren Aufstand niedergeschlagen hatten, und die Juden hassten, die ihre Gegner in Palästina waren. Repräsentativ ist das Tagebuch des prominenten (christlichen) palästinensischen Pädagogen Khalil Sakakini, der am 27. Juli 1942 schrieb, dass die Araber Palästinas »froh waren, als die britische Bastion Tobruk an die Deutschen fiel. (…) Nicht nur die Palästinenser haben sich gefreut (…), sondern die ganze arabische Welt (…) nicht, weil sie die Deutschen lieben, sondern weil sie die Engländer nicht mögen.«

Auch Khalidis Darstellung von Husseini, dem Führer der palästinensischen Nationalbewegung, ist bei weitem nicht ehrlich, wenn er in einem anderen Zusammenhang verhalten erwähnt, dass Husseini während des Zweiten Weltkriegs Zeit in Deutschland verbracht hat. Nirgends teilt Khalidi seinen Lesern mit, dass Husseini den zugunsten der Achsenmächte ausgerichteten Militärputsch im Irak 1941 unterstützt hatte und nach Berlin geflohen war.

Dort erhielt Husseini ein hohes Gehalt, um antibritische Radiosendungen für den Nahen Osten zu machen, in denen er die Araber dazu aufrief, sich gegen die Alliierten aufzulehnen und die Juden zu töten. Er reiste auch durch Jugoslawien, um Muslime für die deutsche SS und Wehrmacht zu rekrutieren, und schrieb Briefe an verschiedene europäische Staatsoberhäupter, in denen er sie aufforderte, die Juden an der Ausreise aus ihren Ländern zu hindern (und trug damit vielleicht indirekt zu ihrem Untergang im Holocaust bei). Dies sind bekannte, unbestrittene Fakten. Dass Khalidi sie nicht erwähnt – er zieht es vor, uns zu erzählen, was sein Vater, der historisch kaum von Bedeutung war, während des Kriegs tat –, zeigt, wie sehr er versucht, dem Geschichtsbild seines Volkes eine unvoreingenommene Prüfung zu ersparen.

Nach dem Holocaust war die zionistische Bewegung entschlossen, sofort einen jüdischen Staat zu gründen, und ein

Großteil der Welt – insbesondere die Vereinigten Staaten – sympathisierte mit den Bestrebungen der Juden. Doch Großbritannien, nun unter einer Labour-Regierung nach Churchill, war weiterhin dagegen, und die zionistischen Untergrundgruppen begannen eine Minirebellion gegen die Besatzer Palästinas, die schließlich Dutzende britischer Opfer forderte. Nachdem US-Präsident Harry Truman Ende 1945 die Forderung der Zionisten unterstützt hatte, 100.000 Überlebende des Holocaust nach Palästina zu lassen, setzten die beiden angelsächsischen Mächte das zwölfköpfige angloamerikanische Untersuchungskomitee ein, um eine Lösung zu finden. Sechs Monate später legte das Komitee seine Vorschläge vor: Es befürwortete Trumans Vorschlag zur Einwanderung, lehnte aber die Forderung nach einem jüdischen Staat ab. Stattdessen vermied es ein klares Urteil über die politische Lösung und schlug eine binationale Ein-Staat-Formel vor, während es den zionistischen Wunsch nach jüdischer Staatlichkeit zurückwies. Erstaunlicherweise fasst Khalidi das Ergebnis folgendermaßen zusammen: »Das Komitee kam zu Schlussfolgerungen, die genau die Wünsche der Zionisten widerspiegelten.« Der Zweck von Khalidis Verzerrung der Vorschläge des Komitees ist klar: ein weiterer »Beweis« dafür, dass die angelsächsischen Mächte den zionistischen Bestrebungen unterworfen blieben.

Khalidi vermittelt seinen Lesern auch ein verzerrtes Bild von der Arbeitsweise des nächsten, entscheidenden internationalen Ausschusses, der sich mit dem Palästina-Problem befassen sollte: dem UN-Sonderausschuss für Palästina. UNSCOP wurde von der UN-Generalversammlung eingesetzt und setzte sich aus Vertretern von Staaten zusammen, die nicht in den Konflikt verwickelt waren. Ende August 1947 legte er seine Empfehlungen vor, die als Grundlage für die historische Teilungsresolution der UN-Generalversammlung vom 29. November 1947 dienen sollten. Wie zuvor die Peel-Kommission schlug die UN-Generalversammlung eine Zweistaatenlösung vor, diesmal jedoch mit 42 Prozent des Gebiets für einen palästinensisch-arabischen Staat und 55 Prozent für einen jüdischen

Staat (der größte Teil davon Wüste). Khalidi führt die prozionistische Tendenz der Generalversammlung auf »die Neuausrichtung der internationalen Machtverhältnisse nach dem Krieg« zurück, das heißt auf die Realpolitik und das Aufkommen und den Einfluss der beiden Supermächte USA und Sowjetunion, nicht aber auf die Sympathie der verschiedenen Staaten für die Juden unter dem Eindruck des Holocaust. Dies ist Khalidi wichtig, denn wenn man zugesteht, dass die Mitgliedstaaten zum großen Teil von humanitären Erwägungen geleitet waren (und der Holocaust schien zu beweisen, dass die Zionisten recht hatten, die Juden in der Diaspora nicht in Sicherheit leben konnten und einen eigenen Staat brauchten), dann gesteht man ein, dass die Juden moralisch im Recht waren.

Das UN-Votum – 33 Ja-Stimmen, 13 Nein-Stimmen und zehn Enthaltungen – spiegelte den überwältigenden Willen der internationalen Gemeinschaft wider: Alle Demokratien der Welt mit Ausnahme Griechenlands und Indiens (das eine große muslimische Minderheit hatte) unterstützten die jüdische Staatlichkeit im Rahmen einer Zweistaatenlösung, während eine Reihe von Diktaturen, die meisten davon arabische und muslimische, dagegen stimmte. Doch all dies verschweigt Khalidi seinen Lesern, ebenso wie die Reaktion der arabischen Welt auf die Abstimmung, die eine donnernde Ablehnung war.

Die Palästinenser ihrerseits begannen sofort, auf jüdische Fußgänger und Verkehrsteilnehmer zu schießen, was den Beginn des Kriegs von 1948 markierte. Khalidi sagt einfach: »Die Resolution war eine weitere Kriegserklärung (…), eine eklatante Verletzung des Prinzips der Selbstbestimmung.« Es waren die Palästinenser, die mit Unterstützung der arabischen Staaten die Feindseligkeiten entfesselten – aber es waren die Juden und ihre internationalen Unterstützer, die, indem sie mit Ja gestimmt hatten, »den Krieg erklärten«, so Khalidis Orwell'sche Formulierung. Die UNO habe »die internationale Geburtsurkunde für einen jüdischen Staat« ausgestellt, aber eine solche hatte sie auch einem palästinensisch-arabischen Staat ausgestellt, und die arabische Welt hatte sie zusammen mit den Palästinensern abgelehnt. Ironischerweise beziehen sich 70 Jahre später die heutigen PLO-Führer positiv auf die Resolution von 1947 als Legitimation und Grundlage ihres Anspruchs auf Staatlichkeit.

Wie schon bei der ersten Phase des Kriegs von 1948, die am 30. November 1947 von bewaffneten Palästinensern begonnen wurde, verschweigt Khalidi seinen Lesern, dass die zweite Phase des Kriegs von Mitte Mai 1948 bis 1949 von den arabischen Staaten begonnen wurde, deren Armeen am 15. Mai gemeinsam in Palästina einmarschierten. Umständlich schreibt er: »Die zweite Phase folgte nach dem 15. Mai, als die neue israelische Armee die arabischen Armeen besiegte, die sich dem Krieg anschlossen.« Das war's, keine arabische Invasion, keine panarabische Aggression unter Missachtung der Resolution der UN-Generalversammlung und der UN-Charta. Nebenbei informiert Khalidi seine Leser auch noch falsch darüber, dass »die USA [dem Staat Israel; B. M.] entscheidende militärische Unterstützung angeboten haben«.

Das ist Unsinn. Die USA versorgten Israel während des Kriegs von 1948 nicht mit Waffen (oder Geld) und taten ihr Bestes, um zu verhindern, dass Waffen heimlich den neuen Staat erreichten, wobei sie sogar amerikanische zionistische Agenten verhafteten.

Khalidis handelt den Krieg sehr zügig ab: Sein Schwerpunkt liegt auf der Entstehung des palästinensischen Flüchtlingsproblems und nicht auf den Feindseligkeiten oder der sie umgebenden Politik. Unter den 700.000 Palästinensern, die aus ihren Häusern vertrieben wurden (die Nakba oder Katastrophe, wie die Araber den Krieg von 1948 nennen) – die meisten von ihnen eher in andere Teile Palästinas als ins Ausland –, waren, wie Khalidi erzählt, zwei seiner Großeltern, die einst in dem Dorf Tal al-Rish außerhalb von Jaffa gelebt hatten. (Ironischerweise hatte das Gebäude in den achtziger Jahren des 19. Jahrhunderts eine der ersten Gruppen zionistischer Siedler, die Bilu'im, beherbergt.)

Khalidis Darstellung des Konflikts nach 1948 ist ebenso verzerrt. Er zeichnet ein undifferenziertes Bild: Die Westmächte hätten Israel vorbehaltlos unterstützt und den Palästinensern feindlich gegenübergestanden, von denen die meisten 1967 unter israelische Militärbesatzung fielen, die seitdem mehr oder weniger andauert. Was die Sowjets betrifft, so seien sie zwar daran interessiert gewesen, ihren Einfluss im Nahen Osten durch Bündnisse mit arabischen Regimen und Waffenverkäufe auszuweiten, aber auch sie seien der Notlage der Palästinenser gegenüber gleichgültig gewesen.

Die Wahrheit ist viel komplexer. Die Vereinigten Staaten standen Israel, zumindest bis zu den Regierungen Kennedys und Johnsons in den sechziger Jahren, weitgehend teilnahmslos gegenüber. Im Jahr 1956 zwang Washington Israel sogar zum Rückzug von der Sinai-Halbinsel, die es gerade in einem von Ägypten provozierten Krieg erobert hatte. Nach dem Sechstagekrieg schwankten die führenden europäischen Staaten zwischen Unterstützung Israels und Kritik an dessen Politik, insbesondere in Bezug auf die Palästinenser und die besetzten Gebiete. Khalidis Behandlung der arabisch-israelisch-amerikanischen Friedensbemühungen in den Neunzigern – im Jahr 2000 erreichten sie ihren Höhepunkt – ist besonders ungeheuerlich. Die Israelis werden für die fortgesetzte Ausweitung der Siedlungen und die Nichtumsetzung von Klauseln der Osloer Abkommen verurteilt, während der palästinensische Terrorismus, der diese Nichtumsetzung in der Regel provoziert hat, heruntergespielt und verharmlost wird oder unerwähnt bleibt. Ministerpräsident Ehud Baraks Vorschläge für eine Zweistaatenlösung in Camp David im Juli 2000 werden kleingeredet und die »Friedensparameter« von US-Präsident Bill Clinton vom Dezember 2000 – wonach die Palästinenser einen Staat erhalten sollten, der den Gaza-Streifen, 94 bis 96 Prozent des Westjordanlands (wobei die verlorenen vier bis sechs Prozent durch an die Palästinenser abzutretendes israelisches Territorium ausgeglichen werden sollten), die Hälfte Jerusalems und mindestens die Hälfte der Altstadt Jerusalems umfassen sollte –, deren Annahme durch Israel und deren Ablehnung durch Yassir Arafat werden erstaunlicherweise nirgendwo erwähnt.

Abgesehen von Fehlinterpretationen und Verzerrungen enthält das Buch eine Reihe von Fehlern, die fast alle politisch tendenziös sind. So behauptet Khalidi auf Seite 218, die Hamas habe mit ihrer Teilnahme an den Parlamentswahlen 2006 implizit »die Zweistaatenlösung akzeptiert«, das heißt die Existenz Israels. Tatsächlich ist die Hamas, die palästinensische muslimisch-fundamentalistische Partei und Terrororganisation, die den Gaza-Streifen regiert, nie von der in ihrer Gründungscharta von 1988 als oberstes Ziel verkündeten Zerstörung Israels abgerückt ist.

Und außerdem macht er noch andere kleine Fehler, viele davon in politischer Absicht. Es stimmt nicht, dass die palästinensisch-arabischen Kongresse »von 1919 bis 1928« »eine konsequente Reihe von Forderungen stellten, die sich auf die Unabhängigkeit des arabischen Palästina konzentrierten«. Der erste Kongress im Januar 1919 forderte die Eingliederung Palästinas in Syrien, nicht die palästinensisch-arabische »Unabhängigkeit«. Es stimmt nicht, dass die Ausbrüche arabischer Gewalt gegen die Juden Palästinas – 1920, 1921 und 1929 – »oft von zionistischen Gruppen provoziert wurden, die ihre Muskeln spielen ließen« (was auch immer das bedeuten mag). Tatsächlich stellten die britischen Untersuchungskommissionen, die jedem Ausbruch folgten, in der Regel fest, dass die Gewalt von den Arabern initiiert und nicht provoziert worden war.

Chaim Weizmann war 1917 nicht, wie Khalidi behauptet, Herzls »Nachfolger« (Herzl starb 1904); er war ein prominenter britischer Zionist, der erst 1920 Präsident der (Welt-)Zionistischen Organisation wurde. Die Resolution 242 des UN-Sicherheitsrats von 1967 wurde nicht »von den Vereinigten Staaten ausgearbeitet«, sondern von Großbritannien. Der Zusammenstoß zwischen einem israelischen Lastwagen und einem Minivan mit arabischen Arbeitern, der die erste Intifada auslöste, ereignete sich in Israel und nicht im Gaza-Flüchtlingslager Jabalia; Arafat und die PLO waren bei der irakischen Invasion in Kuwait nicht »neutral« – sie unterstützten Saddam Hussein, das irakische Oberhaupt; und so weiter.

In seiner Abhandlung des palästinensischen Terrorismus und der israelische Terrorismusbekämpfung in den siebziger und achtziger Jahren beschreibt Khalidi weitschweifig die gezielten israelischen Tötungen. Doch seine Darstellung der Geschehnisse weist eine besonders eklatante Auslassung auf: Er versäumt es vollständig, den Schwarzen September zu erwähnen, die Fatah-PLO-Gruppe, die eine Reihe von Anschlägen verübte, angefangen mit der Ermordung des jordanischen Ministerpräsidenten Wasfi Tal im Jahr 1971 bis hin zu dem berüchtigten Mord an der israelischen Olympia-Mannschaft in München im Jahr 1972. Dies hilft Khalidi, die wichtigste palästinensische Partei, die »gemäßigte« Fatah, die nach wie vor die Hauptstütze der PLO ist, vom Terrorismus freizusprechen, während er die Schuld für den palästinensischen Terror auf »unwichtige« Randgruppen wie die Abu-Nidal-Organisation oder die Volksfront für die Befreiung Palästinas schiebt.

Khalidi redet sich die Geschichte schön und malt den Konflikt grob vereinfachend in Schwarz und Weiß. Wohl auch im Hinblick darauf, was seine palästinensischen Mitstreiter sagen könnten, achtet er stets darauf, ihren zionistischen Feinden keine potentielle Munition zu geben, und schiebt nur einer Seite die Schuld für die Entwicklung der Dinge zu.

»Der Hundertjährige Krieg um Palästina« ist keine neue, revisionistische Geschichte, die sowohl israelische als auch palästinensische Leser herausfordert, indem sie ihre jeweiligen Narrative hinterfragt. Es ist einfach schlechte Geschichtsschreibung.

Aus dem Englischen von Heike Karen Runge.

Mit Adorno gegen Israel?
Replik auf A. Dirk Moses

Philipp Lenhard

In der Oktober-Ausgabe der *Berlin Review* hat A. Dirk Moses Theodor W. Adornos Essay »Erziehung nach Auschwitz« von 1966 sowie einige andere Texte des Philosophen, Soziologen und Musikwissenschaftlers einer Relektüre unterzogen. Moses versucht dabei nachzuweisen, dass Adorno in Deutschland instrumentalisiert werde, um die israelbezogene Staatsräson der Bundesrepublik zu rechtfertigen. Adorno komme als jüdischem Remigranten eine besondere Autorität zu, die von nichtjüdischer, deutscher Seite benutzt werde, um eine aus Moses' Sicht verbrecherische Politik zu legitimieren, nämlich Deutschlands »nahezu bedingungslosen Rückhalt für Israel« im Allgemeinen und insbesondere während des, wie Moses schreibt, »israelischen Zerstörungskrieg[s] in Gaza«.

In seinem Essay trägt Moses starke Thesen vor, die nicht alle gesondert begründet werden. Dies betrifft die Bewertung des Krieges in Gaza, die Anklage, dort finde ein Genozid statt und dieser werde unter anderem von Deutschland ermöglicht, das Wesen von Auschwitz, die Bedeutung des Kolonialismus, den Stand der Meinungsfreiheit in Deutschland, die Einstellung »der Deutschen« zu Israel und vieles mehr, wozu ich hier nicht im Einzelnen Stellung beziehen will. Stattdessen möchte ich mich auf Moses' Rezeption der Frankfurter Schule beschränken, die es allerdings notwendig macht, auch die anderen genannten Themen mitunter zu streifen.

Moses' Text ist durch zwei Pole gekennzeichnet, deren Aufeinanderprallen er als einen tiefgreifenden Kulturkampf beschreibt, der Deutschland nachhaltig verändern werde. Der eine Pol ist die sogenannte Staatsräson – ein in letzter Zeit überstrapazierter Begriff, der sich von Angela Merkels Knesset-Rede im Jahr 2008 herleitet, in der sie die »historische Verantwortung für die Sicherheit Israels als Teil der Staatsräson meines Landes« bezeichnet hatte. Moses deutet diese Staatsräson als Resultat einer *partikularistischen* Interpretation des Holocaust, der als singuläres Verbrechen verstanden werde.

Der andere Pol seiner gedanklichen Konstruktion ist die Solidarität mit allen Unterdrückten dieser Erde. Dies sei die *universalistische* Lehre aus dem Holocaust, und sie beziehe sich nicht nur auf die von den Nationalsozialisten verfolgten und ermordeten Juden, sondern auf »Auschwitz, Hiroshima, Vietnam«. Angesichts des Gazakrieges, den Moses als »genozidale Offensive« und als »organisiertes Massenmorden« eines »Ethnostaates« bezeichnet, sei die Solidarität mit Palästina die konsequente Schlussfolgerung des Universalismus nach Auschwitz.

Moses' diskutiert die beiden »unterschiedlichen Vorstellungen vom Bösen« – die *partikularistische* und die *universalistische* – anhand der Rezeption der Kritischen Theorie. Der Ausgangspunkt ist dabei sein Aufenthalt als Fellow am Frankfurter Leibniz-Institut für Friedens- und Konfliktforschung im vergangenen Sommer, der ihm vor Augen geführt habe, wie präsent die Kritische Theorie in Frankfurt sei. Es gebe dort, so bemerkt er, einen Adorno-Platz und eine Horkheimer-Straße, und ja, auch zahlreiche Wissenschaftler, die sich mehr oder weniger explizit auf die Tradition der Frankfurter Schule beziehen. Die Würdigung Horkheimers und Adornos im öffentlichen Raum mag sich Moses nur als Mittel zur Rehabilitation Deutschlands erklären. Statt die nationalsozialistische Vergangenheit zu verdrängen, werde auf eine spezifische Weise an sie erinnert: »Sie werden als Juden geehrt, nicht als Marxisten; nur jene Zuschreibung vermag die gewünschte Absolution zu leisten.«

Adornos vorsichtige Israelsolidarität

»Das Böse«, »Absolution«, »Sünde« – wie bereits in seiner Polemik »Der Katechismus der Deutschen«, die vor einigen Jahren den sogenannten Historikerstreit 2.0 mit auslöste, ist auch dieser Essay voll von theologischen Vokabeln, weil Moses seinen geschichtswissenschaftlichen Antagonisten – insbesondere Dan Diner und dem hier nicht namentlich genannten Saul Friedländer – eine religiöse Sinnstiftung bzw. »politische Theologie« des Holocaust andichten will. (Es ist eine Ironie der Geschichte, dass ein linker Intellektueller wie Moses damit im Jahr 2025 implizit Martin Broszats Plädoyer für eine Historisierung des Holocaust aus den 1980er Jahren aufwärmt und eine Art neues »Pathos der Nüchternheit« einfordert.)

Anders als im Werk Diners und Friedländers haben exkulpatorische und redemptive Motive in der deutschen Erinnerungskultur in der Tat häufig eine zentrale Rolle gespielt; zu Recht verweist Moses auf Instrumentalisierungen des Erinnerns und Gedenkens, die entlastend wirken können. Doch ist die Reduktion der Erinnerungskultur auf diese Entlastungsfunktion eine eindimensionale Verzerrung. Es ist nicht nur verständlich, sondern auch wünschenswert, dass die Stadt Frankfurt und die Goethe-Universität an zwei ihrer bedeutendsten Bürger erinnern, die »als Juden« *und* »als Marxisten« aus der Stadt vertrieben wurden. Gleichzeitig ist die kühne Behauptung, ihrer würde *nur* als Juden gedacht anstatt als Intellektuelle und Gelehrte, die in der frühen Bundesrepublik große Wirkung entfalteten, schon insofern abwegig, als die Anzahl an Plätzen und Straßen mit Personennamen, die in Frankfurt nach Juden benannt sind (ca. fünf Prozent), kaum ins Gewicht fällt.

Die Eindimensionalität setzt sich da fort, wo Moses nur den »partikularistischen« Deutschen vorwirft, Adorno unrechtmäßig zu vereinnahmen. Dagegen präsentiert er seine eigene »universalistische« Vereinnahmung als die einzig legitime Lesart. Die richtige Interpretation Adornos sei es, so Moses im Rückbezug auf Adornos Zurückweisung des Konzepts der »Staatsräson« in »Erziehung nach Auschwitz«, sich gegen die deutsche Staatsräson und damit gegen Israel zu stellen. Den eklatanten Widerspruch, der darin besteht, dass Moses einerseits den Deutschen bescheinigt, mehrheitlich israelkritisch zu sein und der Staatsräson ablehnend gegenüberzustehen, andererseits aber vor dem Autoritarismus und der Obrigkeitshörigkeit der »›Jochens‹ und ›Katrins‹« warnt, wird im Stil des Antiimperialismus der 1970er Jahre in die simple Gegenüberstellung von proisraelischen Eliten und antiisraelischen Massen aufgelöst. Folglich sind Moses die von Adorno geäußerten Vorbehalte gegen den »Mob« suspekt, die sich aus der Erfahrung eines als Juden Verfolgten speisten.

Darüber hinaus muss Moses eingestehen, dass Adorno von der PLO nichts wissen wollte und sich überdies zu verschiedenen Gelegenheiten – wenn auch vorsichtig – mit dem jüdischen Staat solidarisierte. Am 5. Juni 1967 beispielsweise, dem Beginn des Sechstagekrieges, dem jahrelange arabische Vernichtungsdrohungen gegenüber Israel vorausgegangen waren, schrieb Adorno an seine Freundin Lotte Tobisch, die in dieser Zeit mit dem israelischen Botschafter Michael Simon in Wien zusammenlebte:

> »Wir machen uns schreckliche Sorgen wegen Israel. [...] In einem Eck meines Bewußtseins habe ich mir immer vorgestellt, dass das auf die Dauer nicht gutgehen wird, aber dass sich das so rasch aktualisiert, hat mich doch völlig überrascht. Man kann nur hoffen, daß die Israelis einstweilen immer noch militärisch den Arabern soweit überlegen sind, daß sie die Situation halten können.«

Moses bezweifelt Adornos israelsolidarische Haltung nicht, aber er führt sie auf dessen Ignoranz gegenüber dem Kolonialismus zurück, die eigentlich im Widerspruch zum Denken der Kritischen Theorie stehe. Seiner eigenen Logik gemäß nämlich müsste Adorno gegen das vermeintlich »siedlerkolonialistische« Israel sein. Diese Logik bestehe darin, »die Nazibarbarei als ein vom Gesamtsystem ausgehendes Phänomen« zu verstehen, »als Teil einer einzigen historischen Katastrophe, die sich auf unterschiedliche Weise manifestierte«. An diesem zentralen Punkt unterscheide »sich Adorno von der dominanten deutschen Sicht« einer »Holocaust-Singularität«. Und tatsächlich heißt es im berühmten »kategorischen Imperativ nach Auschwitz«, den Adorno in der »Negativen Dialektik« formulierte, dass alles zu tun sei, damit »Auschwitz nicht sich wiederhole, nichts Ähnliches geschehe«. Laut Moses meint Adorno mit diesem »Ähnlichen« ein System, das – so zitiert er Adorno – »Konzentrationslager« und »Tortur als Dauerinstitution« hervorbringt. Dieses System setze sich heute, so Moses, »in Abu Ghraib, in Xinjiang, in Darfur und [...] Gaza« fort.

Oberflächlich betrachtet ist Moses' Interpretation plausibel. Schließlich gibt es in Adornos Texten tatsächlich so manch irritierende Stelle, in der er Auschwitz in einen Zusammenhang mit Hiroshima und Vietnam bringt. Tatsächlich jedoch ist der Sachverhalt komplexer. Adorno ging es als dialektischem Denker darum, *sowohl* die Spezifik des Holocaust zu erkennen *als auch* dessen Verwobenheit mit einer langen Geschichte der Herrschaft und Gewalt aufzuzeigen. Anders als Moses spielte er beide Aspekte – Partikularität und Universalität, wenn man so will – nicht gegeneinander aus. Vielmehr war Adorno überzeugt, nur dann eine (niemals vollkommen identische) Wiederholung von Auschwitz als einem zugleich partikularen und universellen Verbrechen verhindern zu können, wenn sich die Menschheit dessen Voraussetzungen bewusst geworden sei und diese beseitigt habe. Hier würde Moses sicher zustimmen, nur kommt an dieser Stelle eben alles darauf an, wie diese »Voraussetzungen« jeweils bestimmt werden. Dafür ist eine genaue Lektüre der Texte Adornos unverzichtbar.

Warum geschieht »Ähnliches« nicht überall?

Während der von Moses zitierte »neue kategorische Imperativ«, den Hitler »den Menschen im Stande ihrer Unfreiheit« aufgezwungen habe, in der »Negativen Dialektik« im zweiten Unterkapitel der »Meditationen zur Metaphysik« zu finden ist, beschäftigt sich das erste, diesem vorangestellte, mit der Präzedenzlosigkeit und Singularität des Holocaust. Die Shoah sei absolut sinnlos gewesen, die »reale Hölle«, die keine Basis mehr in der menschlichen Erfahrung hatte:

> »Mit dem Mord an Millionen durch Verwaltung ist der Tod zu etwas geworden, was so noch nie zu fürchten war. Keine Möglichkeit mehr, daß er in das erfahrene Leben der Einzelnen als ein irgend mit dessen Verlauf Übereinstimmendes eintrete. Enteignet wird das Individuum des letzten und Ärmsten, was ihm geblieben war. Daß in den Lagern nicht mehr das Individuum starb, sondern das Exemplar, muß das Sterben auch derer affizieren, die der Maßnahmen entgingen. Der Völkermord ist die absolute Integration, die überall sich vorbereitet, wo Menschen gleichgemacht werden, geschliffen, wie man es beim Militär nannte, bis man sie, Abweichungen vom Begriff ihrer vollkommenen Nichtigkeit, buchstäblich austilgt. Auschwitz bestätigt das Philosophem von der reinen Identität als dem Tod.«

Hier ist nicht allgemein von »Lagern« die Rede, sondern von den Vernichtungslagern der Nationalsozialisten. Dass Adorno den Namen »Auschwitz« als Metonymie für den Holocaust verwendete, lädt angesichts der Tatsache, dass der Lagerkomplex Auschwitz kein reines Vernichtungslager war, vielleicht zu Missverständnissen ein (neben dem Vernichtungslager Birkenau-Auschwitz II gab es die Konzentrationslager Auschwitz I und Monowitz sowie 47 Außenlager); wer aber diese Passage liest, kann eigentlich zu keinem anderen Schluss kommen, als dass hier eben nicht Zustände wie in Abu Ghraib, Xinjiang, Darfur oder Gaza gemeint sein können, sondern nur jene in Birkenau, Bełżec und Sobibór. In den Vernichtungsstätten kam laut Adorno das identitäre Prinzip der bürgerlichen Gesellschaft, das in der vollkommenen Austauschbarkeit und Nichtigkeit der Individuen besteht, zu sich selbst. Das ist nach Adorno die universelle Voraussetzung des Holocaust, der »überall sich vorbereitet, wo Menschen gleichgemacht werden«. Erklärungsbedürftig wird dadurch allerdings, warum »Ähnliches« eben *nicht* überall geschieht. An dieser Stelle kommt mit der »Dialektik der Aufklärung« der Antisemitismus ins Spiel, der mehr als eine gegen Juden gerichtete Form des Rassismus ist. Er ist das trügerische Versprechen negativer Aufhebung, ein Erlösungswahn, der in der Herstellung »reiner Identität« sein Heil sucht und sich gerade deshalb gegen die Juden wendet, die in seiner Imagination noch an das irdische Glück erinnern, das dem nationalsozialistischen »Sein zum Tode« gegenübersteht:

> »Gleichgültig wie die Juden an sich selber beschaffen sein mögen, ihr Bild, als das des Überwundenen, trägt die Züge, denen die totalitär gewordene Herrschaft todfeind sein muß: des Glückes ohne Macht, des Lohnes ohne Arbeit, der Heimat ohne Grenzstein, der Religion ohne Mythos. Verpönt sind diese Züge von der Herrschaft, weil die Beherrschten sie insgeheim ersehnen. Nur solange kann jene bestehen, wie die Beherrschten selber das Ersehnte zum Verhaßten machen. Das gelingt ihnen mittels der pathischen Projektion, denn auch der Haß führt zur Vereinigung mit dem Objekt, in der Zerstörung. Er ist das Negativ der Versöhnung. Versöhnung ist der höchste Begriff des Judentums und dessen ganzer Sinn die Erwartung; der Unfähigkeit zu dieser entspringt die paranoische Reaktionsform. Die Antisemiten sind dabei, ihr negativ Absolutes aus eigner Macht zu verwirklichen, sie verwandeln die Welt in die Hölle, als welche sie sie schon immer sahen.«

Die Passage aus der »Dialektik der Aufklärung« zeigt, wie zentral die Analyse des Antisemitismus für Adornos und Horkheimers Versuch war, den Holocaust zu begreifen. Doch von den sieben Thesen des abschließenden Kapitels »Elemente des Antisemitismus« pickt sich Moses nur zwei heraus, um zu zeigen, dass es auf die Spezifik des Antisemitismus im Grunde gar nicht ankomme: die siebte, erst 1947 hinzugefügte These vom »Ticketdenken«, in dem der Antisemitismus als austauschbar erscheint; und die zweite These, in der die jüdischen Opfer sogar

»an die Stelle der Mörder« treten können. Wenn Gaza ähnlich wie Auschwitz sein soll, folgt daraus, dass die israelischen Streitkräfte auch Wiedergänger der SS sind. Das scheint, zumindest implizit, Moses' Beweisziel zu sein.

Die »Sauce des Allgemeinen«

Alle anderen Thesen des Kapitels »Elemente des Antisemitismus«, die nicht als Definition des Antisemitismus misszuverstehen sind, sondern diesen als eine widersprüchliche, nicht in ein System aufzulösende Konstellation heteronomer Elemente zu fassen versuchen, blendet Moses dagegen aus. Adornos und Horkheimers kategoriale Unterscheidung zwischen Rassismus und Antisemitismus etwa (»die Neger will man dort halten, wo sie hingehören, von den Juden aber soll die Erde gereinigt werden«) oder Formulierungen wie die, im Nationalsozialismus gälten die Juden als »Gegenrasse, das negative Prinzip als solches«, von deren »Ausrottung das Glück der Welt abhängen« soll, fügen sich nicht in Moses' antirassistisches Passepartout und fehlen deshalb in seiner Exegese.

Stattdessen schiebt er Adorno die geschichtsphilosophische These Walter Benjamins unter, nach der Geschichte als »eine einzige Katastrophe« erscheint, »die unablässig Trümmer auf Trümmer häuft«. Diese im Winter 1939/1940 – also noch vor dem Beginn der systematischen Vernichtung – formulierte These war gegen einen sei's bürgerlichen, sei's proletarischen Fortschrittsglauben gerichtet und nicht zuletzt vor dem Hintergrund der Moskauer Prozesse geschrieben worden. Es ging Benjamin darum, die Geschichte der Gewalt ans Licht zu zerren und an deren Opfer zu erinnern. Nach dem Holocaust bekommt diese Formulierung einen verstörenden Beigeschmack, so als sollte die Spezifik dessen, was geschehen ist, eingeebnet werden. Das Narrativ, die Geschichte sei nun mal eine einzige Anhäufung von Massenmorden und Genoziden, könnte man mit David Baddiel als das »All Lives Matter der Linken« bezeichnen. Zu Recht insistierte schon Hannah Arendt 1961 gegenüber Hans Magnus Enzensberger darauf, dass »das Spezifische und Partikulare von Auschwitz in der Sauce des Allgemeinen« unterzugehen droht. (Übrigens ein Vorwurf, den man auch Adorno an mancher Stelle machen könnte.)

Moses' Sauce des Allgemeinen ist die Geschichte des Kolonialismus. In dieses Schema nämlich will er sowohl Auschwitz als auch Gaza pressen. Das »Verbrechen jahrhundertelanger kolonialer Besatzung, Ausbeutung, Deportation und Vernichtung, das Nicht-Europäer durch Europäer erlitten haben« sei jene »tief wurzelnde Geschichte«, welche »deutsche Machthaber« »vom Holocaust separiert« hätten. Zweifellos stand der Holocaust *auch* im Zusammenhang der rassenimperialistischen Expansion und der völkischen Siedlungspolitik in Osteuropa; weniger überzeugend sind die Versuche, direkte Entwicklungslinien von Windhuk nach Auschwitz ausfindig zu machen, auch wenn es ideologische Schnittmengen zwischen der deutschen Kolonialbewegung, der völkischen Bewegung und dem Nationalsozialismus gab (für den eine außereuropäische Kolonisation allerdings zunächst faktisch keine Rolle spielte).

Doch wer den Holocaust letztlich als Kolonialverbrechen versteht und in den Kontext europäischer Gewalt gegen Nicht-Europäer einordnet, der weigert sich, die Spezifik der »Endlösung« anzuerkennen: dass eine gesamte, als »Gegenrasse« imaginierte Gruppe von Menschen – Männer, Frauen, Kinder, Alte und Junge, Linke und Rechte, Arme und Reiche – systematisch und restlos vom Erdboden getilgt werden sollte; und dass diesem Ziel solch eine apokalyptisch-eschatologische Bedeutung beigemessen wurde, dass ihm alles andere untergeordnet werden musste. Weder Moses' früheres Konzept eines »subalternen Genozids«, der sich gegen die Juden als vermeintliche Kolonisatoren Deutschlands gerichtet habe, noch seine Analyse einer »Politik der permanenten Sicherheit«, die er zuletzt in seinem Buch »The Problems of Genocide« vorgelegt hat, werden dieser Spezifik gerecht. Beide Konzepte verstehen den Holocaust als eine Spielart kolonialer Gewalt.

Auf die Frage, wie das Verhältnis von Kolonialismus und Nationalsozialismus genau zu bestimmen ist, geht Moses in »Erziehung nach Gaza« nicht näher ein. Denn sein Hinweis auf die »tief wurzelnde Geschichte« erfolgt hier nur, um das genozidale Massaker der Hamas vom 7. Oktober in den Kontext eines Widerstands gegen »Siedlerkolonialismus« zu rücken. Selbstverständlich verurteilt Moses das Massaker; ihm Sympathien mit der Hamas zu unterstellen, wäre bösartig. Dennoch läuft sein Argument darauf hinaus, dass der 7. Oktober eine Reaktion auf die israelische »siedlerkolonialistische« Unterdrückung und Vertreibung der Palästinenser ist – und nicht etwa eine Folge eines islamistisch geprägten, neuerlichen Vernichtungsantisemitismus, den die Hamas oder auch das iranische Mullah-Regime offen propagieren. Es hätte durchaus nahegelegen, Adornos »Erziehung nach Auschwitz« vor dem Hintergrund des größten antisemitischen Massakers seit dem Holocaust neu zu lesen, aber über Antisemitismus spricht Moses nur dann, wenn es darum geht, Antisemitismusvorwürfe gegen linke Demonstranten pauschal als haltlos und »illiberal« abzutun. Auch für eine kritische Betrachtung der Terrorherrschaft der Hamas im Gaza-Streifen, die sich zuvorderst gegen Palästinenser selbst richtet, ist in seinem Essay offenbar kein Platz.

Stattdessen konstruiert er entsprechend seinem Dualismus von Universalismus und Partikularismus zwei sich unversöhnlich gegenüber stehende Traditionsketten der Kritischen Theorie: Auf der einen, »partikularistischen« Seite stünden Jürgen Habermas, Rainer Forst, Klaus Günther und Nicole Deitelhoff, die sich fünf Wochen nach dem 7. Oktober solidarisch mit Israel erklärt hatten und den Krieg gegen die Hamas als Reaktion auf das Massaker anfänglich für vom Völkerrecht gedeckt hielten, sich zum Fortgang des Krieges dann aber nicht mehr äußerten. Auf der anderen, »universalistischen« Seite seien dagegen jene Kritischen Theoretiker zu finden, die bereits am 22. November 2023 in einem gemeinsamen Statement von einem drohenden Genozid an den Palästinensern sprachen. Als Gewährsmann für diese unter anderem von Nancy Fraser und Moses selbst vertretene Position wählt er Herbert Marcuse, der die protestierenden Studierenden noch heute inspiriere, »das Geschehen in Kategorien von Rasse und Kolonialismus« zu erklären.

Marcuses Warnung

Und tatsächlich finden sich in Marcuses Werk – vor allem in Reden, Vorträgen und Interviews – Äußerungen, die sich auf diese Weise lesen lassen. Im Jahr 1970 beispielsweise hielt er auf Einladung einer jüdischen Reformgemeinde in Los Angeles einen Vortrag, in dem er, wie der Historiker Jack Jacobs herausgearbeitet hat, den universalistischen Kern des prophetischen Judentums gegenüber dem jüdischen Exzeptionalismus stark machte. Der kritische Impuls der Propheten sei »eine Waffe für alle verfolgten Minderheiten«, mahnte Marcuse, nicht nur für das jüdische Volk. Heute grassiere erneut die Verfolgung von Minderheiten, sie sei »aber dieses Mal nicht primär gegen Juden gerichtet, sondern gegen ›radikale‹ Studenten, schwarze und braune Menschen«.

Dieser weitgefasste Begriff von Rassismus, in dem der Antisemitismus schlicht als »Verfolgung der jüdischen Minderheit« verstanden wird, entspricht einer universalistischen Lehre aus dem Holocaust, die sich auch gegen Israel richten kann, wenn es seine nationalen oder religiösen Minderheiten unterdrückt. In diesem Sinne prangerte Marcuse die Unterdrückung der Palästinenser lautstark an und pochte auf Gerechtigkeit und Freiheit. Es findet sich bei ihm sogar ein Argument, das demjenigen Moses' ähnelt, das Massaker vom 7. Oktober sei »im Kontext« der siedlerkolonialen Unterdrückung und gewissermaßen als eine fehlgeleitete Form des antikolonialen Widerstands zu betrachten. In einem Interview mit dem linken amerikanischen *Street Journal* äußerte sich Marcuse im April 1970 wie folgt:

»Bis jetzt habe ich Israel immer verteidigt, weil ich nicht vergessen kann, dass 6 Millionen Juden vernichtet wurden und dass unter keinen Umständen Bedingungen entstehen dürfen, unter denen sich so etwas wiederholen könnte. Das heißt, die Juden müssen so gut wie menschlich möglich vor einer Wiederholung eines solchen Massakers geschützt werden. Aber mir scheint jetzt, dass die israelische Politik weit davon entfernt ist, die Wiederholung solcher Zustände zu verhindern, sondern sehr wohl zu ihrer Wiederholung beitragen könnte, wenn sich die Politik gegenüber den Arabern nicht radikal ändert.«

Ein neuer Genozid an den Juden in Israel, dessen Zerstörung arabische Führer wie Nasser und Gaddafi seinerzeit öffentlich propagierten und die aus Sicht der Israelis 1973 mit dem Jom-Kippur-Krieg zumindest kurzzeitig nahe schien, wäre auch eine Folge der israelischen Politik gegenüber den arabischen Nachbarn, glaubte Marcuse. Nach dem von Israel gewonnenen Sechstagekrieg von 1967 hatte Marcuse selbst von einem möglichen »neuen Vernichtungskrieg gegen Israel« gesprochen und damit Adornos Warnung, dass »nichts Ähnliches« geschehen möge, explizit auf die Bedrohung Israels übertragen. Wenn er nun aber dieses Ähnliche auch als Resultat einer falschen israelischen Politik verstand, dann bedeutete das, den Israelis zumindest implizit eine Mitverantwortung für einen potentiellen neuen Holocaust zuzusprechen.

Solche Argumente sind heute gang und gäbe. Vor und nach dem 7. Oktober hörte man häufig die Ansicht, die Israelis müssten sich nicht wundern, wenn die Hamas sie mit Terror und Raketen überzöge, schließlich reagiere die »Islamische Widerstandsbewegung« nur auf die Unterdrückung der Palästinenser. Selbst Juden in der Diaspora bekommen zu hören, der Antisemitismus, den sie erlebten, sei eine Folge davon, dass sie sich erkennbar mit Israel identifizierten. Eigentlich, so heißt es dann oft, handele es sich auch gar nicht um Antisemitismus, sondern um berechtigte Israelkritik oder eine »antizionistische« Ablehnung des jüdischen Staates. Solche den Antisemitismus relativierenden, wenn nicht gar selbst antisemitischen Äußerungen machte sich Marcuse selbstverständlich nicht zu eigen. Er lehnte den palästinensischen Terrorismus ab und befürwortete die Notwendigkeit Israels als Staat der verfolgten Juden. Ungeachtet seiner scharfen Kritik an der israelischen Regierung erklärte er sich anlässlich einer Vortragsreise nach Israel im Winter 1971 mit dem jüdischen Staat solidarisch:

> »Ich glaube, dass der historische Zweck der Gründung des Staates Israel darin bestand, eine Wiederholung von Konzentrationslagern, Pogromen und anderen Formen der Verfolgung und Diskriminierung zu verhindern. Diesen Zweck, der für mich Teil des weltweiten Kampfes für Freiheit und Gleichheit aller verfolgten rassischen und nationalen Minderheiten ist, unterstütze ich voll. Unter den gegenwärtigen internationalen Bedingungen setzt die Verfolgung dieses Zwecks die Existenz eines souveränen Staates voraus, der verfolgte oder von Verfolgung bedrohte Juden aufnehmen und schützen kann. Hätte ein solcher Staat existiert, als das Naziregime an die Macht kam, dann hätte er die Vernichtung von Millionen Juden verhindern können. Hätte ein solcher Staat anderen verfolgten Minderheiten offen gestanden, auch den Opfern politischer Verfolgung, dann hätte er noch mehr Menschenleben gerettet. In Anbetracht dieser Tatsachen kann jede weitere Diskussion nur auf der Grundlage geführt werden, dass Israel als souveräner Staat anerkannt wird und dass zugleich die Bedingungen berücksichtigt werden, unter denen er gegründet wurde, nämlich das Unrecht, das dabei der arabischen Bevölkerung widerfahren ist.«

Marcuse benannte die Bedingungen, unter denen Israel als Schutzraum der Verfolgten gegründet wurde, und wies dennoch darauf hin, dass in einer Welt der Nationalstaaten einzig die Existenz eines souveränen Staates die notwendige Sicherheit garantieren kann. Hier war er sich ganz einig mit Max

Horkheimer, der etwa zeitgleich in einem Interview seine Unterstützung Israels folgendermaßen begründete: »Israel ist heute ein bedrängtes Land, wie die Juden immer bedrängt waren. Man hat daher Israel zu bejahen. Für mich ist entscheidend: Israel ist das Asyl für viele Menschen.«

Doch wie Horkheimer, der trotz seiner politischen Unterstützung religiöse Vorbehalte gegen den Zionismus hatte, machte sich auch Marcuse keine Illusionen darüber, dass dieser in einer antisemitischen Welt so notwendige Staat die Flucht und Vertreibung Hunderttausender Palästinenserinnen und Palästinenser zur Voraussetzung hatte. (Und, so müsste man ergänzen, 1948 auch etwa ein Prozent der jüdischen Bevölkerung des ehemaligen Mandatsgebietes das Leben kostete.) Allerdings folgte Marcuse eben weder einem jüdischen noch einem palästinensischen Exzeptionalismus: »In all diesen Aspekten unterscheidet sich die Gründung des jüdischen Staates nicht wesentlich von den Ursprüngen praktisch aller Staaten in der Geschichte: der Gründung durch Eroberung, Besetzung und Diskriminierung.« Wer Israel dafür kritisiere, ein gewaltsam errichtetes politisches Gemeinwesen zu sein, der solle dies gefälligst auch bei allen anderen Staaten tun.

Aus all dem folgerte Marcuse, dass das Ziel ein gedeihliches Zusammenleben von Juden und Arabern in Palästina und Israel sein müsse. Wie es zu realisieren sei, ob durch eine Zweistaatenlösung oder eine sozialistische Konföderation, vermochte er nicht zu sagen (obgleich er letzteres als »Utopie« bevorzugte), aber für ihn stand fest, dass Israels Existenzrecht genauso wenig angetastet werden dürfe wie das der Palästinenser. Auf die Gegenwart übertragen heißt das aber, dass Marcuse, Horkheimer, Adorno und andere Vertreter der Frankfurter Schule die Forderung eines arabischen Palästinas »from the river to the sea« genauso entschieden zurückgewiesen hätten wie die nationalreligiösen und evangelikalen Phantasien eines »Groß-Israel«. Auch A. Dirk Moses, der ernsthaft von »materiellen Zusammenhängen zwischen deutscher Industrie, Klimakrise und Palästina« spricht, hätten sie sicherlich eine Absage erteilt.

Omer Bartov und die Grenzen des historischen Vergleichs

Eva Illouz

Dieses Buch[1] ist vieles zugleich: Historiographie, politisches Plädoyer und persönliches Zeugnis. Es stellt die exzeptionalistische Interpretation des Holocaust in Frage, die diesen auf einen Einzelfall innerhalb eines größeren Zusammenhangs kolonialer Völkermorde reduziert. Omer Bartov hält uns dazu an, ihn stattdessen in der produktiven Spannung zwischen seiner Singularität und seiner Vergleichbarkeit mit anderen Formen des Genozids zu betrachten, wobei die spezifischen Merkmale jedes Genozids zu berücksichtigen seien. Im Kontext der Postcolonial Studies, die die Singularität des Holocaust bestreiten und ihn als lediglich einen Fall unter anderen europäischen Kolonialmassakern behandeln, ist das ein willkommener Vorschlag, da er an der Einzigartigkeit des Holocaust festhält, ohne ihn zu einer Waffe in Opferwettbewerben verkommen zu lassen.

Eine Geschichte der Shoah auf lokaler Ebene

Die besten Kapitel sind der Untersuchung der geographischen und kulturellen Besonderheiten des Holocaust in Osteuropa gewidmet: eine Aufgabe, der sich bisher vor allem Timothy Snyder in »Bloodlands« (2010) angenommen hat, bei der in der Holocaust-Geschichtsschreibung jedoch noch viel zu tun bleibt. Besonders zu begrüßen ist, dass Bartov die Dynamik der jeweiligen Orte berücksichtigt. In seiner Darstellung ist der Holocaust kein von Bürokraten ausgeführter industrialisierter Mas-

1 Omer Bartov, »Genocide, the Holocaust, and Israel-Palestine: First Person History in Times of Crisis«, London 2023.

senmord, sondern ein geradezu intimes Gemeinschaftsereignis, das viel mit den Beziehungen der benachbarten Bevölkerungsgruppen zu tun hat – und sogar mit der Nähe, die die Nazis zu ihren jüdischen Opfern hergestellt hatten. Darin überschneidet sich Bartovs Arbeit mit Jan Gross' bahnbrechendem Werk »Nachbarn« (2001), das sich mit dem Massaker an 1600 Juden in Jedwabne im Jahr 1941 befasst, an dem die Nachbarn sich enthusiastisch beteiligten. Bartov konzentriert sich auf Buczacz in Ostgalizien (wo seine eigene Familie herstammt) und legt dar, auf wie viele unterschiedliche Weisen die 60.000 Juden dort, wo nur ganz wenige Deutsche anwesend waren, ausgerottet wurden. Aus mikrogeschichtlicher Perspektive zeigt er, dass mindestens die Hälfte der jüdischen Opfer in ihren Häusern oder in unmittelbarer Nähe ermordet wurden nicht in Lagern und nicht auf Befehl, sondern von Menschen, die sie kannten. Mit dieser Darstellung zieht er die gängige Auffassung in Zweifel, dass der Holocaust ein anonymes bürokratisches Morden gewesen sei, und hebt die Rolle gemeinschaftlicher Dynamik dabei hervor. Sinnvoll erscheint insbesondere sein Begriff der »Nichterinnerungsorte«, zum Beispiel dem Verfall preisgegebene Synagogen, die die Erinnerung an die einstige jüdische Präsenz allmählich auslöschen.

Bartov ist ein gründlicher Historiker, er stützt sich auf die Aussagen von Überlebenden, Tätern und Zeugen. Freilich ist er nicht der erste, der diesen Weg einer Zeugengeschichte einschlägt – siehe Saul Friedländers »Das Dritte Reich und die Juden« (1997), Jan Gross' »Nachbarn« (2001), Yehuda Bauers »Der Tod des Schtetls« (2013) und Christopher Brownings »Remembering Survival. Inside a Nazi Slave-Labor Camp« (2010) –, doch geht er dabei außergewöhnlich akribisch vor. Indem er gelebte Erfahrungen und konkrete Interaktionen sorgfältig einbezieht, bietet er mit seiner Geschichte von unten eine mehrdimensionale Ansicht einer Katastrophe, deren Ausmaß allzu oft auf ihre amtliche Maschinerie reduziert wurde (womit er zugleich Hannah Arendts konventionelle Auffassung revidiert). Ein Ereignis, das allein durch das Ausmaß und die Dimension seiner Irrationalität sprachlos macht, wird einem durch diese Darstellung sehr viel näher gebracht.

Die Analyse der nach dem Krieg stattfindenden Gerichtsprozesse führt zum zweiten Thema des Buches, nämlich der Konstruktion verzerrter Erinnerungen und der Art und Weise, wie man sich ihrer bedient. In der Nachkriegszeit verhalfen deutsche Gerichte dazu, sich der Verantwortung zu entziehen. Die Täter betrachteten sie oft nur als Rädchen in einem großen Getriebe, ebenso wie die Opfer selbst, wodurch sie der Frage ihrer Mitschuld aus dem Weg gingen. Auch stellten sie die Aussagen der Opfer in Frage. So trugen die noch immer mit einstigen Nazis gefüllten Gerichtssäle dazu bei, dass sich eine selektive Erinnerung und falsche Kollektiverzählungen über Schuld und Verantwortung etablierten. Davon ausgehend wiederum beschäftigt sich Bartov mit Ländern, in denen eine selektive Erinnerung gängige Praxis ist, insbesondere mit der Ukraine, Polen, der Türkei und Israel. All diesen Ländern gemein sei, dass sie bestimmte Erinnerungen per Gesetz unter Strafe stellen: Polens »Holocaust-Gesetz« von 2018 verdränge die Rolle der Polen bei der Vernichtung der Juden; die Ukraine verherrliche Kämpfer, die mit den Nazis gemeinsame Sache machten; die Türkei verbiete es, den Genozid an den Armeniern zur Sprache zu bringen, und Israels Nakba-Gesetz stelle das Gedenken an dieses Ereignis unter Strafe. Solche Gesetze, meint Bartov, hülfen diesen Ländern, sich ihrer moralischen Verantwortung für ethnische Säuberungen oder gar einen Genozid zu entziehen.

Wenn Erinnerung politisch wird

Der letzte Teil des Buches – in dem aus Europa vertriebene jüdische Überlebende mit durch die Nakba (1948) vertriebenen Palästinensern verglichen werden – steht zu den vorangehenden in einer etwas misslichen Beziehung, da das Thema der Erinnerung nunmehr dem Zweck dient, eine Verbindung zwischen dem Holocaust in Deutschland und dem Nahen Osten herzustellen. Hier überschreitet Bartov die Grenze zwischen sorgfältiger Archivrecherche und strittigen politischen Aussagen. Kapitel 10 liest sich wie ein persönlicher Essay, in dem er seinen eigenen Werdegang nachzeichnet. Als Kind von Holocaust-Überlebenden in Israel geboren, wurde er schließlich ein Historiker sowohl der Wehrmacht, von der er zeigte, in welchem Ausmaß sie an den Verbrechen der Nazis mitschuldig war, als auch der Heimatstadt seiner Mutter (Buczacz). Wahrscheinlich war es dieses Interesse an der Wehrmacht, das ihn 1987 während der ersten Intifada veranlasste, dem damaligen Verteidigungsminister Itzhak Rabin einen Brief zu schreiben, in dem er ihn warnte, dass die israelische Armee Gefahr laufe, sich moralisch zu »barbarisieren«, ähnlich wie die deutsche Armee im Nationalsozialismus (er zitiert diesen Brief sehr oft in verschiedenen Schriften und Interviews). Die Jahre zwischen dem Ende des Zweiten Weltkriegs und 1948, der Gründung des Staates, seien verhängnisvoll gewesen. Hier hätten die verfolgten Juden sich das Recht angemaßt, die einheimischen Bewohner des Landes ihrerseits zu verfolgen. Die Entwurzelten seien selbst zu Entwurzlern geworden. Bartov nennt es einen Krieg aus Rache für Taten, die andere begangen hatten. So hätten sie sich das Land angeeignet und die Präsenz derer ausgelöscht, die später als Palästinenser bekannt werden sollten. Was die Juden als Recht angesehen, hätten die Palästinenser als Enteignung erachtet. »Verdrängte Vergangenheiten aber verschwinden nur selten«, erklärt uns Bartov, und der Weg zur Hölle sei mit Vergessen gepflastert.

Die Überbleibsel der palästinensischen Vergangenheit seien in Israel ebenso getilgt worden wie die der jüdischen Vergangenheit in der Ukraine oder in vielen polnischen Dörfern. Bartov stellt sogar einen noch weiter gehenden Vergleich an, nämlich zwischen der Unmenschlichkeit eines Nazi-Soldaten, der die Juden als Bedrohung der Welt dämonisiert, und der der israelischen Soldaten, die während der Intifada oder, wie er in kürzlich veröffentlichen Beiträgen sagte, während des Gaza-Krieges gegen Palästinenser kämpfen. Darum verlangt er radikale Empathie. Man solle die Welt mit den Augen derer sehen, die man ausgelöscht habe und deren Stimme nicht mehr zu hören sei. Bartov zufolge verankert die doppelte Vertreibung die Identität der Juden und der Palästinenser in einer Verlusterfahrung und sorgt dafür, dass beide an ihrem Anspruch auf das Land hartnäckig festhalten. Das letzte Kapitel ist eine Sammlung impressionistischer und wohlmeinender Erklärungen, warum es notwendig sei, der palästinensischen Geschichte der Nakba eine Stimme zu geben. Nur so könne diese Region eine annehmbare Zukunft bekommen, die den Holocaust sowohl wie die Nakba anerkenne.

Das Buch ist in vielerlei Hinsicht empfehlenswert, da es eine luzide Summa von Bartovs historischer Arbeit bietet und seinen guten Ruf unter Historikern rechtfertigt. Indes bleibt ebenso viel dagegen einzuwenden und zu diskutieren.

Dieses Werk hätte eigentlich aus den zwei unterschiedlichen Büchern bestehen sollen, in die es thematisch zerfällt. Auch der Tonfall ist uneinheitlich. Die wissenschaftliche Distanz steht in einem unangenehmen Kontrast zu den Schmähungen des »Propheten auf dem Berg«. Mehr noch stört, dass Bartov schreibt, als verleihe ihm seine Arbeit als Holocaust-Historiker eine besondere Autorität, sich auch zum israelisch-palästinensischen Konflikt zu äußern. Seine Sorge um »Entmenschlichung« dient offenbar als Brücke zwischen zwei sehr unterschiedlichen historischen Epochen und geographischen Bereichen. Doch selbst ein guter Historiker des von den Deutschen verübten Genozids nimmt keinen privilegierten himmelhohen Standpunkt ein, um über den politisch brisantesten Konflikt der Welt zu urteilen. Der Holocaust war kein territorialer Konflikt und kann kein Licht auf die komplizierte, jahrhundertelange bewaffnete Konfrontation zwischen zwei Völkern werfen. Auch ist die Geschichte der Shoah nicht, wie das Buch bisweilen nahelegt, dafür verantwortlich, dass dieser Konflikt weiter andauert. Da es ihm an analytischer Stärke mangelt, liest sich der letzte Teil wie eine Sammlung von Ermahnungen und frommen Wünschen.

Das kollektive Gedächtnis funktioniert wie das individuelle. Etliche Forschungen kognitiver Psychologie zeigen, dass es sehr selektiv vorgeht. Sich zu erinnern bedeutet, sich falsch zu erinnern und alles zu löschen, was der eigenen Identität unbequem oder schmerzhaft ist. Wie Individuen schreiben auch Gruppen die Vergangenheit derart um, dass eine stimmige Erzählung dabei herauskommt, in der sie abwechselnd als Helden und Opfer auftreten können. Diese Erzählung wird zur Grundlage ihrer Identität. Wir können bedauern, dass das Gedächtnis als Historiker gemeinhin schlechte Arbeit leistet, doch wird Bedauern allein wenig daran ändern. Da es für die Identität eine so zentrale Rolle spielt, ist es stets parteiisch im doppelten Sinne des Wortes. Darum brauchen wir Historiker: um das Gedächtnis vor seinen Schwächen zu bewahren, um vergessene Fakten ans Licht zu bringen und die institutionellen Mechanismen und die Akteure zu dokumentieren, die dafür verantwortlich sind, dass bestimmte Erinnerungen gelöscht werden. Sind solche unangenehmen Wahrheiten einmal ans Licht gebracht, werden die Gruppen damit tun, was sie können. Mal werden sie Rechenschaft ablegen, mal nicht.

Man fragt sich, ob es, um im Konflikt zwischen Palästinensern und Israelis einen Schritt voranzukommen, wirklich der ergiebigste oder moralisch klügste Weg ist, Yad Vashem dafür zu kritisieren, dass es »der zionistischen Erzählung dient« und die Nakba vernachlässige. Alle Gruppen (auch die Juden) bilden ihre Identität um einen Faden ihrer Geschichte herum und vernachlässigen andere. Frankreich, Belgien und Deutschland haben sich erst lange nach dem Ende der von ihnen verübten Gewalt mit ihrer genozidalen Vergangenheit auseinandergesetzt und sie aufgearbeitet, manchmal nur teilweise. Israel ist nach wie vor in einen blutigen Konflikt verwickelt. Warum also von Israel etwas verlangen, was kein anderes Land bisher geschafft hat, nämlich während eines andauernden Krieges gleichzeitig zwei moralisch und politisch widersprüchliche oder, sogar noch schwieriger, eine polyphone Erzählung mit kontrapunktischen Stimmen und Handlungen zu komponieren?

Israelische Palästinenser können und müssen ihre Geschichte erzählen, doch sind viele israelische Juden vielleicht nicht bereit, diese Geschichte zu hören, nicht weil sie Unmenschen sind, sondern weil Krieg einen immer auch der eigenen nationalen Erzählung verpflichtet. Statt für die Auslassung der Nakba sollte man Yad Vashem für einen weitaus eklatanteren Fall von Vergessen kritisieren: dafür nämlich, dass die Shoah in den arabischen Ländern in diesem Museum kaum vorkommt. Erwähnt wird auch nicht der Farhud, ein brutales und verheerendes Pogrom gegen Juden im Irak im Jahr 1941, zu dem ein mit den Nazis eng verbundenes arabisches Regime die Leute aufgestachelt hatte. Die außereuropäische Dimension des Nationalsozialismus bleibt somit ausgeschlossen. Eine solche Kritik wäre angemessener, weil sie Yad Vashem an dem eigenen Anspruch eines Museums zur Erinnerung an die Vernichtung des gesamten jüdischen Volkes mäße und zeigen könnte, dass es hier in geradezu orientalistischer Manier versagt. Dadurch würde auch Bartovs Geschichte der Nakba etwas komplizierter, da sie dann in dem weiteren regionalen Zusammenhang der Vertreibung von Juden aus arabischen Ländern stünde.

Ein anderes, darüber hinausgehendes Problem hängt mit der Legitimität der Erzählungen des Zionismus und der Shoah und die Auslöschung der palästinensischen Geschichte zusammen. Indem er die auf der Shoah basierenden kollektiven Erzählungen des Zionismus als eine ideologische Maschine beschreibt, die das Gefühl der eigenen Ausnahmestellung bestärke und die Verbrechen Israels und das Leiden der Palästinenser verschleiere, folgt Bartov der Ansicht dekolonialistischer Autoren. Ganz ähnlich spricht Dirk Moses in »The Problems of Genocide« (2021) von einem nicht-hierarchischen Konzept von Erinnerung, was bedeutet, den Holocaust zu entthronen, ihm seine herausgehobene Stellung in der europäischen Erinnerungskultur streitig zu machen. Darauf zielt auch Achille Membe, der den Holocaust als ein Ereignis in einer Kontinuität kolonialer

Gewalt betrachtet. Den zentralen Platz, den er bisher einnimmt, habe er nicht verdient.

Die Einwände gegen die exzeptionalistische Auffassung des Holocaust würde ich allerdings besser verstehen, wenn sie die einzigartige Lage der Juden berücksichtigten und eine schärfere Unterscheidung zwischen Exzeptionalismus und historischer Singularität träfen. Der Zionismus war die ideologische und existenzielle Reaktion auf die Erkenntnis, dass es der Aufklärung nicht gelungen war, die gewaltsame Verfolgung der Juden zu beenden und eine Lösung für ihre missliche Lage zu finden (zu dieser Erkenntnis hatten insbesondere die Pogrome von 1881/82 in Russland, die Dreyfus-Affäre und die Pogrome in der Ukraine nach dem Ersten Weltkrieg geführt). Zudem entstand der Staat Israel, unmittelbar nachdem die Nazis die Juden mit atemberaubendem Erfolg vernichtet hatten; und sie hatten nicht vor, es dabei zu belassen, sondern wollten in Palästina ihr »Werk vollenden« und auch die Zionisten ausrotten. Die arabischen Führer jener Zeit standen auf der Seite des italienischen Faschismus und des deutschen Nationalsozialismus. Einige forderten die Vernichtung der Juden und lehnten jeden Kompromiss ab. Und selbst die Engländer standen keineswegs auf der Seite der Juden. Wer all diese Ereignisse in Erinnerung ruft und die besondere Verletzlichkeit der Juden anerkennt, verlangt keinen Exzeptionalismus, sondern Historizität.

Bald nach der Gründung des Staates, genauer gesagt nach dem Sechstagekrieg, sorgten die gemeinsamen Bestrebungen der Sowjetunion und der arabischen Staaten dafür, dass die Legitimität des jüdischen Staates auf internationaler Ebene in Frage gestellt wurde (siehe etwa die Resolution 3379 der Vereinten Nationen von 1975, die den Zionismus zu einer Form des Rassismus erklärte, oder die Resolution der Durban-Konferenz von 2001, die diese Forderung wiederaufgriff). Nicht die Besetzung des Westjordanlands, der Golanhöhen und des Gazastreifens festigte das sogenannte Shoah-Narrativ, sondern die sich aufdrängende Einsicht, dass die Legitimität Israels nicht mehr als selbstverständlich angesehen wurde. Israel dafür zu kritisieren, dass es Regierungsschefs aus aller Welt zu Staatsbesuchen nach Yad Vashem einlädt, erscheint sowohl kleinlich als auch unfair. Der von dekolonialistischer und progressiver Seite unermüdlich geäußerte Verdacht, die Shoah werde in einzigartiger Weise instrumentalisiert, macht den Zionismus letztlich unverständlich. Vielleicht wird der Vorwurf der Instrumentalisierung von den vielen politischen Akteuren selbst instrumentalisiert, die sich offen für das Verschwinden Israels aussprachen und das noch immer tun (die ehemalige Sowjetunion hat den Grundstein gelegt, und der Iran, die Muslimbruderschaft und der Islamische Jihad bauen darauf auf). Diese Diskussion wäre erhellender gewesen, wenn Bartov zwischen Exzeptionalismus und historischer Singularität, zwischen inakzeptabler und gängiger politischer Instrumentalisierung des kollektiven Gedächtnisses unterschieden hätte (Gilad Erdan, der mit einem gelben Stern bei der UNO erscheint, ist grotesk; Staatschefs nach Yad Vashem einzuladen ist ganz normale Politik).

Grundsätzlicher wäre zu fragen: Wenn es Kritik an der Instrumentalisierung der Shoah gibt, warum steht die Erzählung der Nakba dann nicht unter dem gleichen Verdacht? Spielt nicht auch dabei politischer Opportunismus eine Rolle? Warum nehmen Bartov und andere Progressive das »Nakba-Narrativ« von der grimmigen Prüfung aus, der sie das »Shoah-Narrativ« unterziehen? Hier liegt offenkundig der blinde Fleck in Bartovs erzwungener Symmetrie der Erinnerungsnarrative: das eine (die Shoah) wird als plumpes politisches Instrument verspottet, das andere (die Nakba) zur Grundlage unstrittiger moralischer Ansprüche erklärt. Haben nicht auch die Befürworter und Verteidiger der Palästinenser sich symbolische und organisatorische Mittel für ihre politischen Ziele zunutze gemacht? Sicherlich lassen auch ihre Darstellungen einiges aus, was sie ebenso wie einige Israelis daran hindert, einen Kompromiss zu erzielen.

Mitchell Cohen erinnert uns daran, dass das Wort *Nakba* – Katastrophe – erstmals von einem Panarabisten namens Constantin Zurayk verwendet wurde, um die Uneinigkeit der Araber im Jahr 1948 zu beklagen, und zwar bei ihrem Versuch, die

Zionisten zu vernichten. Darüber hinaus spielte auch der Panislamismus, jene religiöse Erweckungsbewegung des 19. Jahrhunderts, die darauf abzielte, die Muslime zu einen, und die sich dem Westen ebenso wie dem Zionismus erbittert entgegenstellte, eine Schlüsselrolle bei der Bildung des palästinensischen Bewusstseins, das sich heute in Gruppen wie der Hamas oder dem Islamischen Jihad manifestiert. Sollten diese Tatsachen nicht Teil der Geschichte der Nakba sein? Wenn kollektives Gedächtnis auch als politische Waffe in ideologischen Kämpfen und bei der Identitätsbildung gebraucht wird – was fast immer der Fall ist –, dann gilt dies für alle Seiten. Wer eine Erzählung in den Bereich grober Politik verweist und eine andere in den Himmel der hohen Moral erhebt, macht sich entweder eines konzeptionellen Widerspruchs oder aber der Diskriminierung schuldig.

Auch der Behauptung, die Erzählung der Nakba sei ausgelöscht worden, wäre einiges zu entgegnen. Trotz des 2011 von Israel verabschiedeten »Nakba-Gesetzes«, das die Finanzierung von Organisationen untersagt, die an die den Palästinensern 1948/49 widerfahrene Katastrophe erinnern, ist die Erzählung sehr wohl bekannt, sie wird sogar von bedeutenden Teilen der israelischen Eliten akzeptiert, zumal dank der Arbeit »postzionistischer« Historiker. Außerhalb Israels wird die Geschichte der Nakba ohnehin alles andere als unterdrückt. Tatsächlich hat sie eine solche Bedeutung erlangt, dass viele glauben, in ihr strömten alle progressiven Kämpfe zusammen. Sie wurde durch verschiedene institutionelle Kanäle gestaltet und von findigen Leuten moralisch und intellektuell gefördert, deren Bemühungen ebenfalls eine wissenschaftliche Untersuchung verdient hätten. Die Geschichte der Nakba hat sich sogar ganz bewusst an der der Shoah orientiert, um die Vertreibung von 700.000 Palästinensern in einem Krieg als einzigartiges kriminelles Vergehen in der modernen Geschichte zu präsentieren.

Hier versagt Bartov mit seiner Forderung nach vergleichender Arbeit. Wenn Genozide verglichen werden müssen, gilt dies ebenso für ethnische Säuberungen. Nach dem Griechisch-Türkischen Krieg wurden im Rahmen des Vertrags von Lausanne etwa 1,6 Millionen orthodoxe Christen aus der Türkei und Muslime aus Griechenland zwangsweise ausgetauscht. Die Alliierten vertrieben 12 bis 14 Millionen sogenannte Volksdeutsche und zogen damit die Grenzen neu, um zu verhindern, dass Deutschland sich rächt. Die gesamte Nachkriegskarte Europas ist von massenhaften Zwangsumsiedlungen ganzer Bevölkerungsgruppen gezeichnet. Wenn die Shoah mit anderen Genoziden verglichen werden kann, sollte dies, unbeschadet ihrer Tragik, auch für die Nakba gelten. Ihre Ursachen, ihr Ausmaß, ihre politischen Akteure und Strategien wären genau zu untersuchen. Das in der Tat schreckliche Flüchtlingsproblem ergab sich schließlich erst, nachdem fünf arabische Staaten Israel, das von den Vereinten Nationen bereits anerkannt worden war, 1948 den Krieg erklärt hatten. Sie lehnten jeden Kompromiss ab.

Wie lässt sich dies mit anderen Fällen vergleichen, in denen die Aggressoren den Krieg verloren haben? Wo passt diese Tatsache in unsere politische und ethische Bewertung jener Tragödie? Bartov sagt dazu nichts. Er sagt auch nicht, ob das Schicksal von 700.000 Palästinensern, die in Länder geflohen sind, in denen sie dieselbe Sprache sprechen und dieselbe Religion ausüben können, der systematischen Auslöschung einer Kultur, Sprache und Bevölkerung gleichgesetzt werden kann. Damit will ich weder eine Ausnahmestellung der Juden beanspruchen, noch die palästinensische Tragödie herunterspielen. Ich plädiere lediglich dafür, Analogien mit Sorgfalt und Vorsicht zu behandeln, damit sie unseren moralischen Kompass und unsere analytischen Kategorien nicht verwirren, verwischen und bedeutungslos machen. Vage Begriffe wie »Entmenschlichung« und »Verlust« werden der schwierigen Aufgabe nicht gerecht, die politische und moralische Dimension eines Konflikts zu erfassen, in dem zwei Völker sich gegenseitig verschwinden sehen wollen. Bartovs Analyse ist zugleich zu abstrakt und zu persönlich, um der moralischen oder geistigen Orientierung zu dienen. Uns blutet angesichts jedweder Tragödie das Herz, handle es sich um systematischen Genozid, Vertreibung oder Krieg, aber Tränen können nüchterne Vergleiche nicht ersetzen.

Und schließlich, wenn wir uns darüber beklagen, dass eine Erzählung andere verdrängt, hallt uns dieser Anspruch unweigerlich auch aus vielen anderen Tragödien entgegen: Hat die Erzählung der Nakba, die in den Mittelpunkt der öffentlichen Meinung gerückt ist, nicht die vielen Millionen Flüchtlinge in anderen Teilen der Welt – etwa im Sudan und im Kongo – unsichtbar gemacht, deren Schicksal nicht weniger tragisch ist als das der Palästinenser? Damit möchte ich deren Misere keineswegs herabsetzen oder davon ablenken, sondern nur darauf hinweisen, dass die Sichtbarkeit einer Tragödie fast immer auf Kosten einer anderen geht, die dadurch unsichtbar gemacht wird. So wie die Vernichtung der Juden durch die Nazis die Dezimierung der Roma allzu lange zu Unrecht überdeckt und die einseitige Konzentration auf den Genozid an den Juden die genozidalen Kolonialkriege in Afrika oder Asien unsichtbar gemacht hat, können wir uns fragen, ob die Erinnerung an die Palästinenser, auf die sich die westliche Welt derzeit konzentriert, nicht unsere moralische Verpflichtung gegenüber anderen Teilen der Welt blockiert, insbesondere gegenüber Afrika, das unserer kollektiven Aufmerksamkeit dringend bedürfte. Michael Rothbergs Konzept der multidirektionalen Erinnerung, dem zufolge jede kollektive Erinnerung sich auf andere stützt, anstatt mit ihnen in Konkurrenz zu treten, hätte einen richtigen Weg weisen können, doch ist die Öffentlichkeit überfüllt von Gruppen, die über die Techniken und finanziellen Ressourcen verfügen, um die Diskussion auf eine einzige Sache zu lenken, wodurch andere Tragödien unsichtbar werden und die multidirektionale Erinnerung zu einem frommen Wunsch verkommt.

Meine Ansicht darüber, wie man bei der Lösung des israelisch-palästinensischen Konflikts einen Schritt vorankommen könnte, unterscheidet sich grundlegend von der Bartovs. Das kollektive Gedächtnis ist wie das persönliche instabil, es verändert sich fortlaufend, sei es aus opportunistischen Gründen oder aufgrund besseren Wissens über die Vergangenheit, und freilich wird es oft als Waffe eingesetzt. Darum kann man sich bei so großartigen Vorhaben wie Frieden und Versöhnung nicht darauf verlassen, sofern nicht eine Seite allein bereit ist, alle Schuld und Verantwortung zu übernehmen (wie es in Deutschland nach dem Zweiten Weltkrieg der Fall war). Darüber hinaus ist das kollektive Gedächtnis quasi per Definition dazu angetan, Wunden und Schmerz zu verfestigen. Wir müssen Identität von Erinnerung und zugefügtem Leid trennen. Wenn zwei Bevölkerungsgruppen koexistieren sollen – und nur in solchen Fällen, wie in Ruanda, Südafrika oder heute in Israel-Palästina –, ist David Rieffs Aufforderung, lieber zu vergessen als auf Erinnerung zu beharren, der klügste Weg (siehe »In Praise of Forgetting«, 2016). Was Israelis und Palästinenser brauchen, ist nicht mehr kollektives Gedächtnis, sondern eine staatlich geförderte Bereitschaft zu vergessen, ja sogar zu vergeben.

Aus dem Englischen übersetzt von Christoph Hesse.

Wie Pankaj Mishra die Welt nach Gaza sieht

Klaus Bittermann

Pankaj Mishra, einer der bekanntesten politischen Essayisten Indiens, hat mit seinen Artikeln in der *New York Times*, *The New York Review of Books*, *The Guardian* und *New Statesman* schnell die Herzen der aufgeklärten Linken und Liberalen erobert, indem er ihren »westlichen Überlegenheitsanspruch« verdammte. Das brachte ihm allerdings auch den Vorwurf ein, er schreibe für »white pro-Muslim audiences in the West«. Dass dem so ist, hat er in seinem Essay »Die Welt nach Gaza« erneut unter Beweis gestellt, denn auch hier wird der Westen und vor allem Deutschland unter Generalverdacht gestellt, sich des Völkermords an den Palästinensern schuldig gemacht zu haben.

Früher, schreibt Mishra, habe er eine große Liebe für die verfolgten Juden verspürt. Aber dann habe er feststellen müssen, dass Israel durch Krieg und »ethnische Säuberung« entstanden sei. Seine anfängliche Begeisterung schlug in Hass um. Dieses Muster lässt sich bei vielen Linken beobachten, die Geschichte unter einem moralischen Gesichtspunkt betrachten und nicht verstehen wollen, dass jede Nation, in dem sich ein »Volk« zusammengefunden hat, letztlich durch die Vertreibung eines anderen »Volkes« zustande kam, und dass die Gründung eines Staates sich in der Regel durch einen Akt der Gewalt und nicht des Rechts vollzieht.

Mishra hat keine Vorbehalte gegen den Begriff »Volk«, er schlägt sich einfach auf die Seite der vermeintlich Guten und ignoriert, dass die verantwortungslosen Führer der Palästinenser als politische Agenda nur Hass und Rache anzubieten haben. Er tritt als Anwalt für Menschenrechte und Gerechtigkeit auf, als eine angemaßte Instanz, die überparteilich entscheidet, wer recht und wer unrecht hat. Wenn er seinem Buch ein Zitat von Hannah Arendt voranstellt, in dem sie im »gewaltigen Zuwachs an gegenseitigem Hass« die Notwendigkeit sieht, dass »in gigantischem Ausmaß ein Prozess gegenseitigen Verstehens und fortschreitender Erklärung einsetzen« muss, dann wird man bei fortschreitender Lektüre zugeben müssen, dass das Buch Mishras nicht gerade in diesem Geist geschrieben wurde, denn man findet in ihm viel einseitige Anklage, aber kein Verstehenwollen der Konfliktpartei, die Mishra für schuldig hält.

Wie viele der Intellektuellen vor ihm entledigt er sich des Massakers am 7. Oktober mit einer erstaunlichen Nonchalance. Eigentlich erwähnt Mishra es nur, um den Nachweis zu erbringen, darauf hingewiesen zu haben und damit den Anschein der Objektivität zu wahren. Die Verbrechen der Israelis werden hingegen über Seiten hinweg mit drastischer Anschaulichkeit beschrieben. Mishra erspart es sich, den direkten Zusammenhang von palästinensischem Massaker und der israelischen Antwort auch nur zu erwähnen, und er erspart sich wie fast alle Kritiker des israelischen Vorgehens eine Antwort auf die Frage, wie auf das Massaker vom 7. Oktober angemessen hätte reagiert werden können.

Mishra erweckt den Eindruck, Israel sei aus heiterem Himmel und völlig grundlos in Gaza einmarschiert. Er ignoriert das israelische Dilemma, Krieg gegen die Hamas führen zu müssen, die sich hinter einer Bevölkerung versteckt, von der man nie weiß, ob sie die Hamas aktiv unterstützt oder sich bloß mit ihr arrangiert oder vielleicht sogar nichts mit ihr zu tun haben will. (Erst eineinhalb Jahre nach dem 7. Oktober fand sich in Gaza eine größere Anzahl mutiger Demonstranten zusammen, um gegen die Hamas zu protestieren, deren Anführer dann auch prompt von der Hamas gefoltert und getötet wurde.) Wie in fast jeder Berichterstattung ist von den »unschuldigen Opfern« der Zivilbevölkerung die Rede, die »schuldige Opfer« logisch voraussetzt, als ob es einen Unterschied machen würde, was nicht der Fall ist, weil im Tod alle Menschen gleich sind. Opfer aber müssen Mishras Logik nach »unschuldig« sein, um das besonders Verwerfliche und Monströse des israelischen Vorgehens hervorzuheben und um den Tod der anderen, die auf der falschen Seite stehen, weil sie Juden sind, verschweigen zu können.

Mishra gefällt sich in der Rolle des radikalen Humanisten, die er sich als Schriftsteller erlauben kann, weil er keine Entscheidungen treffen muss bzw. nur Entscheidungen, die sich nicht an der Wirklichkeit messen lassen müssen. Mit einer gewissen Penetranz weist er auf die israelischen Kriegsverbrechen hin, um sich als guter Mensch zu inszenieren, dessen einziges Bestreben darin liegt, das Töten von Palästinensern zu stoppen. Er erwähnt nirgends, dass die Hamas die Geiseln freilassen könnte, weil der Krieg schon lange entschieden ist, er erwähnt nicht, dass die Hamas kapitulieren könnte, um der rechten Netanjahu-Regierung jede Legitimation für eine weitere Kriegsführung zu entziehen.

Mishra macht sich nicht die Mühe, Belege für Behauptungen anzuführen, vor allem wenn diese so abstrus sind wie der Hinweis, Biden und Baerbock hätten behauptet, sich Videoaufnahmen von Gräueltaten angesehen zu haben, »obwohl es diese Aufnahmen gar nicht gibt«. In diesem Fall hätte man natürlich schon gerne gewusst, aus welcher trüben Quelle Mishras Information stammt. Oder der Vorwurf, Habermas hätte »Personen« verteidigt, »die sich zu ethnischen Säuberungen bekennen«, ohne diese »Personen« beim Namen zu nennen. Man muss sich bei solchen kruden Vorwürfen schon sehr zurückhalten, um nicht in einem ähnlichen Verfahren Mishra vorzuwerfen, er verteidige die Hamas, wofür man im Buch allerdings zahllose Belege findet, einfach durch die Tatsache, dass er sie kaum erwähnt, sodass man den Eindruck bekommt, es gäbe nur das unterdrückte »palästinensische Volk«, aber keine Hamas.

Genauso wie die Deutschen 1945 daran glaubten, dass sie die eigentlichen Opfer seien, scheint auch die antikoloniale Linke daran zu glauben, die palästinensische Bevölkerung sei das Opfer eines Angriffs der westlichen Welt, die sich gegen die Freiheitsbestrebungen eines kleinen Volkes verschworen hat, als ob sie, wenn es denn so wäre, nichts Besseres zu tun hätte. Die Hamas hätte eigentlich nur aus Notwehr gehandelt, was im

Übrigen nicht weit von der Naziideologie entfernt ist, der zufolge Deutschland der Krieg aufgezwungen wurde, denn es sei das »internationale Judentum« gewesen, das den Zweiten Weltkrieg begonnen habe, um Deutschland zu vernichten, wie das Narrativ der Nazis lautete, auf das Jeffrey Herf in seinem Buch »Drei Gesichter des Antisemitismus« hinweist.

Mishra scheint wirklich zu glauben, dass das Massaker der Hamas als Widerstandshandlung gewertet werden muss. Darauf hat auch Judith Butler immer wieder beharrt, wenn sie den »Kontext« betonte, in dem das Massaker stünde. Zumindest aber seien, wie Butler betont, »die von Israelis begangenen Morde an Gaza-Bewohnern« genauso als »Terrorismus« zu werten wie die Massaker der Hamas. Auch Mishra erwähnt nicht, dass es für diesen Krieg wie für die vorausgegangenen Kriege immer einen Auslöser gab, in der Regel Angriffe auf Israel, die kein Staat auf der Welt unbeantwortet gelassen hätte. Und er erwähnt nicht, dass der religiös begründete Hass der Hamas, mit dem die Bevölkerung in Gaza über Jahrzehnte hinweg erfolgreich kontaminiert wurde, immer ein wichtiges Motiv war, um den Juden die Existenzberechtigung abzusprechen.

Wenn von Hass die Rede ist wie bei Martha Gellhorn, die 1961 palästinensische Flüchtlingslager besuchte und nach den Gründen suchte, warum die moslemischen Araber »auf so trostlose Weise zurückgeblieben sind«, um zum Schluss zu kommen: »Der Hauptgrund ist Hass. Diese Leute lieben es zu hassen [...] Hass macht den Verstand krank«, wenn also Gellhorn auf ihrer Reise der Hass entgegenschwappte, dann handelt es sich für Mishra nur um »eine reflexhafte Verachtung der Araber« durch die »westliche Intelligenz«. Das aber wiederum ist die typische Reaktion eines Linken wie Mishra, der glaubt, über den Hass der Palästinenser auf Israel hinweggehen zu können, obwohl er in der Hamas-Charta und im Koran eine hervorgehobene Rolle spielt, so dass man vor diesem Problem schon vorsätzlich die Augen verschließen muss. Statt aber beispielsweise, wie Martha Gellhorn 1988 notierte, das reichlich sprudelnde Geld der »Öl-Araber«, ganz zu schweigen von den dreistelligen Millionenbeträgen der UNRWA für die Flüchtlinge, in »die Ausbildung zweier Generationen junger Palästinenser« zu stecken, was eine Chance gewesen wäre, »die Armut in den Lagern hinter sich zu lassen und ein gutes, selbständiges Leben zu beginnen«, hat Arafat »zwei Generationen nur für die Übung an Waffen und Sprengstoff rekrutiert«.

Bereits auf der zweiten Seite seines Prologs zitiert Mishra den polnischen Dichter Czesław Milosz, der am Stadtrand von Warschau Schreie aus dem Ghetto hörte. Die gleiche »beschämende Komplizenschaft« empfindet Milosz nach dem Bombardement der Vietnamesen durch die Amerikaner. Und damit ist er bereits bei der Verantwortung westlicher Demokratien, die die »Vernichtung Gazas durch Israel« zulassen. Mishra wählt diese Beispiele mit Bedacht, denn er verfolgt mit der Aufzählung bestimmter Kriege eine politische Agenda, die auf eine gewisse Voreingenommenheit schließen lässt. Es sind Beispiele, die aus unterschiedlichen Motiven internationale Proteste hervorgerufen haben. Der Sieg über die Nazis war unbestritten ein Sieg über die Barbarei, der Vietnam-Krieg rief eine ganze Protestgeneration hervor. Mishra sieht den Gaza-Konflikt in der Tradition dieser beiden großen Kriege, in denen die Nazis besiegt wurden und der amerikanische Imperialismus eine empfindliche Niederlage erlitten hat. Er insinuiert damit, dass in Gaza die Freiheit der Welt auf dem Spiel stünde und es gar keine Frage sei, auf welcher Seite man zu stehen habe. Die Massaker der Roten Khmer oder der Völkermord an den Tutsis hätten da nicht in das Bild gepasst, denn indem er eine Spur von Warschau über Vietnam nach Gaza legt, identifiziert er die ehemaligen Opfer als Täter. Damit gibt Mishra zu verstehen, dass die Juden aufgrund ihrer Leidensgeschichte es eigentlich hätten besser wissen müssen, aber nichts daraus gelernt haben.

Zwar weist er darauf hin, dass den Juden, die einmal beinahe ausgelöscht worden wären, die Welt zerbrechlich erscheint und dass nach dem Massaker der Hamas in Israel die Angst vor einem neuen Holocaust umging, aber dann vergisst er zu erwähnen, dass dies genau die Absicht der Hamas war, die bei ihm wie eine quantité négligeable erscheint. Während er die Hamas und ihre Unterstützerstaaten wie den Jemen und Iran und deren Vernichtungsphantasien unerwähnt lässt, beharrt er darauf, dass die »westlichen Demokratien« für die Katastrophe verantwortlich seien, weil sie nach dem Sieg über den Faschismus die »Illusion einer gemeinsamen, von Respekt vor den Menschenrechten und einem Minimum an rechtlichen und politischen Normen getragenen Menschheit zerstört« hätten. Für Mishra setzt mit der »Todesorgie« in Gaza ein neues Zeitalter ein. Als eine seriöse Erkenntnis wird man diese tendenziöse Darstellung kaum bezeichnen können.

Die westlichen Demokratien für den Niedergang der Menschheit verantwortlich zu machen, ist ein weit verbreitetes Gesellschaftsspiel, aber es ist ein Spiel mit dem Feuer. Den von Mishra in höchsten Tönen gelobten tapferen jungen Generationen, die für »Free Gaza« auf die Straße gehen, nicht aber für »Free Gaza from Hamas«, ist mit dem Wunsch nach der Vernichtung Israels die Schaffung einer neuen Welt, in der es gerecht zugeht und die Menschenrechte geachtet werden, nicht zuzutrauen. Im Gegenteil: Diese schöne neue Welt müsste man fürchten, denn sie hört sich durch die wolkige Rhetorik Mishras eher nach Huxleys Dystopie an als nach Freiheit für alle.

Die Hamas und die Palästinenser, die man befreien will, würden sich zuallerletzt für Respekt für andere einsetzen. So unzulänglich die westlichen Demokratien auch sein mögen, noch setzen sie sich für den Schutz derjenigen ein, die jene gerne abschaffen würden. Die »Queers for Palestine« und die LGBTQ-Szene würden den Kampf um ihre Rechte unter der Hamas kaum fortsetzen können, und auch eine friedlich gesinnte palästinensische Bevölkerung würde vermutlich kein Verständnis für sie aufbringen. Dennoch setzen sie sich für die »Freiheit« derjenigen ein, die als erstes die »Freiheit« abschaffen würden, besonders die Freiheit jener, die für die Sache der Palästinenser so aufopferungsvoll eintreten und die sich auffällig zurückhalten, seit Trump ihre Rechte tatsächlich beschneidet. Die leidenschaftlich für die Freiheit der Palästinenser kämpfenden Jugendlichen sehen keinen Widerspruch, weil sie ihre Freiheiten bloß als verdeckte Unterdrückung oder als belanglose Zugeständnisse und Kompromisse empfinden, d.h. sie sind offenbar nicht in der Lage, den Unterschied zwischen einer Demokratie – und sei sie noch so mangelhaft – und einem autokratischen oder islamistischen System zu erkennen, oder sie halten ihn für vernachlässigenswert, was ein fataler Irrtum wäre.

Mishra bezieht sich immer wieder auf jüdische Intellektuelle wie Jean Améry, Primo Levi oder Jurek Becker und Günther Anders, in deren Denken und Schreiben die Shoah eine entscheidende Rolle gespielt hat. Voller Hochachtung zitiert er sie und betont ihre Versuche, das ihnen von den Nazis zugefügte Leid intellektuell zu verarbeiten, Begriffe und Worte zu finden, mit denen sie sich dem Unbeschreibbaren anzunähern versuchten. Mishra macht sie zu Kronzeugen für seine Sache, gegen die sie sich nicht wehren können, weil sie tot sind. Gerade weil er ihnen durch ihre Leidensgeschichte eine besondere Glaubwürdigkeit zubilligt, gerade weil nach seiner Auffassung ihnen eine besondere Kompetenz zukommt, zwischen Recht und Unrecht zu unterscheiden, versucht er, deren kritische Kommentare zu Israels kritikwürdigem Verhalten gegenüber der palästinensischen Minderheit für seine Sicht der Dinge einzuspannen, die nur wenige der Shoah-Überlebenden geteilt hätten.

Trotz aller Vorbehalte gegen die israelische Politik im Umgang mit ihren Feinden pochten die Davongekommenen immer wieder auf das Existenzrecht Israels als Zufluchtsstätte und als einzigen sicheren Hafen für verfolgte Juden aus aller Welt. So insinuiert Mishra, dass Améry sich 1978 nicht zuletzt deshalb das Leben genommen habe, weil er ein Jahr vorher einen Pressebericht über die »systematische Folter arabischer Gefangener in israelischen Gefängnissen« gelesen habe. Mishra tut so, als sei das belegt, während Améry selbst »über *angeblich* systematische Anwendung der Tortur gegenüber arabischen Häftlingen in israelischen Kerkern« [Hervorhebung K.B.] schreibt. Für Améry ist also ungesichert, was für Mishra seit seiner Bekehrung feststeht, weil für diese Nuancen in seinem propagandistischen Feldzug kein Platz ist.

Dabei übersieht er aber einen wesentlichen Punkt, denn indem er die Shoah-Überlebenden als Zeugen aufruft, um sie für seine Kampagne gegen den »folternden Staat Israel« einzuspannen, vergisst er, dass gerade deren Kritik ein Beweis für die Lebendigkeit einer Auseinandersetzung und eines erbittert geführten Streits über die Politik des Landes ist, etwas, das man in dieser Vielfalt und Intensität in Gaza nie angetroffen hat und vermutlich auch nie antreffen wird. Hat man je aus Gaza Stimmen vernommen, die die systematische Folter der Hamas anprangern? Hat man in Gaza außer dem kurzlebigen Protest im März 2025 je so große Demonstrationen gegen die Regierung, für die Freilassung der Gefangenen und für den Frieden gesehen wie in Israel? Man kennt die Antwort, und kennt daher auch den Unterschied. Améry aber forderte »jeden Juden, wenn er Mensch sein will, dringlich auf, mit mir in der radikalen Aburteilung der Tortur als System übereinzustimmen«, d.h. der Tortur überall auf der Welt und nicht allein in Israel.

Auch heute würde dieser Aufruf in Israel auf große Zustimmung stoßen, obwohl man nach dem 7. Oktober durchaus verstehen kann, wenn Menschen auf Rache sinnen, wenngleich sich damit keine vernünftige Lösung finden lassen wird. Was Améry vor allem zusetzte, war die Androhung der arabischen Staaten 1967, Israel auszulöschen, war die Gefährdung der Sicherheit Israels wie 1972 bei den Olympischen Spielen in München, als israelische Sportler durch ein palästinensisches Kommando getötet wurden, oder der Jom-Kippur-Krieg 1973, als eine Koalition arabischer Staaten Israel an den Rand einer Niederlage brachte.

Dass die junge Linke damals wie heute Israel als »rassistischen Kolonialstaat« verurteilte, war Améry unerträglich, weil er sich dieser Linken lange Zeit zugerechnet hatte. Während Mishra den »ungewöhnlichen Mut« dieser Linken und »ihr selbstloses

Tun« heute in höchsten Tönen feiert, hätte Améry sich von ihr mit Grausen abgewendet.

»Wie war es möglich, dass Israel, das doch als Heimstätte für ein verfolgtes heimatloses Volk geschaffen worden war, eine derart fürchterliche Macht über Leben und Tod einer anderen Flüchtlingsbevölkerung ausübte«, fragt sich Mishra und gesteht damit seine politische Naivität ein, denn jede Landnahme ist ein Akt der Gewalt und hat noch nie etwas anderes hervorgebracht als die Unterdrückung einer Minderheit. Es handelt sich um eines der größten Missverständnisse der Protestbewegung, die nationalen Befreiungsbewegungen für eine fortschrittliche Sache gehalten zu haben oder immer noch zu halten, denn sobald sich eine Nation konstituiert, haben diejenigen, die aufgrund ihrer Herkunft nicht dazugehören, alles zu befürchten. Die Protestbewegung muss sich heute fragen, ob es sich gelohnt hat, den FLN in Algerien unterstützt zu haben, nicht nur angesichts der Tatsache, dass die algerischen Machthaber den 80-jährigen Schriftsteller Boualem Sansal glauben wegen eines »Vergehens gegen die Staatsgewalt« verhaften und verurteilen zu müssen, nur weil er seine Meinung gesagt hat.

Die Frage, warum »ein verfolgtes heimatloses Volk« eine andere »Flüchtlingsbevölkerung« unterdrückt, beantwortet Mishra mit einer Erklärung in eigener Sache: Weil er selbst einmal als junger Mann von Israel begeistert war und sich sogar ein Bild des Kriegshelden von 1967 Moshe Dajan ins Zimmer gehängt hat, weil diese »Schwärmerei [...] damals in Indien auf glamouröse Weise unerlaubt war«. Heute muss er dafür Buße tun, er muss sich zum schärfsten Kritiker der »Schwärmerei« aufschwingen, nur um von einer Falle in die nächste zu tappen, indem er darauf verzichtet, den Dauerkonflikt zu analysieren. Die moralischen Maßstäbe, die bei der Beurteilung des Konflikts zur Verfügung stehen, gelten allerdings nur für Israel. Es scheint ihm egal zu sein, dass die palästinensischen Selbstmordkommandos und Attentäter die wahllose Tötung israelischer Zivilisten als legitimes Mittel ihrer Politik betrachten. Bekanntlich müssen Konvertiten besonders konsequent und radikal sein, um die Schmach zu tilgen, früher auf der Gegenseite gestanden zu haben. Je hingebungsvoller er Moshe Dajan und die israelische Kriegskunst bewundert hat, desto bedingungsloser muss Mishra die Sache der Palästinenser hochhalten und den Israelis den skrupellosen Grundsatz unterstellen, »wonach nur zu leben verdiene, wer stark sei und als erster zuschlage«. Und deshalb muss er auch die Tatsache unterschlagen, dass in allen großen Konflikten die arabischen Staaten, die PLO und die Hamas die Gewaltspirale losgetreten haben.

Wenn sich in der deutschen Öffentlichkeit hin und wieder prominente Stimmen vernehmen ließen wie die von Herta Müller, die die Hamas mit den Nazis verglich und amerikanischen Studenten vorwarf, antisemitische Gewalttaten zu begehen, dann versucht Mishra sie zu delegitimieren, indem er darauf hinweist, dass ihr »Vater in Rumänien in der Waffen-SS gedient« habe, außerdem würden staatlich finanzierte Kulturinstitutionen »Künstler und Intellektuelle mit außerwestlichen Wurzeln« bestrafen, die »auch nur einen Hauch von Sympathie für Palästinenser zeigen«. Er feiert Candice Breitz, Deborah Feldman, Masha Gessen, denen als gecancelnte Opfer einer Kampagne erstaunlicherweise in so gut wie allen Medien ausführlich Platz eingeräumt wurde, mehr als sie bekommen hätten, hätte man ihnen nicht die Ehre erwiesen, ihnen zu widersprechen. Eyal Weizman wiederum litt darunter, »belehrt« worden zu sein »von Kindern und Enkeln der Täter, die unsere Familien ermordeten und die es nun wagen, uns zu sagen, wir wären Antisemiten«.

Dummerweise aber waren es gerade die »Kinder und Enkel der Täter«, also die 68er, die ganz im Sinne von Weizman ihre Liebe zum palästinensischen »Volk« entdeckt und dessen nationalen Befreiungskampf unterstützt haben, weil sich dadurch die Einmaligkeit und Schrecklichkeit von Auschwitz relativieren ließ: »So außergewöhnlich völkermörderisch, wie die Israelis nun sind«, schrieb Wolfgang Pohrt über die Entlastungsversuche der 68er einmal, »war Auschwitz vielleicht nur ein kleiner Fehler.« Die Folge davon ist, dass die »mutigen« Jugendlichen in Unkenntnis der Geschichte Israels wieder ganz zu sich kommen und im Stande der Unschuld eine »Lösung der Judenfrage« fordern und dabei von Pankaj Mishra als fortschrittliche Kraft gefeiert werden.

Begeht Israel einen Genozid?

Norman J.W. Goda

Der Krieg im Gazastreifen, der am 7. Oktober 2023 begann, ist grausam. Zehntausende Zivilisten, darunter auch Kinder, wurden getötet, Städte zerstört. Dieser Krieg wird, über die Zeit unseres Lebens hinaus, eine globale und generationenübergreifende Spaltung herbeiführen. Ein Grund dafür ist der Genozidvorwurf, der seit den ersten Tagen des Krieges gegen Israel erhoben wird. »Genozid« bezeichnet die vorsätzliche Vernichtung einer ethnisch, religiös oder national definierten Gruppe. Die diesen Vorwurf erheben, behaupten sogar, Israels Geschichte sei immer schon auf einen Genozid hin angelegt gewesen. Wer anderer Meinung ist, gilt als eine Art Holocaustleugner.

Begeht Israel einen Genozid? Im Dezember 2023 reichte Südafrika einen Antrag beim Internationalen Gerichtshof (IGH) ein. Es beschuldigte Israel des Völkermords und forderte einen Waffenstillstand. Maha Yahya, Direktorin des Nahost-Zentrums der Carnegie-Stiftung für internationalen Frieden in Beirut, beschrieb, worum es dabei geht. Unabhängig vom Ergebnis habe der Fall »Israel zutiefst beschmutzt«, indem er den Schwindel der »Gründungsmythologie« dieses Staates und die falsch verstandene »Ausnahmestellung Israels offenbarte, die auf dem Leiden des jüdischen Volkes gründet«. Er habe »den Blick zurück auf die Kolonialgeschichte des Westens« gerichtet, »in der der Holocaust an den Juden [...] als Höhepunkt der vom Westen verübten Gewalt gegen nicht-westliche Völker angesehen werden kann«.[1]

Damit stand Yahya nicht allein da. Tatsächlich ging es bei diesem Fall um eine Neubewertung des Westens, Israels und des Holocaust. Schon deshalb lohnt es sich, den Genozidvorwurf

1 Maha Yahya, »Death and Consequences in Gaza«, *Diwan,* 17. Januar 2024.

näher zu betrachten, sowohl seine Geschichte und Argumentation als auch die »Experten«, die ihn erheben.

1948 verabschiedeten die Vereinten Nationen die Völkermordkonvention. Im selben Jahr wurde Israel ein Staat. In der Debatte über die Konvention versuchten arabische Staaten, Genozid so zu definieren, dass sie Israel genau dieses Verbrechens anklagen konnten. Die Saudis waren bereits 1946 darauf aus, jüdische Terrorgruppen wie die Irgun, die damals die Briten angriffen, als völkermörderisch bezeichnen zu lassen. 1948 wollten die Syrer die Massenflucht palästinensischer Zivilisten in die Konvention aufnehmen. All diese Vorschläge wurden abgelehnt, doch warfen sie bereits ein fahles Licht auf nachfolgende Bestrebungen.

Eine entscheidende Wende brachten die 1970er Jahre. Die Palästinensische Befreiungsorganisation (PLO) unter Jassir Arafat, die sich selbst zur revolutionären nationalen Befreiungsbewegung stilisierte, wurde zum Liebling der Dritten Welt, des Sowjetblocks und der radikalen Linken im Westen. 1974 setzte die UN-Generalversammlung die Palästina-Frage auf die Tagesordnung und erlaubte der PLO, an den Debatten teilzunehmen: einer Terrororganisation, die zahlreiche Angriffe auf israelische Zivilisten verübte. Die einzige Möglichkeit, den Terror der PLO zu legitimieren, bestand darin, Israel des Völkermords zu bezichtigen und auf diese Weise zu delegitimieren.

Bezeichnend für den Diskurs der UNO waren die Äußerungen des Kongolesen Nicolas Mondjo. »Die Welt, die heute Gestalt annimmt«, sagte er in der Generalversammlung, »wird [...] frei sein von den hinfälligen Überbleibseln des Kolonialismus, Neokolonialismus, Imperialismus, Rassismus und Zionismus.« Der Terror der PLO sei »die einzige schöpferische Kraft in der Geschichte«. Der Kubaner Ricardo Alarcón pflichtete ihm bei. Die Existenz Israels, meinte er, bedeute die Zerstörung der palästinensischen Nation. Israel sei dabei, »sie zu vernichten [...] sie von der Landkarte, sie aus der Geschichte zu tilgen«. Im Juli 1976 erklärte der PLO-Vertreter Zehdi Labib Terzi, Israel begehe »einen geplanten Genozid«, und man habe »eine Verpflichtung und das Recht, mit Waffen Widerstand zu leisten.«[2]

Die Genozidvorwürfe explodierten förmlich während des Libanonkriegs 1982, als die Israelis versuchten, die Terrorbasen der PLO im Südlibanon zu zerstören und einen Regimewechsel herbeizuführen. Nach Angaben der PLO kamen 49.600 Zivilisten ums Leben. Eine nach dem Krieg unternommene libanesische Studie zählte insgesamt 17.825 militärische und zivile Todesopfer.[3] Antisemitische Stereotype prägten den Diskurs der Vereinten Nationen. Terzi behauptete, die Israelis hätten eine Million Kinder im Libanon angegriffen, was auch ihr oberstes Kriegsziel gewesen sei. Katar ließ verlauten, israelische Truppen »dürsten nach arabischem Blut, sei es das eines Kindes, einer Frau oder eines alten Menschen«. Und die Kubaner warnten: »In diesen Zeiten darf die Welt sich von gut orchestrierten Pressekampagnen nicht täuschen lassen [...] Die einfache Wahrheit ist, dass Israel einen Genozid an den Palästinensern begehen will.«[4]

Israels Reaktionen auf die erste (1987–1993) und die zweite Intifada (2000–2005) riefen neue Anschuldigungen hervor, nun war auch von einer Prävention von Geburten die Rede. Nabil Ramlawi, der Vertreter der PLO bei der UN-Menschenrechtskommission in Genf, behauptete, die Israelis hätten palästinensische Schülerinnen vergiftet, um sie unfruchtbar zu machen, zudem 4000 Abtreibungen an palästinensischen Frauen vorgenommen. Er bezichtigte Israel, Hunderten von palästinensischen Kindern das HIV-Virus injiziert zu haben.[5]

2 Dokument der Vereinten Nationen A/PV.2295, 21. November 1974; A/PV. 2294; S/PV.1919. Alle UN-Aufzeichnungen zu Palästina finden sich unter https://www.un.org/unispal/

3 »The 1982 Israeli Invasion of Lebanon: The Casualties«, *Race & Class,* Jg. 24, Nr. 4 (April 1983), S. 340–42; Richard A. Gabriel, *Operation Peace for Galilee: The Israeli-PLO War in Lebanon* (New York: Hill & Wang, 1984), 164.

4 UN-Dokument A/ES-7/PV. 22.

5 UN-Dokumente A/38/365-S/15939; E/CN.4/1990/59; E/CN.4/1997/3.

Die Vorwürfe der Tötung Ungeborener ziehen sich bis in die Gegenwart. Im Jahr 2025 beschuldigte die UN-Untersuchungskommission für die besetzten palästinensischen Gebiete die Israelis, die größte Fertilitätsklinik im Gazastreifen absichtlich angegriffen und 4000 Embryonen zerstört zu haben.[6] Zwar wies das Gebiet um die Klinik Kampfspuren auf, Beweise für eine absichtliche Zerstörung aber wurden nicht vorgelegt.

Die Machtübernahme der Hamas im Gazastreifen im Jahr 2007 brachte eine weitere entscheidende Wende. Die Hamas verband islamistische und antisemitische Überzeugungen europäischer Provenienz und forderte die Vernichtung der Juden und Israels. Die Israelis hatten sich 2005 aus dem Gazastreifen zurückgezogen, doch um sich der Angriffe der Hamas zu erwehren, verschärften sie die Grenzkontrollen und verhinderten somit die Einfuhr strategischer Güter wie Beton, Treibstoff und Waffen. Artikel auf verschiedenen Plattformen waren überschrieben mit »Israels Genozid in Zeitlupe«, »Ein allmählicher Genozid« und »Die Komplizenschaft Europas bei Israels langsamem Genozid«. Indes wuchs die Bevölkerung des Gazastreifens jährlich um zwei bis drei Prozent. Keiner der Autoren stellte sich die Frage, warum Israel überhaupt eine Blockade verhängt hatte.

Die kurzen Kriege zwischen der Hamas und Israel in den Jahren 2008 bis 2021 riefen neue Anschuldigungen auf den Plan. Der Südafrikaner John Dugard, ein Jurist, der von 2001 bis 2008 als UN-Sonderberichterstatter für Palästina tätig war, gehörte einem südafrikanischen Team von Anwälten an, das Israel 2023/24 eines Genozids beschuldigte. Bereits nach der Operation »Cast Lead« 2008/09 hatte er versucht, die Arabische Liga davon zu überzeugen, Israel wegen Genozids anzuklagen. Nach der Operation »Protective Edge« 2014 wollte er das Russell-Tribunal, eine Art Volksgericht, dazu bewegen, eine solche Anklage vorzubringen. »Es gab viel Unterstützung,

6 UN-Dokument A/HRC/58/CRP.6

Israel eines Genozids zu beschuldigen«, sagte er später. »Aber das war immer noch so tabu.« Als 2023 der Damm brach, zeigte sich Dugard trotz des Gemetzels in Gaza zufrieden. Es ist »eine Erleichterung, sagen zu können, was Sache ist: Israel begeht einen Genozid.«[7]

Verübt Israel im aktuellen Gazakrieg Verbrechen? Man kann über unterschiedliche israelische Operationen im Kontext der Genfer Konvention streiten, was den Wert ihrer Ziele im Verhältnis zu zivilen Todesopfern betrifft. Die Beweise für einen angeblichen Genozid aber wurden verdreht. Genozid ist das einzige Verbrechen im Völkerrecht, das den Nachweis einer besonderen Absicht, eine bestimmte Gruppe zu vernichten, erfordert. Diejenigen, die Israel heute eines Genozids beschuldigen, interessieren sich nicht für die genozidalen Absichten, die die Hamas seit vielen Jahren bekundet. Ebenso wenig interessieren sie sich dafür, ob die Angriffe der Hamas vom 7. Oktober genozidal waren. Höchste Aufmerksamkeit schenken sie hingegen allem, was israelische Politiker nach dem 7. Oktober gesagt haben.

Die Abscheulichkeit der 2023 verübten Verbrechen der Hamas rief emotionale und bisweilen unselige Äußerungen israelischer Blogger und anderer Leute hervor, die forderten, den Gazastreifen dem Erdboden gleichzumachen, und Ähnliches mehr. Diese Gefühlsäußerungen erscheinen verabscheuungswürdig jedoch nur dann, wenn man sie isoliert betrachtet und die Verbrechen der Hamas beschönigt. Unterdessen wurden Aussagen führender israelischer Politiker so wiedergegeben, dass der Eindruck entstand, Israel habe es auf das palästinensische Volk schlechthin abgesehen. Beispielhaft dafür steht Verteidigungsminister Yoav Gallant:

Am 9. Oktober ordnete er die Belagerung von Gaza an. »Ihr habt gesehen«, sagte er zu seinen obersten Offizieren, »gegen wen wir kämpfen. Wir kämpfen gegen menschliche Tiere. Das

7 Tjitske Lingsma, »John Dugard: ›The Taboo has Died, Israel Commits Genocide‹«, *ZAM,* 24. Juni 2024.

ist der IS von Gaza.« Am nächsten Tag verkündete er: »Gaza wird nicht mehr so sein wie zuvor. *Es wird keine Hamas mehr geben* [...] Sie werden diesen Moment bereuen.« In den von den Genozidanklägern verbreiteten Versionen war jedoch von der Hamas nicht mehr die Rede. Am 9. Oktober wurde Gallant mit den Worten zitiert: »Wir kämpfen gegen menschliche Tiere, und wir werden entsprechend handeln.« Und am 10. Oktober: »Gaza wird nicht mehr so sein wie zuvor. Wir werden alles zerstören.« Solcherart wurden auch Aussagen von Präsident Yitzhak Herzog und Benjamin Netanjahu entstellt.[8]

Auch mutmaßliche Verbrechen wurden falsch dargestellt, um ein genozidales Vorgehen zu unterstellen. Die Anschuldigungen klingen so, als gäbe es keinen Krieg in Gaza, geschweige denn einen Krieg auf einem urbanen Schauplatz gegen einen unterirdischen Feind, der 500 Kilometer Tunnel und 5700 Tunnelschächte unter ziviler Infrastruktur verbirgt. Das Gesundheitsministerium von Gaza (MOH) ist die einzige Behörde, die Todesfallstatistiken führt. Seine Zahlen stammen aus Krankenhaus- und Familienberichten sowie »glaubwürdigen Medienberichten«. Die Statistiken des MOH unterscheiden nicht zwischen zivilen und militärischen Todesopfern, gemäß einer Anweisung der Hamas aus dem Jahr 2008, wonach alle Toten als unschuldige Zivilisten zu erfassen sind. Die andere Quelle war das Medienbüro der Regierung von Gaza (GMO), eine Propagandafront der Hamas.

Das Büro der Vereinten Nationen für die Koordinierung humanitärer Angelegenheiten (OCHA) veröffentlichte mehrmals pro Woche Opferstatistiken. Im Mai 2024 druckte das OCHA ein kryptisches Dementi, in dem es hieß, frühere Angaben über getötete Frauen und Kinder entstammten dem GMO. Bis zu diesem Zeitpunkt hatte das OCHA berichtet, mehr als 70 Prozent der Todesfälle in Gaza beträfen Frauen und Kinder. Diese Zahl wurde bis November 2024 in zahlreichen Nachrichten

8 Yair Rosenberg, »What Did Top Israeli War Officials Really Say About Gaza?«, *The Atlantic*, 21. Januar 2024.

verbreitet. Danach ließ man sie stillschweigend fallen, jedoch wurden Berichte, in denen von 70 Prozent die Rede war, nicht korrigiert. Dazu gehören auch die Dokumente, die Südafrika seiner Klage gegen Israel zugrunde legte, sowie eine Reihe offizieller UN-Berichte, die beim UN-Menschenrechtsrat eingereicht wurden.

Die Zahl der Todesopfer in Gaza ging deutlich zurück, als die Israelis bessere Informationen über die Einheiten der Hamas und ihre Tunnel bekamen. Während das Gesundheitsministerium in Gaza im Oktober 2023 noch durchschnittlich 420 Tote pro Tag meldete, sank diese Zahl bald so weit, dass der tägliche Durchschnitt im September 2024 bei 34 Kombattanten und Zivilisten zusammen lag. Im Mai 2024 ergab eine genaue Analyse der Listen des Gesundheitsministeriums nach Namen und Alter, dass der Anteil von Männern zwischen 15 und 59 Jahren unter den Toten mit 48,6 Prozent im Vergleich zu ihrem Anteil an der Bevölkerung (28 Prozent) überproportional hoch war.[9]

Falsch dargestellt wurden auch die Kämpfe selbst. Als Beispiel sei die Befreiung von vier Geiseln durch die israelische Armee in Nuseirat am 8. Juni 2024 genannt. Drei von ihnen wurden im Haus von Ahmed Aljamal, einem 74-jährigen Arzt, Imam und Hamas-Anhänger, festgehalten. Die Operation war so geplant, dass die Angehörigen des Rettungsteams sich, als Zivilisten getarnt, Zutritt verschaffen, die Geiseln befreien und sich wieder zurückziehen. Hamas-Kämpfer lösten jedoch eine Straßenschlacht aus, bei der auch Zivilisten ins Kreuzfeuer gerieten. Als sie das israelische Rettungsfahrzeug mit Maschinengewehren und Panzerfäusten umzingelten, forderte das israelische Team Unterstützung aus der Luft an und kämpfte sich dann zum Evakuierungspunkt vor. Das Gesundheitsministerium in Gaza meldete 274 getötete Palästinenser, ohne zwischen Kämpfern und Zivilisten zu unterscheiden.

9 Siehe dazu allgemein Gabriel Epstein, »Assessing the Gaza Death Toll After Eighteen Months of War«, The Washington Institute for Near East Policy, Policy Notes, Nr. 158, Mai 2025.

UN-Menschenrechtsexperten behaupteten, Nuseirat stelle »eine der abscheulichsten Taten des verheerenden Angriffs Israels auf das palästinensische Volk seit dem 7. Oktober« dar. *Al Jazeera* sprach von einem »Kollateralgenozid in Nuseirat«. Aljamals Nachbarn gaben ihm selbst die Schuld. »Hätte er uns davon erzählt«, sagte einer, »hätten wir Sicherheitsvorkehrungen getroffen.«[10] Ein Gegenbeispiel liefert die Schlacht von Mogadischu zwischen US-Streitkräften und somalischen Milizionären im Jahr 1993. Das Ziel war die Entführung von Offizieren des somalischen Warlords Mohammed Farah Aideed. Um die Operation möglichst unauffällig durchzuführen, wurde auf massive Unterstützung aus der Luft verzichtet. Die Mission war erfolgreich, doch kämpften die amerikanischen Streitkräfte zwei Tage lang, um der Einkreisung zu entkommen. Achtzehn US-Soldaten und etwa 1.500 Somalier kamen ums Leben.

Ein weiterer Vorwurf lautet, Israel habe den Gazastreifen vorsätzlich ausgehungert. Eine aktuelle Studie der Bar-Ilan-Universität zeigt, dass diese Anschuldigung auf mehreren falschen Annahmen beruht. Eine davon lautet, Gaza hätte schon vor dem Krieg am Rande einer Hungersnot gestanden. Eine andere, dass vor dem Krieg täglich 500 Lastwagen über die beiden Frachtübergänge im Süden nach Gaza gefahren seien. Ferner wurde behauptet, die von Gallant verhängte Blockade sei nie wirklich aufgehoben worden.

Vor dem Krieg gab es in Gaza keine Hungersnot, die Kindersterblichkeit war niedriger als in Ägypten und Jordanien. Täglich fuhren durchschnittlich 291 Lastwagen in das Gebiet, von denen lediglich 73 Lebensmittel transportierten. Die israelische Belagerung Gazas nach dem 7. Oktober 2023 dauerte zwei Wochen, nicht lange genug, um die dortigen Lebensmittelvorräte

10 »UN Experts Condemn Outrageous Disregard for Palestinian Civilians During Israel's Military Operation in Nuseirat«, UN-Pressemitteilung, 14. Juni 2025; »Collateral Genocide in Nuseirat«, *Al Jazeera,* 9. Juni 2024; »›He was a Pious Man‹: The Gaza Neighborhood Shocked to Find Israeli Hostages in their Midst«, CNN, 19. Juli 2024.

zu erschöpfen. Ab dem 23. Oktober erlaubten die Israelis täglich 100 Lastwagen die Einfahrt nach Gaza, ab dem 24. November 200 pro Tag, und ab März 2024 gab es keine Begrenzung mehr.[11] Die Israelis kontrollierten die Ladungen auf Schmuggelware. Dennoch fuhren zwischen Kriegsbeginn und dem im Januar 2025 vereinbarten Waffenstillstand 65.312 Lastwagen mit Hilfsgütern nach Gaza. Nur 766, also 1,1 Prozent der Gesamtzahl, wurden zurückgeschickt.[12]

Die ersten Monate des Jahres 2024 zeigen, wie die Vorwürfe einer Hungersnot fabriziert wurden. In ihrem Bericht vom 18. März 2024 prognostizierte die Integrated Food Security Phase Classification (IPC), eine UN-Agentur, die das Risiko einer Massenhungersnot überwacht, für Mai eine Hungersnot im Norden des Gazastreifens. Dabei stützte sie sich auf falsche Annahmen und fehlerhafte Daten der UN-Hilfsorganisation UNRWA, die die Zahl der in den Gazastreifen einfahrenden Hilfsgüter-Lkw zu niedrig angab, weil sie dabei keine Fahrzeuge berücksichtigte, die der UN selbst nicht angehören. Ungeachtet dessen erklärte *The New Yorker* im Januar 2024, dass »Gaza hungert«. Eine Schlagzeile der *Washington Post* vom 19. März lautete: »Israels Krieg gegen die Hamas beschert Gaza eine Hungersnot.« Josep Borrell, der oberste Diplomat der Europäischen Kommission, warf Israel vor, »Hunger als Kriegswaffe« einzusetzen, indem es »Hunderte von Lastwagen« zurückhalte.[13]

Die Lage im Norden Gazas war in der Tat katastrophal. Das Problem waren jedoch nicht die Lastwagen, die nach Gaza einfuhren. Es bestand vielmehr darin, die Hilfsgüter von den Einfuhrstellen im Süden in die nördlichen Bezirke zu transportie-

11 Danny Orbach et al., Debunking the Genocide Allegations, Debunking the Genocide Allegations: A Reexamination of the Israel-Hamas War (2023–2025), Ramat Gan: Begin-Sadat-Center for Strategic Studies, Bar-Ilan University 2025, S. 35–101.

12 Israel, Coordinator of Government Activities in the Territories, Humanitarian Information Center, Weekly Summary 6-12/1.

13 Guerre à Gaza: Israël utilise ›la famine comme arme de guerre‹, selon le chef de la diplomatie européenne«, *L'Humanité*, 19. März 2024.

ren. In den Artikeln, die eine Hungersnot prophezeiten, wurde das im Süden Gazas tätige Welternährungsprogramm (WFP), die größte Organisation im Kampf gegen Hunger weltweit, nicht erwähnt. Am 2. Februar berichtete Matthew Hollingworth, der Leiter des WFP in Rafah, im Januar seien nur vier WFP-Konvois in den Norden gefahren. Gesperrte Straßen und »aktive Kampfhandlungen«, so Hollingworth, »verhinderten den Transport«.[14] Am 8. Februar berichtete er: »Die wirklichen Schwierigkeiten liegen im Gazastreifen selbst«, sie beträfen etwa »die Koordination über die Frontlinien und Kontrollpunkte hinweg [...] und auch die Arbeit an einem Ort, der [...] ein völliges Vakuum an Recht und Ordnung ist.«[15]

Das WFP wollte ab dem 19. Februar 2024 eine Woche lang täglich einen Konvoi mit zehn Lastwagen nach Gaza-Stadt schicken. Als der erste Konvoi am Kontrollpunkt Wadi Gaza der IDF anhielt, wurde er von Zivilisten umzingelt. Trotz der Kämpfe in Gaza-Stadt gelang es ihm, die Lebensmittel zu verteilen. Der Konvoi am nächsten Tag sah sich mit »völligem Chaos und Gewalt infolge des Zusammenbruchs der öffentlichen Ordnung« konfrontiert, so beschrieb es das WFP. Nördlich von Khan Yunis wurden Lastwagen geplündert und ein Fahrer geschlagen. Das WFP legte erneut eine Pause ein. »Um eine Hungersnot abzuwenden«, hieß es, benötige es »einen sicheren, ungehinderten Zugang zu den Gebieten, in denen die Not am größten ist.«[16]

Der leitende Direktor des WFP war der Schwede Carl Skau. Am 27. Februar 2024 sprach er vor dem UN-Sicherheitsrat. Der »Zusammenbruch der öffentlichen Ordnung«, sagte er, »verhindert eine sichere Verteilung der Hilfsgüter«. Er hielt nach ande-

14 »Gaza: Northern Aid Push Frustrated as Regional Tensions Rise«, *UN News,* 5. Februar 2024; Hollingworth, X-Beitrag, 2. Februar 2024.

15 Hollingworth, X-Beitrag, 8. Februar 2024.

16 WFP, X-Beitrag, 26. Februar 2024; »UN-Ernährungsorganisation unterbricht Lieferungen in den Norden Gazas«, Pressemitteilung des Welternährungsprogramms, 20. Februar 2024.

ren Wegen Ausschau,[17] wozu er die Hilfe Israels brauchte. In der internationalen Presse kaum einmal erwähnt, begannen Einheiten der israelischen Streitkräfte, die Konvois zu eskortieren. Zwischen dem 26. und 29. Februar gab es mindestens drei solcher Eskorten vom Grenzübergang Kerem Shalom, die letzte bestand aus 38 Lastwagen, fast viermal so viele wie bei früheren WFP-Konvois. Bis zum 18. März schien sich die Lage zu bessern. Zwei WFP-Konvois nutzten eine sogenannte »koordinierte Route nach Gaza-Stadt«, allein der zweite Konvoi lieferte 274 Tonnen Lebensmittel.[18]

Skau wollte, dass Israel den Zugang im Norden öffnet. Er nannte den Hafen von Ashdod, 16 Meilen nördlich von Gaza, sowie den Grenzübergang Erez in den Norden Gazas. Auch der Internationale Gerichtshof und das US-Außenministerium forderten im März die Öffnung weiterer Grenzübergänge. Die israelische Regierung stimmte dem am 5. April 2024 zu. Am 1. Mai, nachdem zu diesem Zweck Straßen angelegt und eine zur Kontrolle erforderliche Infrastruktur geschaffen worden war, wurde der Grenzübergang Erez, den, ehe die Hamas ihn am 7. Oktober beschädigte, nur Fußgänger benutzt hatten, für Hilfsgüter-Lkw freigegeben. Am 12. Mai öffneten die Israelis einen zweiten Grenzübergang »westlich von Erez«, über den sogleich Dutzende von Lastwagen einfuhren. Die Notlage in Gaza war nach wie vor akut und hätte am besten durch einen Waffenstillstand behoben werden sollen. Am 19. April konnte das WFP immerhin berichten, dass im Norden Gazas »WFP-Konvois diese Woche dringend benötigten Treibstoff und Mehl geliefert« hätten und die Bäckereien wieder in Betrieb seien.[19]

17 UN-Dokument S/PV. 9560.

18 »Fergal Keane: Aid Convoy Tragedy Shows Fear of Starvation Haunts Gaza«, BBC, 2. März 2024; »À Gaza, une distribution alimentaire vire à la tragédie: ce que l'on sait sur le convoi humanitaire et les tirs de l'armée israélienne«, *Le Monde*, 1. März 2024; World Food Programme, »Famine Imminent in Northern Gaza, New Report Warns«, 18. März 2024

19 WFP, X Post, 19. April 2024; WFP, X Post, 22. April 2024.

Im Februar 2024, während der Hungersnot, wurden Gespräche über einen Waffenstillstand geführt, der einen reibungslosen Transport von Lebensmitteln innerhalb des Gazastreifens und eine Wiederauffüllung der Lagerhäuser der Vereinten Nationen ermöglicht hätte. Im Mittelpunkt der Diskussionen stand der Austausch von Terroristen gegen Geiseln. Die Hamas bestand jedoch auf einem vollständigen Rückzug Israels, der sie selbst davonkommen lassen würde. »Wir sind an dem uns vorgelegten Angebot nicht interessiert«, sagte einer ihrer führenden Vertreter, »weil es unseren Forderungen nicht genügt.«[20]

Genozid-»Experten«, so erzählte man uns, seien sich einig, dass Israel einen Genozid begeht. Sind sie wirklich Experten? Francesca Albanese ist ein gutes Beispiel. Im Jahr 2022 wurde sie Sonderberichterstatterin für die Menschenrechtslage in den seit 1967 besetzten palästinensischen Gebieten: ein von der UN-Menschenrechtskommission 1993 eingerichteter Posten. Bis 2022 waren die Berichterstatter erfahrene Diplomaten oder Juristen mit ernstzunehmenden Referenzen.

Albanese bezeichnet sich selbst als »internationale Anwältin«. Aber sie ist nicht einmal Juristin. Im Jahr 2006 erhielt sie einen Master of Laws von der School of Oriental and African Studies der University of London. Dieser einjährige Studiengang führt nicht zu einem Abschluss, den man als juristisch bezeichnen könnte. Das Völkerrecht wird dort aus der Perspektive der »Dritten Welt« betrachtet, nämlich als ein Instrument der kolonialen Interessen des Westens. Die »Dekolonisierung der Menschenrechte«, so drückte es ein Mitarbeiter dieses Instituts aus, erfordere »eine Kritik der Grundlagen, auf denen internationale Gerechtigkeit heute praktiziert wird«. Bei der Rekrutierung von Studierenden sucht man nach »Gleichgesinnten«.[21]

20 »Hamas Rejects Cease-Fire Proposal, Dashing Biden's Hopes of Near-Term Deal«, *New York Times,* 27. Februar 2024.

21 SOAS, Centre for Human Rights Law – 2023, https://www.youtube.com/watch?v=Qymsp12Hyso (abgerufen im September 2025); https://www.educations.com/institutions/soas

Schon Albaneses erster Bericht an den Menschenrechtsrat aus dem Jahr 2022 forderte ein »Umdenken«. Das Problem sei nicht ein »unlösbarer Konflikt« zwischen Israelis und Palästinensern und auch nicht eine militärische Besatzung, die sich nicht an das Völkerrecht halte. Das Problem bestehe vielmehr in dem von Albanese so bezeichneten »System selbst«. Damit bezog sie sich auf die in einigen akademischen Kreisen derzeit populäre Theorie des Siedlerkolonialismus, der zufolge Kolonisten aus dem Westen, die sich in einem Gebiet niederlassen, zwangsläufig darauf aus seien, die indigene Bevölkerung zu vernichten. Albanese verwendete in ihrem Bericht zwar nicht den Begriff »Genozid«, sprach jedoch von einer »Logik der Auslöschung« im Sinne des Siedlerkolonialismus.[22]

Nach dem 7. Oktober 2023 setzte Albanese ihre Hoffnungen auf die Klage Südafrikas gegen Israel. Am 26. Januar 2024 entschied der IGH, dass angesichts der Schutzbedürftigkeit der palästinensischen Bevölkerung und der sich offenbar verschlechternden Lage die Verletzung des Rechts der Palästinenser auf Schutz vor Genozid plausibel sei. Das Gericht forderte Israel auf, Maßnahmen zur Verhinderung eines Genozids zu ergreifen. Albanese verkündete ihren 330.000 Followern auf X fälschlicherweise, der IGH habe »soeben anerkannt, dass die Gräueltaten in Gaza die Annahme eines Genozids plausibel erscheinen lassen«. Ihr weithin wiederholter Irrtum war so unerhört, dass Joan Donoghue, die Vorsitzende des IGH, ihn im Fernsehen zu korrigieren versuchte. Das Gericht, sagte sie, »hat nicht entschieden, dass die Behauptung eines Genozids plausibel sei«.[23] Albanese verlor allmählich die Geduld mit dem IGH. Möglicherweise befürchtete sie auch, die Welt könnte erkennen, dass das Nahrungsmittelproblem in Gaza eher auf den Krieg

22 UN-Dokumente A/77/356; A/C.3/77/SR.35.

23 Albanese X Post, 26. Januar 2024; Eitan Fischberger X Post, 26. April 2024; UN Watch, »ICJ ›didn't decide claim of genocide was plausible‹ nor ›that there's a plausible case of genocide‹«, 14. April 2024; https://www.youtube.com/watch?v=bq9MB9t7WlI

als auf einen Genozid zurückzuführen war. Am 29. Februar 2024 stürmte eine Menschenmenge in Gaza-Stadt einen von Israel eskortierten Konvoi. Warnschüsse blieben ohne Wirkung, es wurde in die Menge geschossen, und bei der entstandenen Massenschlägerei kamen über 100 Menschen ums Leben. *Al Jazeera* bezeichnete das »Mehl-Massaker« als eine Falle, in der die Israelis »hungernde Palästinenser angriffen, die auf Lebensmittel warteten«. Zurückhaltender äußerte sich *The Economist.* Die Tragödie sei das Ergebnis »anarchischer Zustände« in einem »Machtvakuum [...] das niemand, am wenigsten Israel, zu füllen weiß«. Albanese war empört. Der Bericht des *Economist* sei »völlig inakzeptabel«.[24] Mitte März mochte sie auch noch befürchtet haben, dass die Bemühungen, Lebensmittel nach Gaza-Stadt zu bringen, erfolgreich sein könnten. Am 26. März legte sie dem Menschenrechtsrat ihren Bericht »Anatomie eines Genozids« vor. Es handelte sich um einen vorläufigen Entwurf, der überstürzt veröffentlicht wurde. Der endgültige Text datierte vom 1. Juli. Kein Expertenurteil, sondern eine Polemik.[25]

Albanese beschrieb den Krieg als Vorwand für einen Genozid. Obschon sie auch seriöse Anschuldigungen erhob, stützte sie sich dabei vor allem auf die oben erwähnte Theorie des Siedlerkolonialismus. »Genozidale Absichten und Handlungen«, betonte sie, seien »der Ideologie und Praxis des Siedlerkolonialismus wesentlich«. Die »bloße Existenz indigener Völker« stelle »eine existenzielle Bedrohung für Siedlergesellschaften dar«, und »die Vernichtung der indigenen arabischen Bevölkerung« sei »ein unvermeidlicher Teil der Gründung Israels als ›jüdischer Staat‹« gewesen. Diese Faktoren – und nicht etwa, was die Hamas getan hat – seien die »eigentliche Wurzel« des »Genozids in Gaza«. Die Tatsachen mussten der Theorie anpasst werden. Darum gab Albanese an, 70 Prozent der Todesopfer in Gaza

24 »›Operation al-Aqsa Flood‹ Tag 146: Israelische Streitkräfte massakrieren Zivilisten, die auf humanitäre Hilfe warten«, *Mondoweiss,* 29. Februar 2024; Albanese X Post, 1. März 2024.

25 UN-Dokument A/HRC/55/73.

seien »durchweg Frauen und Kinder« gewesen. Israel habe »nicht nachweisen können«, dass die restlichen 30 Prozent Hamas-Kämpfer waren. Weiter behauptete sie, Israel habe insbesondere Kinder »absichtlich hungern« lassen. Wer den Bericht liest, erfährt nicht, dass es das Welternährungsprogramm gibt oder dass es mit den Israelis zusammengearbeitet hat, um Lebensmittel zu liefern. Erwähnt wird auch nicht, dass die Israelis zwischen März und Juli 2024, also in den Monaten, in denen Albanese ihren Bericht fertigstellte, den Hafen von Ashdod sowie zwei Übergänge in den Norden von Gaza geöffnet haben. In diesem Zeitraum fuhren 23.187 Lastwagen mit 397.620 Tonnen Lebensmitteln nach Gaza.[26]

Die Pressekonferenz vom 27. März 2024 gab ihr Gelegenheit zu einer ausführlicheren Darstellung.[27] Reuters fragte Albanese, ob sie bedroht worden sei, da ihre Arbeit »bestimmten Leuten vielleicht nicht gefalle«. Ohne die »bestimmten Leute« namentlich zu nennen, erklärte Albanese, einige seien durchaus darauf aus, sie zum Schweigen zu bringen. Auf die Frage nach Vergewaltigungen israelischer Frauen durch die Hamas am 7. Oktober antwortete sie: »Ich habe keine überzeugenden Beweise gefunden.« Sie sei vielmehr »besorgt über die Instrumentalisierung all dessen, was am 7. Oktober passiert ist«. Dem setzte sie die erstaunliche Bemerkung hinzu, sie habe auch keine Beweise dafür finden können, »dass die Verbrechen, die am 7. Oktober an Israelis begangen wurden, durch Antisemitismus motiviert waren«. Dies zu behaupten, meinte sie, erspare »Israel die Verantwortung für die von ihm geschaffenen Bedingungen, die zu der Gewalt geführt haben«.

Ernstzunehmende Leute, hoffte Albanese, würden »eine [ihrer] wichtigsten Erkenntnisse« teilen, nämlich dass Israel sich »humanitärer Tarnung« bediene, um einen Genozid unter dem

26 https://govextra.gov.il/cogat/humanitarian-efforts/main/ (abgerufen im September 2025).

27 UN-Menschenrechtsrat, »Q&A with Francesca Albanese«, 27. März 2024, https://www.youtube.com/watch?v=b8512p-80wI

Deckmantel der Genfer Konvention zu legitimieren. Dies war allerdings weniger eine Erkenntnis als eine Erfindung. Israel forderte vor Angriffen die Evakuierung der Zivilbevölkerung, verhängte Sicherheitszonen für Zivilisten und beklagte sich über den Einsatz menschlicher Schutzschilde durch die Hamas – allesamt Tarnmanöver, meinte Albanese, um die Welt an der Nase herumzuführen und Zivilisten zu ermorden. Es handle sich um eine »beispiellose« Täuschung. Theoretisch lief alles, was Israel tat, auf Genozid hinaus, denn »die Zusammensetzung der Bevölkerung Gazas«, so Albanese, »wurde als menschlicher Schutzschild betrachtet«. Das Problem sei nicht, dass die Hamas Tunnel unter Zivilisten gebaut hatte, sondern dass Zivilisten über den Tunneln der Hamas lebten. Die Kriegsführung der Hamas war somit völlig legitim.

Auf Genauigkeit kam es dieser Expertin im übrigen nicht an. »Es spielt keine Rolle«, sagte Albanese später bei einem Auftritt an der Princeton University, »ob ein Gericht die Ermittlungen abgeschlossen hat.« Dann kam sie zur eigentlichen Sache. »Niemand hier«, erklärte sie ihren Zuhörern, »fordert die Zerstörung des Staates Israel [...] Ich habe nichts gegen den Staat Israel.« Das Problem sei nur, dass »Israel als jüdischer Staat gegründet wurde«. Dies bestimme sein ganzes Verhalten.[28]

Und so kehrt Albanese zum Anfang zurück. Dass Israel als jüdischer Staat einen Genozid geradezu verkörpere, wird von arabischen Staaten und der Linken weltweit seit Jahrzehnten behauptet. Seit 2023 gilt der Grundsatz, dass, wenn die vorgelegten Beweise die besondere Absicht eines Genozids nicht stützen und einen solchen nicht einmal zu erkennen geben, man sie ändern oder fälschen kann, um die Theorie zu beweisen. Dass diejenigen, die diesen Prozess vorantreiben, als Experten gefeiert werden, macht die Genozidvorwürfe desto beängstigender.

28 Princeton University School of Public and International Affairs, Dean's Leadership Series, Francesca Albanese, 29. Oktober 2024, https://www.youtube.com/watch?v=qqTbUvl3RyU

Der Begriff »Genozid« im postmodernen Denken

Bruno Chaouat

Seit dem 7. Oktober 2023 ist in den Medien, wenn Historiker, Juristen, sonstwelche Experten oder Persönlichkeiten des Kulturbetriebs sich zu Wort melden, von »Genozid« recht leichtfertig die Rede. An meiner eigenen Universität in Minneapolis trat ich aus dem Vorstand des Zentrums für Holocaust- und Genozidforschung zurück, weil ein israelisch-amerikanischer Historiker berufen worden war, der Israel wenige Tage nach dem 7. Oktober öffentlich eines Genozids bezichtigt hatte.[1] Das kam mir abwegig vor, schließlich war klar, dass vielmehr der Angriff der Hamas als Genozid zu bezeichnen wäre. Ich war nicht geneigt, unter der Leitung eines Kollegen zu arbeiten, der Israel für den 7. Oktober verantwortlich machte, während die Israelis noch dabei waren, sich das beispiellose Ausmaß der Gräueltaten der Hamas zu vergegenwärtigen und die Überreste der Opfer zu bergen.

An den Universitäten, und an meiner insbesondere, war man sich uneins darüber, wer einen »Genozid« begangen habe, die Hamas oder Israel. Die die Palästinenser als die wahren Opfer des Angriffs vom 7. Oktober betrachten, behaupteten, die Gewalt der Hamas sei eine Reaktion auf die jahrzehntelange koloniale Unterdrückung durch die Zionisten und somit eine Form legitimer Selbstverteidigung. Die wie ich die Hamas für eine theofaschistische und nihilistische Organisation halten, entgegneten, dass eine genozidale Absicht im Angriff vom 7. Oktober deutlich erkennbar sei, was auch entsprechende antisemitische Erklärungen der Terrororganisation seit Jahrzehnten offiziell belegen.

1 https://tcjewfolk.com/2024/08/23/a-dilution-of-the-singularity-of-the-holocaust-why-bruno-chaouat-left-the-us-center-for-holocaust-genocide-studies/

Zwei Jahre sind vergangen, und die Debatte ist keineswegs abgeklungen, im Gegenteil: sie tobt heftiger denn je. Nun da der 7. Oktober in den westlichen Demokratien schon vergessen ist, stimmen Europäische Union und UNO anscheinend überein, dass Israel tatsächlich ein solches Verbrechen begangen habe. Dabei ist unmöglich zu übersehen, dass, wenn Israel – als Metonymie für »die Juden« – einen Genozid verübt, es sich nun genau des Verbrechens schuldig macht, das Europa in eine endlose Nacht der Schuld gestürzt hatte. Um diese Schuld zu lindern, musste Israel, mussten »die Juden« sich ebenso banal böse verhalten wie einst die Deutschen. Die Banalität des zionistischen Bösen stellte das moralische Gleichgewicht wieder her. Die Juden sind nicht länger die unschuldigen Opfer. Europa kann endlich ruhig schlafen. Offenkundig steht hinter der aktuellen Kontroverse um Gaza, Israel und Genozid die Erinnerung an den Holocaust, jenes Verbrechen, für das der juristische Begriff des Genozids überhaupt erst geprägt wurde.

Angemerkt sei, dass ich selbst weder Jurist noch Historiker bin. Meine Auseinandersetzung mit dem Genozidvorwurf basiert auf einer Langzeitstudie der literarischen und theoretischen Versuche – insbesondere, aber nicht ausschließlich in Frankreich –, den Holocaust in ein Kontinuum europäischer, kolonialer und rassistischer Unterdrückung einzuschreiben. Und ich bin davon überzeugt, dass die aus dieser Langzeitstudie gewonnenen Erkenntnisse etwas Licht in die aktuelle Debatte bringen können. Wenn auch der Zionismus heute mit dem Begriff des »Siedlerkolonialismus«[2] dämonisiert wird, so kommt man doch nicht umhin, die Geschichte der Leugnung der Singularität des Holocaust und der Besonderheit des Antisemitismus nachzuzeichnen. Diese Geschichte hat den aktuellen Revisionismus und die historischen Verkehrungen erst ermöglicht. Ich würde sogar so weit gehen zu behaupten, dass man den gegenwärtigen Missbrauch und die Politisierung des Genozidbe-

2 Siehe Adam Kirsch, »Siedlerkolonialismus. Ideologie, Gewalt und Gerechtigkeit«, Berlin 2025.

griffs nicht verstehen kann, ohne sich einen kurzen Überblick über die Geschichte dieser Revisionen und Verkehrungen zu verschaffen.

Ich spreche von Revision in einem weiteren Sinne, nicht in der engeren technischen Bedeutung des Wortes. In Bezug auf die Geschichte des Holocaust ist davon häufig in Anführungszeichen die Rede, um diese Art von Revisionismus, die gleichbedeutend ist mit Leugnung, von echter Forschung zu unterscheiden. Mit »Revisionismus« meine ich eine Rhetorik und Logik der Modifikation, Relativierung und Fehlwahrnehmung des Holocaust oder gar der Auslöschung dieses historischen Ereignisses. Es gibt verschiedene Strategien, dies zu erreichen: böswillige oder unachtsame, absichtliche oder strukturelle. Ich werde mich dabei auf Frankreich konzentrieren, mir jedoch auch Abschweifungen erlauben, die über diesen intellektuellen und literarischen Kontext hinausgehen.

Das französische Gesetz über die Leugnung eines Genozids und zumal des Holocaust ist recht eindeutig. Wer Verbrechen gegen die Menschheit leugnet, macht sich strafbar. Äußerungen, die zu Hass gegen bestimmte Gruppen aufstacheln, sind in Frankreich illegal, und die Leugnung des Holocaust gilt als Ausdruck antisemitischen Hasses. In jüngerer Zeit wurden noch weitere Ausdrucksformen historischen Revisionismus in das französische Gesetzbuch aufgenommen, die offiziell anerkannte Verbrechen gegen die Menschheit in Frage stellen.

Eine solche Gesetzgebung wirft verzwickte Fragen der Hermeneutik und sogar der literarischen Interpretation auf. Professionellen Historikern öffnet sie eine Büchse der Pandora, weshalb manche von ihnen gegen die Gefahr einer Kriminalisierung geschichtswissenschaftlicher Forschung protestiert haben.[3] Wenn es etwa um Meinungsfreiheit geht, um die sprach-

3 Siehe z.B. Boris Adjemian, »Le débat inachevé des historiens français sur les ›lois mémorielles‹ et la pénalisation du négationnisme: retour sur une décennie de controverse«, *Revue arméniennes des questions contemporaines*, 15/2012.

liche Unterscheidung zwischen Verwendung und Erwähnung (macht sich der Autor eine Äußerung oder Meinung zu eigen oder zitiert er sie lediglich?) und darum, die »ursprüngliche Absicht« des Autors zu rekonstruieren, ergeben sich schwer lösbare Probleme.

Bei fiktionalen Darstellungen müsste ein Anwalt oder Richter klären, wer spricht: der Erzähler, die Figur oder der Autor. Narratologie und Literaturtheorie im weiteren Sinne (man denke etwa an Roland Barthes' »Tod des Autors« oder an Derrida) haben Zweifel an der Möglichkeit aufkommen lassen, die Stimme und Absicht des Autors eindeutig zu identifizieren. Vielleicht aus diesem Grund sind die USA so stolz auf den ersten Zusatzartikel ihrer Verfassung: weil die Frage nach der Bedeutung unanfechtbar und, wie Freuds Analyse, zugleich unendlicher Natur ist. Zumindest theoretisch lässt man in den USA lieber Hassreden und die Leugnung von Verbrechen gegen die Menschheit zu, als Richter zu Literaturkritikern oder Psychoanalytikern zu machen. Eine durchaus legitime, sogar vernünftige Position.

Die Frage nach Absicht und Urheberschaft beschränkt sich nicht auf die Literatur. Sie stellt sich etwa auch bei dem Standup-Comedian Dieudonné. Man könnte sagen, auf der Bühne sei er eher eine Figur, eine Persona, als er selbst. Doch wer ist der Antisemit und Holocaustleugner: der Bürger/Autor oder die Persona auf der Bühne?

Ich werde einige Fälle vorstellen, bei denen es sich nicht direkt um Leugnung, wohl jedoch um eine Verzerrung, Verdrehung, Verkehrung oder Relativierung des Holocaust handelt. Einen eklatanten Fall von Verkehrung oder Perversion der Geschichte des Holocaust findet man im Nachkriegswerk von Louis-Ferdinand Céline. Céline ist Teil einer Matrix literarischer Geschichtsfälschung, wie sie ehemalige Kollaborateure und Antisemiten nach dem Krieg betrieben. Dazu gehören nicht nur Sympathisanten des Vichy-Regimes oder der extremen Rechten. Wie der israelische Philosoph Elhanan Yakira gezeigt hat, finden wir Holocaustleugner seit den 1960er Jahren auch unter radikalen Linken.[4] Der gefeierte Autor des Romans »Reise ans Ende der Nacht« aus dem Jahr 1932 kollaborierte mit dem Nazi-Regime, verfasste während des Krieges gehässige antisemitische Pamphlete und setzte seine literarische Produktion fort, auch nachdem er wegen Kollaboration inhaftiert worden war. Seine Nachkriegsbücher sind hauptsächlich autobiographisch, jedoch zugleich einem Genre zuzurechnen, das er als *féerie*, als phantastische Literatur bezeichnete. Ein wiederkehrendes Thema dieser Romane – wenn auch sicherlich nicht das einzige – ist Selbstentlastung und Selbstviktimisierung. Céline stellt sich als Opfer einer Verschwörung dar. In seinen Schriften sind die Alliierten schlimmer als die Deutschen: niemand habe seine Pamphlete verstanden, und die ganze Welt wünsche seinen Tod. Céline betrachtet sich als Sündenbock Frankreichs der Nachkriegszeit, und natürlich ist nicht schwer zu erraten, wen er mit denen meint, die Frankreich von seinen Kollaborateuren und ihm selbst säubern wollten.

Der Literaturwissenschaftler Philip Watts hat es gut getroffen, als er in den Worten Mallarmés von Célines »Dämon der Analogie« sprach. In der Tat ist eine abwegige Analogie wesentlicher Bestandteil der revisionistischen Erzählung, das gilt insbesondere für die Gleichsetzung von Opfern und Tätern, von Überlebenden der Konzentrationslager und Kollaborateuren, die sich während der gegen sie gerichteten Säuberungsaktion versteckt hielten. »Der revisionistische Diskurs, in welcher Form auch immer«, so Watts, sei »durch eine Regression von der Analogie zur Leugnung gekennzeichnet.«[5]

Dem Dämon der Analogie begegnet man etwa zur gleichen Zeit auch in einem ganz anderen Genre, nämlich in den wenigen Zeilen, die Heidegger den Vernichtungslagern und Gaskammern überhaupt je gewidmet hat. Sie wurden bereits etlichemal kommentiert. Dennoch lohnt es, die Erinnerung aufzu-

4 Elhanan Yakira, »Post-Zionism, Post-Holocaust: Three Essays on Denial, Forgetting and the Delegitimization of Israel«, Cambridge 2010.

5 Philip Watts, »Allegories of the Purge«, Stanford 1998, S. 181.

frischen. In seiner Bremer Vorlesung über das »Ge-Stell« aus dem Jahr 1949 sagte Heidegger: »Ackerbau ist jetzt motorisierte Ernährungsindustrie, im Wesen das Selbe wie die Fabrikation von Leichen in Gaskammern und Vernichtungslagern, das Selbe wie die Blockade und Aushungerung von Ländern, das Selbe wie die Fabrikation von Wasserstoffbomben.«[6] In diesem einen Satz vergleicht er die moderne Landwirtschaft ebenso wie Kriegsverbrechen und die von den Alliierten verhängte Blockade mit den Gaskammern. Dresden oder Hiroshima sind demnach den Vernichtungslagern analog. Verstörend an der Gleichsetzung mit den Gaskammern ist, wie Heidegger seine meiner Ansicht nach legitime Kritik der Technik, die er als »Ge-Stell« bezeichnet, in eine revisionistische Erzählung überführt. Hier sieht man, wie Philosophie, oder »Denken«, wie Heidegger es nennen würde, dazu benutzt werden kann, Geschichte zu revidieren. Die Kritik am »Ge-Stell« (die Vorstellung, das Sein sei instrumenteller Rationalität und Berechnung vollends unterworfen, die Erde zu einer riesigen vom Menschen ausgebeuteten Ressource geworden) nimmt Heidegger zum Anlass, den Unterschied zwischen den Katastrophen der Technowissenschaft und Ingenieurskunst (deren es viele gibt und die man durchaus verurteilen kann) und der Besonderheit der Vernichtung der Juden (vor allem der politischen Absicht) zu verwischen.

Meinen Studenten pflege ich zu sagen, dass viele Denker die Technowissenschaft kritisiert haben (zum Beispiel Günther Anders, Adorno und Horkheimer, Jacques Ellul, Hans Jonas) und dass wir uns philosophische Argumente einer Umweltethik nicht bei Heidegger suchen müssen, zumal er selbst solche Belange als etwas betrachtet hätte, das mit dem Seienden (dem Ontischen) und nicht mit dem Sein (dem Ontologischen) zu tun habe. Lässt man die Heidegger-Debatte einmal beiseite (ob seine Aussage über die Todeslager bloß strategisch motiviert

6 Martin Heidegger, »Das Ge-Stell«, Gesamtausgabe, Bd. 79, Frankfurt a.M. 1994, S. 27.

war, ob es sich um eine verstohlene Entlastung der Naziverbrechen und seiner selbst handelt), so steht zumindest fest, dass er die Besonderheit des Nazi-Antisemitismus unkenntlich gemacht hat. Der Denker des Seins stellt es so dar, als sei das Abendland seit der aristotelischen Philosophie auf einem schicksalhaften Weg zum »Ge-stell«, als seien die Gaskammern nur eine weitere Station auf diesem Weg, ein Zwischenfall in der langen Geschichte des Niedergangs der westlichen Welt. So kann Heidegger von Kontinuum und Äquivalenz zu Umkehrung, Relativierung und Auslöschung übergehen. Man beachte, dass er die Existenz der Gaskammern keineswegs leugnet, sondern sie der Geschichte der sogenannten Seinsvergessenheit einordnet. Wie Jean-François Lyotard es in seiner scharfen Kritik formulierte, macht Heidegger keinen Unterschied (oder gibt vor, keinen zu machen) zwischen Auschwitz und einer Erbsenfabrik.[7] Bemerkenswert auch die Rhetorik der Verkehrung, die der französische Linguist François Rastier herausgestellt hat. Die Nazis haben keine Leichen »fabriziert«, Auschwitz keinen Tod »produziert«, sondern Leben vernichtet.[8]

Einer solchen Gleichgültigkeit gegenüber historischer Besonderheit begegnet man oft bei Denkern, die, manchmal auch ganz arglos, der Vorstellung eines historischen Kontinuums anhängen. Die topographische Materialität der Lager, die unterschiedlichen Ursprünge und Gründe der Inhaftierung zum Beispiel – all das interessiert sie nicht, da es ihre geschmeidige Theorie stört. Um es deutlicher zu sagen: Geschichte steht Theorie oft im Weg, und umgekehrt kann Theorie die historische Forschung untergraben.

Außerdem würde ich zu bedenken geben, dass die Vorstellung eines historischen Kontinuums zu einer gewissen Pathos-Rhetorik neigt. Erinnert sei an jene andere Stelle (es gibt an-

7 Jean-François Lyotard, »Heidegger und ›die Juden‹«, Wien 1990, S. 103.
8 François Rastier, »Heidegger aujourd'hui – ou le mouvement réaffirmé«, in: Emmanuel Faye (Hg.), »Heidegger, le sol, la communauté, la race«, Paris 2014.

scheinend nur zwei in seinem Werk), an der Heidegger auf die Vernichtungslager zu sprechen kommt, und zwar mit der wiederholten rhetorischen Frage »Sterben sie?«, die impliziert, dass der moderne Tod kein authentischer Tod sei, oder genauer: dass die in Vernichtungslagern massenhaft und anonym Gestorbenen ihren Tod nicht eigentlich erfahren hätten und daher den auf menschliches *Dasein* bezogenen Namen »Sterbliche« nicht verdienten: »Der Mensch ist noch nicht der Sterbliche.«[9]

Betrachten wir einen näherliegenden Fall: das 1992 erschienene Buch »Durch das Herz der Finsternis« des schwedischen Schriftstellers Sven Lindqvist, das mit großem Pathos von einem historischen Kontinuum erzählt. Es nimmt den Leser mit auf eine makabre Reise durch die Geschichte westlicher Verbrechen, vom Kolonialismus bis zum Holocaust. Lindqvist zufolge gründen all diese Verbrechen auf Rassentheorien und der angeblichen Überlegenheit der weißen Rasse. Ähnlich wie Giorgio Agamben bedient er sich Ellipsen und eines rhapsodischen Stils, um den Leser davon zu überzeugen, dass rassistische Verbrechen gleichsam in der DNA der europäischen Moderne liegen. Um den Bezug auf Joseph Conrad im Titel zu rechtfertigen, wartet er mit einer obskuren Etymologie des Namens Europa auf, der von einem semitischen Wort herstamme, das ursprünglich Finsternis bedeutet habe.[10] Tatsächlich liegt die Herkunft des Namens Europa selbst im Dunkeln. Eine Hypothese bringt ihn mit dem Untergang der Sonne, dem Abendland oder dem Westen in Verbindung. Meines Wissens gibt es keine moralische Konnotation. Lindqvists Buch aber ist eine langatmige moralische Anklage Europas, einer Zivilisation, deren Mission in der Ausrottung ihres »Anderen«, des Unzivilisierten bestehe. Dem schwedischen Essayisten verheißt der Name Europa selbst ein dunkles Schicksal.

9 Heidegger, »Die Gefahr«, Gesamtausgabe, Bd. 79, S. 56.

10 Sven Lindqvist, »Durch das Herz der Finsternis. Ein Afrika-Reisender auf den Spuren des europäischen Völkermords«, Frankfurt a.M./New York 1999.

In seiner pathetischen Darstellung gipfelt die Entmenschlichung der Anderen, der Kolonisierten, der *brutes* (Bestien), wie Colonel Kurtz sie in Conrads Roman nennt, im Holocaust. Immerhin beruht diese Erzählung eines historischen Kontinuums nicht auf einer eigenwilligen Spekulation über die Geschichte des Seins oder einer Klage über die Korrumpiertheit des Schicksals[11] des Westens, sondern auf der wirklichen Geschichte der Vorherrschaft Europas in der Moderne. Um daraus ein historisches Kontinuum zu basteln, muss Lindqvist jedoch die verwickelte Geschichte des modernen Europa auf einen folgerichtigen Verlauf von der kolonialen Expansion bis zum Genozid reduzieren. Auschwitz, behauptet er, »war die moderne industrielle Anwendung einer Politik der Vernichtung, auf der die europäische Weltherrschaft seit langem beruhte«. Dieser Satz, in Form eines Aphorismus oder Fragments geschrieben (er steht als isolierter Absatz auf der Seite), vereinfacht die komplexen Jahrhunderte des neuzeitlichen Europa. Die Kontroversen über die Aufklärung und die Argumente von Philosophen, die im Nationalsozialismus einen Bruch mit dem Geist des Westens erkennen, scheinen Lindqvist ebenso wenig zu kümmern wie Marxismus, Liberalismus und die Aufklärung selbst. Ich denke etwa an Levinas' schon vor dem Krieg angestellte »Betrachtungen zur Philosophie des Hitlerismus«.[12] Lindqvist betrachtet die Episteme Europas als den Schuldigen. Ähnlich wie bei Edward Saïd, der den »Orientalismus« des Imperialismus bezichtigt, führt bei ihm die *libido sciendi*, der europäische Wissensdurst, zur Vernichtung.

Die kontinuierliche geschichtliche Erzählung wird noch fragwürdiger, wenn sie mit solchem rhetorischen Pathos daherkommt. Darumt stört mich etwa Zygmunt Baumans Studie

11 [Im Original deutsch.]

12 Emmanuel Levinas, »Einige Betrachtungen zur Philosophie des Hitlerismus«, in: ders., »Verletzlichkeit und Frieden. Schriften über die Politik und das Politische«, Berlin 2007.

über Moderne und Holocaust[13] (die wenigstens rational argumentiert) deutlich weniger als Lindqvists finstere Rhapsodie. Dessen fragmentarisch-aphoristischer und gleichsam poetischer Stil ist dazu angetan, den kritischen Sinn des Lesers zu betäuben. Bei Lindqvist gibt es ein Kontinuum zwischen *Lebensraum* und *Todesraum*,[14] zwischen kolonialer und imperialer Expansion und Vernichtung. Der europäische Imperialismus habe eine Hierarchie der Rassen erfinden müssen, um seine Expansion zu rechtfertigen. Sicherlich hat der *Lebensraum* zum Genozid geführt, aber auch dies erklärt nicht, warum ausgerechnet die Juden ermordet wurden, die für die Expansion des Imperiums kein Hindernis darstellten.

Die Erzählung eines historischen Kontinuums findet man in jüngerer Zeit auch in der Kritik des sogenannten Neoliberalismus wieder, besonders anschaulich in der Verfilmung von François Emmanuels Erzählung »La Question humaine« (2000) aus dem Jahr 2007. Hier kommt dieselbe pathetische Rhetorik zum Einsatz. Von der Filmmusik über die Detektivhandlung bis hin zu den rätselhaften Figuren trägt alles dazu bei, den Zuschauer von einem Kontinuum zu überzeugen, das von der Endlösung zur heutigen Unternehmenskultur reiche. In seinem Buch über die Freiheit zu gehorchen behauptet der Historiker Jacques Chapoutot, wir hätten einige der Managementmethoden der nationalsozialistischen Unternehmenspolitik übernommen.[15] Wie das Management der Nazis, das auf der Ermächtigung der Mitarbeiter basiere, zeichneten moderne Unternehmen sich durch Kooperation, Freiheit, Kreativität und persönliche Entwicklung aus. Und der Nazi Reinhard Hohn, der im Dritten Reich so viel für die Entwicklung des modernen Managements getan habe, habe nach dem Krieg das neue Ideal wirt-

13 Zygmunt Bauman, »Dialektik der Ordnung. Die Moderne und der Holocaust«, Hamburg 1992.

14 [Im Original deutsch.]

15 Jacques Chapoutot, »Libres d'obéir: le management, du nazisme à aujourd'hui«, Paris 2020, S. 61.

schaftlichen Wachstums propagiert und somit zum Wirtschaftswunder beitragen.[16] Der Film »La Question humaine« gibt vor, die dunklen Ursprünge des modernen Managements offenzulegen. Doch indem man, wie auch Chapoutot, einige Managementtrends und -techniken benennt, die dem Dritten Reich und unserer heutigen Unternehmenskultur gemein sind, hat man noch nicht bewiesen, dass das Management in liberalen Demokratien heute nationalsozialistisch, geschweige denn antisemitisch ist. Der Film bietet uns zwei mögliche Interpretationen: 1) Antisemitismus und Rassismus bilden nicht den Kern des Nationalsozialismus (der neoliberaler Entmenschlichung gleichgesetzt wird); 2) modernes Management ist antisemitisch und rassistisch. Nur ein oberflächliches Verständnis von Hannah Arendts »Banalität des Bösen« mag zu solchen Schlussfolgerungen verleiten, von denen Alvin Rosenfeld in »The End of the Holocaust« (2011) bereits einige widerlegt hat. In François Emmanuels Erzählung ebenso wie in der Verfilmung geht es um ein vom Sohn eines Nazis geführtes großes Unternehmen. Angestellte werden wie bloßes Material behandelt, das entsorgt werden kann. Die Judenfrage wird zur Menschen- oder Personalfrage. Entweder benutzt der Film den Holocaust als Metapher für den Neoliberalismus, oder er suggeriert ein Kontinuum zwischen der Entmenschlichung durch die Nazis und der Reduzierung von Menschen zu Wegwerfmaterial. Indem er den Zynismus moderner Unternehmen mit der Vernichtungspolitik der Nazis in Verbindung bringt, leistet er Verschwörungstheorien Vorschub wie etwa der, dass der Neoliberalismus die Absicht verfolge, als untauglich angesehene Menschen zu beseitigen.

Was die Erzählungen eines Kontinuums übersehen, ist, wenn nicht die sogenannte Singularität des Holocaust (ein Begriff, den ich nicht besonders hilfreich finde), so doch den Unterschied zwischen Biopolitik und Thanatopolitik, zwischen der

16 Ebd., S. 105 [»Wirtschaftswunder« im Original deutsch].

Verwaltung des Lebens und der des Todes, d.h. einer Politik der Vernichtung. Fraglich bleibt, ob Biopolitik und Thanatopolitik zwei Seiten einer Medaille sind oder ob es sich um zwei verschiedene Medaillen handelt. Sind Kontroll-, Disziplinar- und Überwachungsgesellschaften thanatopolitisch? Ist verwaltetes Leben der erste Schritt zur Verwaltung des Todes in großem Maßstab? Offenkundig haben die Nazis sich biopolitischer Apparate bedient, doch würde ich einwenden, dass diese selbst nicht zwangsläufig zu Massenvernichtung führen. Biopolitische Apparate können ein Mittel zu verschiedenen Zwecken sein, unter denen der Genozid ein extremes Beispiel ist. Aber man braucht eine bestimmte Ideologie (sozusagen einen Überbau, etwa das Führerprinzip und im Falle des Nationalsozialismus eine auf Rassenmythen basierende Absicht), um Biopolitik und Bevölkerungsmanagement zum Zwecke der Vernichtung zu betreiben. Neoliberale Überwachung und Kontrolle, die Verwaltung des Lebens in postmodernen Gesellschaften, sind an sich schon schlimm genug. Wir brauchen keine Holocaust-Analogie, um sie anzuprangern.

Der Einfluss Michel Foucaults ist hier deutlich spürbar; beunruhigend jedoch weniger die hergestellte Kontinuität zwischen der Verwaltung des Lebens (Biopolitik) und dem Konzentrationslager als die zwischen den in der Moderne entwickelten biopolitischen Techniken und der »Endlösung«. Damit will ich sagen, dass das Konzentrationslager tatsächlich das Ergebnis von mindestens einem Jahrhundert Biopolitik zu sein scheint, der Holocaust aber – ich weiß, diese Ansicht ist umstritten – die Kontinuität zwischen Biopolitik und Lager unterbricht.

An dieser Stelle eine kurze Anmerkung über Foucaults sehr seltene Äußerungen zum Holocaust (manche sprechen sogar von seinem schreienden Schweigen). Alan Milchman und Alan Rosenberg behaupten, die Geschichte des Nationalsozialismus habe Foucault nicht nur beschäftigt, sondern Auschwitz könne ohne seine Theorie der Biopolitik gar nicht verstanden werden.[17] Unbestreitbar wirft diese Theorie ein Licht auf die Geschichte des Rassismus und die Wechselbeziehung zwischen Moderne und Rassentheorie. Tatsächlich ist Foucaults archäologische Methode, seine Genealogie der Wissenschaften vom Menschen, die teilweise auf Georges Canghilems Erkenntnistheorie von Normalität und Pathologie, Normalität und Anomalie basiert, bestens geeignet, unsere Moderne zu verstehen, zumindest deren dunkelste Aspekte.

Es ist offensichtlich, dass Biopolitik (*la gestion de la vie*) die Entwicklung von Apparaten der Inklusion und Exklusion sowie der statistischen Bevölkerungskontrolle vorangetrieben hat. Die moderne Biopolitik hat klare Grenzen zwischen Normalität und Abnormalität, Gesundheit und Geisteskrankheit usw. gezogen. Aber ist sie darum eine hinreichende Bedingung des Nationalsozialismus und des Holocaust? Foucault »wies darauf hin, dass mit der Herrschaft der Biopolitik zugleich zwei Möglichkeiten historisch in Erscheinung treten: die, das Leben zu schützen, und die des Holocaust [englisch mit kleinem h geschrieben].« Dass Leben- und Sterbenlassen die beiden dialektischen Pole moderner Souveränität bilden, ist sicherlich eine überzeugende Theorie. Denn um zu bestimmen, was lebenswertes Leben bedeutet, muss man im Gegenzug entscheiden, welches Leben nicht lebenswert ist. Außerdem werfen Foucaults Überlegungen zur Welt der Gefängnisse ein Licht auf die Logik der Konzentrationslager. Der Literaturtheoretiker Maurice Blanchot, ein Bewunderer Foucaults, lobte dessen Einsicht, fügte jedoch eine wichtige Ergänzung hinzu: der Nationalsozialismus habe es nicht nur auf die »unreinen Rassen« abgesehen, sondern auf »das unzerstörbare Erbe des Volkes der Bibel«. Foucault hingegen sagt über das Dritte Reich:

»Man hat einen absolut rassistischen Staat, einen absolut mörderischen Staat und einen absolut selbstmörderischen Staat … Diese überlagern sich zwangsläufig und führen gleichzeitig zur

17 Alan Milchman/Alan Rosenberg, »Michel Foucault, Auschwitz and Modernity«, *Philosophy & Social Criticism*, Jg. 22 (1996-1), S. 101–113.

Endlösung (mit der versucht wurde, durch die Juden alle anderen Rassen zu vernichten, deren Symbol und Manifestation sie waren) [...], und dann zu dem Telegramm 71 vom April 1945, mit dem Hitler den Befehl gab, die Lebensgrundlagen des deutschen Volkes selbst zu zerstören.«[18]

Foucault zieht hier eine Linie von der Endlösung zu Hitlers Befehl, die deutsche Wirtschaft und Infrastruktur angesichts der unvermeidlichen Niederlage zu zerstören. Aus seiner Sicht macht Hitlers Politik der verbrannten Erde den Holocaust zu lediglich einem Moment in der Geschichte der Thanatopolitik, die ihrerseits die logische Folge oder vielleicht sogar den notwendigen Wendepunkt jeder Biopolitik darstellt. Es wäre absurd, Foucault als Revisionisten zu verstehen, zumindest im technischen Sinne des Wortes. Ich würde jedoch einwenden, dass seine Erzählung eines Kontinuums (Moderne führt zu Biopolitik führt zu Genozid führt zur Endlösung und zum Selbstmord Deutschlands) die Besonderheit der Opfer außer Acht lässt – wie Blanchot es ausdrückt, das »unzerstörbare Erbe des Volkes der Bibel«. Das metaphysische und hyperphysische Ziel (das »Volk der Bibel«) muss irgendwie vergessen oder vermieden werden, um das Kontinuum aufrecht zu erhalten. Darum wirft Foucaults Satz über die Endlösung – »mit der versucht wurde, durch die Juden alle anderen Rassen zu vernichten, deren Symbol und Manifestation sie waren« – die Frage auf, warum die Juden »Symbol und Manifestation« aller anderen sogenannten minderwertigen Rassen waren. In den Erzählungen eines Kontinuums finde ich nicht die geringste Antwort darauf.

Diese Erzählungen neigen dazu, den antisemitischen Kern des Nationalsozialismus, die Metaphysik des Antisemitismus, beiseite zu schieben oder zu minimieren. Lieber stellen sie das Böse als natürliche Folge der Biopolitik dar (vom Gefängnis über den klinischen Blick der Moderne bis hin zum Lager). Sie können nur einen Aspekt des Nationalsozialismus und des Ho-

18 Zitiert ebd., S. 110.

locaust (nämlich das Konzentrationslager) erhellen, jedoch nicht die ganze Geschichte erzählen, sofern eine solche Erklärung überhaupt vorstellbar ist. Sicherlich kann man sagen, dass, sobald die Juden auf pseudowissenschaftlicher Grundlage zur feindlichen Rasse erklärt wurden, die Verwaltung des Lebens (Biopolitik) entscheiden musste, wer leben und wer sterben sollte, und dass manche Leben nicht lebenswert sind oder manche das Leben des Volkes gefährden. Und doch bleibt die Frage: warum das Leben von Juden?

Genau dieser Frage geht auch der italienische Philosoph Giorgio Agamben mit Rekurs auf Foucault geschickt aus dem Weg. In seinem Buch »Was von Auschwitz bleibt«[19] findet man über den Antisemitismus wenig, wenn überhaupt etwas. Man erfährt viel über die Phänomenologie der Scham, über Heidegger und Levinas, über Foucault und Biopolitik, über Lacans Spiegelstadium, über Benvenistes strukturelle Linguistik, über Carl Schmitt und Walter Benjamin, über Theorien der Zeugenschaft und über so viele andere interessante Theorien, doch wenig über die Juden oder die Gaskammern. Diese Aussparung wurde schon vor längerer Zeit von Philippe Mesnard und Claudine Kahan und zuletzt noch einmal von der politischen Philosophin Géraldine Muhlmann bemerkt.[20] Auch hier wäre es unaufrichtig, Agamben als Holocaustleugner zu verstehen. Doch ist die Verzerrung deutlich zu spüren. Agamben steht beispielhaft für eine philosophische Rückwärtsbewegung, für den »theologisch-politischen Betrug« der letzten dreißig Jahre, wie Muhlmann es polemisch nennt, die Agamben ein Kapitel ihrer Studie über die Rückkehr des theologisch-politischen Paradigmas widmet. Alle politischen Begriffe, behauptete bekanntlich Carl Schmitt, seien lediglich eine Säkularisierung theologischer Begriffe und moderne Politik sei eine verschleierte Theologie.

19 Giorgio Agamben, »Was von Auschwitz bleibt. Das Archiv und der Zeuge«, Frankfurt a.M. 2003.

20 Géraldine Muhlmann, »L'imposture du théologico-politique«, Paris 2022.

Muhlmann schreibt, in den letzten dreißig Jahren habe man eine Rückkehr zu Schmitts politischer Theologie beobachten können. Dies zeuge von einer »alten Sehnsucht nach Geschichte als Lösung«, mithin als Versuch, die Zufälligkeiten des Realen zu glätten, die Unebenheiten der Tatsachen zu polieren, um eine neue Geschichtsphilosophie zu begründen. Agamben betrachtet den Holocaust als Teil einer Erzählung von Erlösung durch Katastrophe, was man als säkularen Messianismus oder Apokalyptik bezeichnen kann. Die Figur des äußersten Leidens im Lager, der »Muselmann«, wird zu einer Figur der Erlösung erhoben. Unter Berufung auf Philippe Mesnard und Claudine Kahan, die Agambens Desinteresse an historischen Fakten scharf kritisiert haben, erinnert Muhlmann daran, dass Juden ab 1941 ermordet wurden, lange bevor sie den Status von Muselmännern hätten erreichen können. Muhlmann geht sogar so weit, Agambens lockeren Umgang mit Fakten als eine Art »schicken Revisionismus« zu bezeichnen.[21] Er benötige die Figur des Muselmanns für »seine religiöse Idee eines messianischen Horizonts«.[22] Mit anderen Worten: Agamben revidiert Foucaults Biopolitik durch das Prisma seines theologisch-politischen Paradigmas, das seinerseits in einer messianischen Geschichtsphilosophie wurzelt. Zu diesem Zweck greift er auf den Apostel Paulus zurück, dem er ein Buch mit dem Titel »Die Zeit, die bleibt« gewidmet hat.[23] In der Mitte dieses Buches über Paulus, Schmitt und den Ausnahmezustand kommt es allerdings zu einer sehr seltsamen Entwicklung. Das esoterische Pathos seines Stils erschwert es, diese Passagen zu interpretieren. Ich möchte dennoch einen Versuch wagen. Agamben, selbst von Jacob Taubes beeinflusst, sieht in Paulus die Urfigur der Aufhebung des Gesetzes (des »Ausnahmezustands«). Die Aufhebung des Gesetzes, die »Ausnahme«, erscheint als notwendiger Schritt

21 Ebd., S. 356.
22 Ebd., S. 359.
23 Giorgio Agamben, »Die Zeit, die bleibt. Ein Kommentar zum Römerbrief«, Frankfurt a.M. 2006.

zur Erlösung, zum Ende der Geschichte. Und Agamben, der nichts lieber tut, als Analogien herzustellen, die den Leser dazu verleiten, seiner kontinuierlichen Erzählung zu folgen, verbindet Paulus' Forderung nach Aufhebung des Gesetzes mit dem Lager der Nazis, in dem alle Gesetze aufgehoben waren. Diese Meisterleistung wiederum vollbringt er mit Hilfe Carl Schmitts, des bekannten Nazi-Juristen, der den Begriff des Politischen in Bezug auf den Ausnahmezustand theoretisch entwickelte. Der Souverän hat das Recht, alle Rechte auszusetzen; er ist es, der die Unterscheidung zwischen Freund und Feind trifft.

Schmitt brach mit dem liberalen Staat und erfand den totalitären, der seine Theorie sehr bald in einen mörderischen Rassismus übersetzte. Einige Jahre nachdem Schmitt seine Theorie des Ausnahmezustands entwickelt hatte, wurden Menschen in Lager gesperrt, die Agamben in diesem Sinne als Ausnahme darstellt, als den Ort, an dem alle Rechte außer Kraft gesetzt sind. Dort, im Lager, können Menschen in völliger Gesetzlosigkeit getötet werden. Die Figur des Muselmanns verkörpert den Schrecken der Aufhebung des Gesetzes und die ultimative Erlösung. Das Lager ist, mit anderen Worten, eine notwendige Voraussetzung universeller Erlösung. Von Paulus' eschatologischer Forderung nach Aufhebung des Gesetzes bis hin zu Hitlers Konzentrationslagern werden uns auf spektakuläre Weise all die Unannehmlichkeiten dieser neuen Geschichtsphilosophie vor Augen geführt, die theologische Begriffe zu einer Kritik der Biopolitik recycelt.

Aus dem Englischen von Christoph Hesse.

Völkermord? Im Ernst?

Eva Illouz

In der öffentlichen Meinung haben sich zwei unversöhnliche Lager gebildet: Für die einen findet in Gaza ein Völkermord statt, für die anderen ein gerechter Krieg. Zur Unterstützung ihrer Behauptungen berufen sich beide Seiten auf harte Fakten und internationales Recht. Jedes Lager hat eigene Experten, Historiker und forensische Methoden. Für die einen ist der Vorwurf des Genozids nur der alte Antisemitismus im neuen Gewand, für die anderen der Verweis auf Antisemitismus eine zynische Instrumentalisierung, um Israels Verbrechen schönzureden. Eines aber haben beide Lager gemeinsam: unerschütterliche Gewissheit, moralisch auf der richtigen Seite zu stehen. Es hat sich ein Abgrund aufgetan, in dem nicht nur die unterschiedlichen Ansichten aufeinandertreffen, man kann sich nicht einmal mehr über die Realität einigen.

Das Problem lässt sich in zwei konkreten Fragen zusammenfassen: Ist es ein Genozid oder ein Krieg? Haben Südafrika und Karim Khan in gutem Glauben gehandelt, als sie Israel beim Internationalen Gerichtshof (IGH) des Völkermordes angeklagt und beim Internationalen Strafgerichtshof (IStGH) Haftbefehle gegen Netanjahu und Gallant erwirkt haben? Weil wir niemandem in Herz und Seele sehen können, bleibt uns nur, diesen Fall mit anderen zu vergleichen. Behutsame Vergleiche sind der beste und vielleicht einzige Ersatz für vorgefasste moralische Einordnungen, die das klare Denken verhindern.

Aus diesem Grund lasse ich hier unberücksichtigt, dass der südafrikanische ANC *nach* dem Gang zum IGH großzügige Zuwendungen von Iran und Katar erhalten haben soll, was, wenn es der Wahrheit entspricht, einige Fragen aufwerfen dürfte.

Meines Wissens wurden seit der Gründung des IGH vor über siebzig Jahren nur fünf Anklagen wegen Völkermord vorgebracht, und das, obwohl es mehr als dreißig ausgedehnte Massaker an Zivilisten und Hungerkampagnen auf der ganzen Welt gegeben hat. Aber man hat Israel allen anderen »vorgezogen«: Biafra, Kambodscha, Guatemala, Burundi, Indonesien, Osttimor, Uganda, Irak, Simbabwe, Afghanistan, Syrien und andere, die viel geeignetere Kandidaten dafür gewesen wären.

Südafrika hätte glaubhaft Beschwerde gegen den Syrer Baschar al-Assad wegen des Genozids am eigenen Volk führen können – an die 600 000 Tote – oder gegen den von Myanmar gegen die muslimischen Rohingya. In diesen (und anderen) Fällen war die Zahl der Todesopfer erheblich größer als in Gaza. Aber nur Israel scheint Südafrikas moralisches Bewusstsein geweckt zu haben, und das, obwohl es erst nach einem besonders grausamen Massaker zu der israelischen Militäroperation kam.

Warum, so fragen wir uns, hat Südafrika nie Beschwerde eingelegt gegen den Völkermord an den Kongolesen, den Sudanesen in Darfur, den Rohingya oder den Syrern? Warum hat kein Land je gegen ein anderes Beschwerde geführt, von dem es nicht selber bedroht war, außer im Fall Israels? Man könnte diese einführenden Bemerkungen als »Whataboutism« abtun, gäbe es nicht weitere, noch verstörendere Fakten.

General Roméo Dallaire leitete die UN-Mission, die das Friedensabkommen zwischen Hutu und Tutsi von 1993 durchsetzen sollte. Nach der Ermordung von Präsident Habyarimana 1994 begannen die Hutu, systematisch Tutsis umzubringen, auf der Straße und in ihren eigenen Häusern. Ruandas Übergangsregierung hielt die Hutu dazu an, jeden Tutsi zu töten, den sie finden konnten. Massenmord wurde, wie es der Völkermord-Experte Paul Bartrop ausdrückt, zu einer Tugend umgewidmet. Dallaire durchschaute sehr früh, was vor sich ging, und bat wiederholt um mehr Truppen und Waffen. Der UN-Sicherheitsrat wies seine Bitten nicht nur zurück, sondern traf die verblüffende Entscheidung, die Truppe vor Ort von 2548 Soldaten auf 270 zu verringern. Dallaire wurde nach Hause zurückbeordert (was er heldenmütig verweigerte). Trotz seiner alarmierenden Berichte und Appelle weigerten sich die UN, die Vorgänge als Völkermord zu werten. Bis es schließlich dazu kam, brauchte es noch mehrere Wochen, eine Million getöteter Tutsis und gemäßigter Hutu. Für den Sicherheitsrat war das Abschlachten ein »interner Bürgerkrieg«.

Mein Punkt ist folgender: Manche Kriege und Massaker werden als »Genozid« bezeichnet, während in anderen, offensichtlicheren Fällen eine erstaunliche Scheu davor herrscht, dieses Wort zu benutzen. Man sollte sich fragen, warum.

Ein anderes Beispiel ist Darfur. Dort nahmen die muslimischen Regierungstruppen des Sudan und die Soldaten der Dschandschawid-Miliz alle nicht muslimischen Bewohner ins Visier und folterten, vergewaltigten und töteten wahllos Frauen, Kinder und Greise. Mehr als 400 000 Menschen wurden getötet, weit über zwei Millionen vertrieben, und 250 000 landeten in Flüchtlingscamps in Tschad. Auch hier dauerte es grotesk lange, bis die Welt reagierte und das Wort »Genozid« gebrauchte. Umso überraschender und verstörender, dass sich Südafrika – dem es im Fall von Israel so sehr um Gerechtigkeit zu tun ist – 2015 weigerte, Omar al-Baschir festzunehmen. Den sudanesischen Präsidenten, der vom Internationalen Strafgerichtshof wegen seiner Mittäterschaft bei dem barbarischen Völkermord von Darfur angeklagt war. Bei al-Baschirs Verbrechen zeigte sich Südafrika erstaunlich nachsichtig, aber als es um die militärische Reaktion Israels auf ein Massaker mit erklärtermaßen genozidaler Absicht durch die Hamas ging, war man überraschend gewissenhaft.

Und nun bedenke man Folgendes: Drei Tage, nachdem Israelis vergewaltigt, lebendig verbrannt und vor den Augen ihrer Eltern und Kinder erschossen worden waren, wurde bereits das Wort Genozid benutzt, um Israels Reaktion zu beschreiben. Am 8. Oktober begann die Hisbollah mit derart massiven Raketenangriffen auf den Norden Israels, dass Zehntausende Israelis aus ihren Häusern flüchten und in Sicherheit gebracht werden mussten. Die Hisbollah erklärte ausdrücklich, auf israelisches Gebiet vordringen zu wollen. Dennoch schrieb der palästinensische UN-Gesandte am 10. Oktober an den Sicherheitsrat über Israels erste Angriffe in Gaza: »Bei einer derart brutalen Entmenschlichung und dem Versuch, ein Volk durch Bomben zu unterwerfen, Verhungern als Mittel der Kriegsführung einzusetzen und eine Nation in ihrer Existenz zu vernichten, handelt es sich um nichts anderes als Völkermord.« Die Leichen ermordeter Israelis waren noch warm, die Häuser voller Rauch und die ganze Nation im Schock – aber das Wort Genozid kursierte schon in den obersten Etagen derselben Organisation, die sich geweigert hatte, die Vernichtung von Zivilisten in Ruanda anzuerkennen.

Zweifellos haben manche israelischen Politiker fürchterliche Rachedrohungen ausgestoßen, aber man muss kein besonders begnadeter Anwalt sein, um den Unterschied zwischen einem »Aufruf zum Völkermord« (was schon eine Straftat ist) und einem tatsächlichen Völkermord zu verstehen (genauso wie Aufruf zum Hass und ein tatsächlicher Mord unterschiedliche Straftaten sind). Man braucht auch kein begnadeter Psychologe zu sein, um zu begreifen, dass die Regierung im Schock und unter dem Druck jahrzehntelanger Bombardierungen an den Grenzen nach Norden und Süden und wegen Irans Schlinge um den Hals beschlossen hat, den Gazastreifen abzuriegeln. Dann folgte die Umkehr. Die schamlosen Politiker stellten ihre empörenden Aufrufe ein, ein Verhalten, das so gar nicht zu völkermordenden Anführern passt, die ihre Bevölkerung explizit und laut zu wahllosem Töten auffordern.

Wenn in ein Staatsgebiet eingedrungen wird, Menschen gefoltert, getötet und entführt, Militärstützpunkte angegriffen und Zivilisten bombardiert werden, ist eine militärische Reaktion durch internationales Recht und den gesunden Menschenverstand gerechtfertigt. Um dies noch einmal zu betonen: Israel hatte das Recht, entsprechend zu reagieren, um sein Staatsgebiet zu schützen. Nach dem Völkerrecht beeinträchtigt die Charta der Vereinten Nationen »im Falle eines bewaffneten Angriffs gegen ein Mitglied der Vereinten Nationen keineswegs das naturgegebene Recht zur individuellen oder kollektiven Selbstverteidigung«. Zu Israels Krieg in Gaza und Libanon kam es nach jahrelangen Bombardierungen an seinen Grenzen, jahrelangen Aufrufen iranischer Führer zur Vernichtung Israels. Nach Jahren relativer militärischer Zurückhaltung seitens der Israelis (mit sporadischen grausamen militärischen Übergriffen) und nach einer schockierenden Invasion auf sein Gebiet mit dem klaren Ziel, so viele Zivilisten zu töten wie möglich. Trotzdem war es Israel, dem Völkermord vorgeworfen wurde – kaum dass es angegriffen worden war.

Ist es notwendig, hier auszuführen, dass es 2024 keine einzige UN-Resolution gegen die Türkei, die Hamas, Algerien, Iran, Afghanistan und China gab, trotz deren Menschenrechtsbilanz? Während es gleichzeitig 17 Resolutionen gegen Israel gab? Auch hörte man von keinerlei Deklarationen der genannten internationalen Organisationen, als die Türkei im November 2024 die syrischen Kurden angriff und einer Million ohnehin schon von Dürre geplagten Menschen die Wasser- und Stromversorgung abschnitt.

Karim Khans Anklage gegen Netanjahu und Gallant beim IStGH folgt dieser Logik. Netanjahu ist ein extrem unehrenhafter Mensch und ein grauenvoller Staatschef, aber es sollte uns stutzig machen, dass hier zum ersten Mal ein demokratisch gewählter Regierungschef und ein Verteidigungsminister angeklagt werden, die einen Krieg führen, um ihre Bevölkerung zu schützen. Um den Anschein von »Fairness« zu wahren, strengte Khan auch einen Haftbefehl gegen Mohammed Deif an, den militärischen Führer der Hamas. Auch das war ein Novum nicht ohne Komik: Nie zuvor hatte es einen Haftbefehl gegen jemanden gegeben, der zum Zeitpunkt der Anklage allgemein für tot gehalten wurde.

Hätte Khan wirklich Symmetrie zwischen den Seiten herstellen wollen, wäre die Wahl offensichtlich gewesen: Mohammed Sinwar – Bruder von Jahia Sinwar, dem Drahtzieher vom 7. Oktober –, der derzeit immer noch die Operationen der Hamas leitet. Nach dem von Khan angestrengten internationalen Haftbefehl darf Sinwar weiter frei herumlaufen, und die demokratisch gewählten Führer einer Nation, die sich selbst verteidigt, sollen ins Gefängnis gehen. Wenn Khan Symmetrie wollte, warum hat er dann nicht die Möglichkeit ins Auge gefasst, die Hamas-Führer nicht nur wegen der Massaker an israelischen Zivilisten, wegen Verbrechen gegen die Menschheit anzuklagen, sondern erst recht dafür, dass sie ihre eigenen Leute den israelischen Angriffen aussetzen, indem sie sie in militärischen Zielen unterbringen und ihnen keine Zuflucht in ihren unterirdischen Tunneln gewähren?

Man könnte nun einwenden, dass Israel zwar das Recht zur Verteidigung, aber kein Recht auf unverhältnismäßige Gewalt habe. Israel hat beim Artikel 51 der UN-Charta zweifellos die Verhältnismäßigkeit missachtet. Die Zerstörung in Gaza ist herzzerreißend, der Wiederaufbau wird sehr lange brauchen. Israel hat zahlreiche Kriegsverbrechen begangen. Es hätte diesen Krieg schon vor einiger Zeit beenden, für einen Waffenstillstand sorgen und die israelischen Geiseln so befreien sollen. Aber unverhältnismäßige Gewaltanwendung und ein Kriegsverbrechen ergeben noch keinen Völkermord.

Verhältnismäßigkeit ist eine der am meisten irritierenden Regeln in der Kriegsführung. Hier gelten zwei Gebote: Angriffe nur auf militärische Ziele – und es muss sichergestellt sein, dass der Nutzen eines Angriffs den Schaden unter der Zivilbevölkerung beim Gegner überwiegt. Inzwischen hat sich ohne jeden Zweifel herausgestellt, dass die Hamas bewusst und niederträchtig ihre gesamte militärische Infrastruktur unter oder inmitten von zivilen Gebäuden aufgebaut hat. Jeder weiß, dass »Nutzen« ein dehnbarer Begriff ist. Es gibt keine Faustregel dafür, und Israel hat ebenso das Recht, den »Nutzen« seiner Ziele zu interpretieren, wie andere Länder auch. Nach dem Völkerrecht ist es immer verboten, Orte des Gebets, der Kunst und der Wissenschaft oder Krankenhäuser anzugreifen oder zu zerstören, *außer wenn sie zum Kriegsgeschehen beitragen*, was hier leider der Fall ist.

Natürlich hat Israel die Gefährlichkeit dieser Orte manchmal falsch eingeschätzt, aber Hunderte Kilometer unterirdischer Tunnel auf kleinem Gebiet lassen die paranoide Vorstellung entstehen, der Feind würde überall lauern. Mangels klar definierbarer militärischer Stützpunkte hat Israel getan, was es konnte, um die Zivilbevölkerung mit Zehntausenden von Telefonnachrichten und über dem Gebiet abgeworfenen Flugblättern zur Evakuierung aufzurufen. (Soweit bekannt, ist etwas Vergleichbares bei keinem bisher dokumentierten Völkermord geschehen.)

Damit sollen das Ausmaß und die Grausamkeit der Zerstörungen keineswegs geleugnet werden. Aber lassen Sie es mich wiederholen: Unverhältnismäßige Zerstörung ist kein Völkermord. Die Abgrenzung zwischen Krieg und Völkermord ist entscheidend, und dafür sind folgende Elemente ausschlaggebend: Es gab keine offensichtliche militärische Alternative, um den Frieden zurückzubringen, die Hamas zu dezimieren und den immer dreister und bedrohlicher werdenden Iran zu schwächen; Israel hat sein Möglichstes getan, um die Zivilbevölkerung in Gaza zu schützen, indem es sie wiederholt gewarnt und mit militärischen Operationen bis nach der Evakuierung gewartet hat; es hätte mehr machen können, aber es war genug, sodass die krasse Anschuldigung, es handele sich um Völkermord, nicht gerechtfertigt war. Schließlich und vor allem anderen hatte die militärische Zerstörung nicht das Ziel, die *Identität* der Bevölkerungsgruppe zu zerstören, eine *conditio sine qua non* bei der Definition von Völkermord.

Ironischerweise ist es die Hamas, die wie so viele andere arabische und iranische Anführer der letzten 70 Jahre unablässig ihre Absicht bekundet hat, *die Israelis in ihrer Eigenschaft als Juden* auszuradieren, sowohl wegen ihrer Religion als auch ihrer Nationalität. In der Präambel zur Charta der Hamas von 1988 steht: »Israel wird existieren und fortexistieren, bis der Islam es auslöscht, so wie er schon andere davor ausgelöscht hat.« In Artikel 7 heißt es: »Der Tag des Gerichts wird nicht kommen, bevor nicht die Moslems gegen Juden kämpfen und sie töten. Dann werden sich die Juden hinter Felsen und Bäumen verstecken, und die Felsen und die Bäume werden rufen: ›Oh Muslim, hinter mir versteckt sich ein Jude, komm und töte ihn.‹« Im Jahr 2000 sagte Chamenei, der Führer Irans und Unterstützer der

Hamas: »Das Krebsgeschwür namens Israel muss aus der Region herausgerissen werden«, und 2001: »das immerwährende Ziel Irans ist die Auslöschung Israels aus der Region«. Zu diesem Zweck war die Hamas bereit, ihre Zivilbevölkerung jeden Preis zahlen zu lassen, der nötig war, um Israel zu zerstören, eine sehr gut dokumentierte Tatsache.

Der von Michael Fakhri, dem UN-Sonderberichterstatter zum Recht auf Nahrung, vorgebrachte Vorwurf des Aushungerns illustriert, wie die einem Kriegsschauplatz eigene Komplexität systematisch ignoriert wird, um einem pauschalen Genozidvorwurf das Wort zu reden. Unter Missachtung historischer Fakten behauptete Fakhri über Gaza, »niemals in der Nachkriegsgeschichte ist eine Bevölkerung so schnell und so vollständig in den Hunger getrieben worden wie die 2,3 Millionen Palästinenser, die in Gaza leben«. In Kambodscha ließ man mindestens 500000 Menschen verhungern. In Afghanistan wurden 6,1 Millionen Menschen in die Notfallkategorie IV eingeordnet. Gaza schafft es nicht einmal in die Top 10 dieser dunklen Liste, auch wenn wir einmal mehr anerkennen müssen, dass die Menschen dort schrecklich leiden.

Darüber hinaus hat Israel seit Beginn des Kriegs 900000 Tonnen Nahrungsmittel nach Gaza geschafft. Aus unterschiedlichen Gründen hat diese Nahrung die Menschen nicht immer erreicht: Die Plünderungen durch die Hamas und deren Interesse, die Bevölkerung mittels Essenszuteilungen zu kontrollieren; die rachsüchtigen Behinderungen der Konvois durch rechte Israelis (von Armeeangehörigen mit komplizenhafter Gleichgültigkeit hingenommen) und das falsche Verhalten israelischer Soldaten in einer unübersichtlichen, belastenden Situation, bei der Hunderte Lkw verschiedenster Länder und Hilfsorganisationen sich auf so kleinem Gebiet ihren Weg suchten.

Wie so vieles andere in diesem Krieg ist die Faktenlage konfus und verwirrend, aber genau dieses Durcheinander macht den Unterschied zu einem verbrecherischen vorsätzlichen Aushungern aus. Bis heute hat man noch von keinem Land gehört, das die Lieferung von Tonnen an Nahrungsgütern zulässt, während man ihm gleichzeitig vorwirft, ebendiese Bevölkerung verhungern zu lassen. Es gibt auch keinerlei Berichte über ein Land, das 90 Prozent der Kinder gegen Polio impfen lässt, während es einen Völkermord begeht. Genozid zielt darauf ab, die Weitergabe von Kultur und Identität zu verhindern, und macht deshalb vorzugsweise Frauen und Kinder zu Opfern.

Kurios beim Umgang mit Israel ist schließlich auch die außergewöhnliche Inflation von Wörtern zur Kriminalisierung Israels. Der US-Publizist Adam Shatz verweist auf Domizid, Scholastizid, Ecozid und Econozid. Andere sprechen von Eduzid. Cushman schlägt Gazazid vor, dem er eine vergleichbare Resonanz wünscht wie der »Shoah«, als einer einzigartigen, in der Geschichte beispiellosen Vernichtung. Als sollte damit die einzigartige und unübertroffen abscheuliche Kriminalität der Israelis zum Ausdruck gebracht werden, gab es noch nie eine derartige Vermehrung von Wörtern mit Genozid-Bezug. Wir dürfen uns fragen, ob da nicht ein Volk gemeint ist, dem über Jahrhunderte Ritualmorde und der Christusmord vorgeworfen wurden, wenn es heute so eilig und so leichtfertig aller Formen des Völkermords bezichtigt wird.

Kriege sind, wie Völkermorde, monströse menschengemachte Ereignisse. In Kriegen wie in Völkermorden verlieren Menschen ihr Leben, ihre körperliche Unversehrtheit, Verwandte und Freunde und ihr Zuhause. Manche neigen dazu, monströse Ereignisse gleich welcher Natur aufs Extremste zu verurteilen. Aber im juristischen, intellektuellen und moralischen Feld ist eine exakte Wortwahl unerlässlich. Wenn extreme rechte Siedler von ethnischer Säuberung im Westjordanland und dem nördlichen Teil von Gaza nicht nur träumen, sondern sie in die Tat umsetzen, können wir unserer moralischen Empörung über ihre Verbrechen nicht mehr Ausdruck verleihen, weil der Begriff Genozid, die schlimmste aller Schändlichkeiten, bereits verbraucht wurde. Wenn ein Verteidigungskrieg zu einem Zerstörungskrieg wird, können wir die notwendigen Fragen nicht mehr stellen: Wann und wo hätte es aufhören müssen?

Wie viele Leben palästinensischer Zivilisten ist die Sicherheit Israels wert? Wann schlägt ein Zustand permanenter Selbstverteidigung in ein aggressives und paranoides Feindbild um? Maximalistische moralische Urteile helfen nicht dabei, diese Fragen zu stellen. Tatsächlich führen sie zu einer moralischen Betäubung, die einem die weniger sensationalistischen Begriffe »ethnische Säuberung« und »Kriegsverbrechen« nicht mehr skandalös und scharf genug erscheinen lässt.

Gründe für diesen moralischen Maximalismus gibt es genug: offenen Antisemitismus, sensationslüsterne Schlagzeilen, Zurschaustellung der eigenen moralischen Überlegenheit und ein erstaunlicher Mangel an Verständnis für die Eigenart eines Konflikts, der sich mit keinem anderen auf der Welt vergleichen lässt. Wer guten Willens ist, kann mit der Verwüstung, die die israelische Armee im Leben der Bewohner von Gaza anrichtet, nicht einverstanden sein, sondern muss dabei mithelfen, dieses zerstörte Land wieder aufzubauen. Er oder sie wird aber auch verstehen, dass Teile der palästinensischen Führung seit hundert Jahren Krieg gegen Israel führen, der sein Ziel nie verleugnet hat: die Auslöschung Israels, ob durch ethnische Säuberung oder durch Genozid.

Eine Bevölkerungsgruppe kann unterdrückt werden, so wie es zweifellos den Palästinensern ergangen ist, und dennoch Völkermord beabsichtigen. Wir können nur dann ernsthaft über diesen Konflikt diskutieren, wenn wir ihn als andauernden Krieg begreifen und nicht vergessen, dass Teile der Palästinenser mit einigen arabischen und iranischen Anführern in der Absicht verbunden sind, Israel zu vernichten. Seit dem 7. Oktober befindet sich die israelische Psyche in einem Schockzustand, weil an diesem Tag der wohlbekannte Vorsatz zur Vernichtung Israels in die Tat umgesetzt wurde. Solange man das nicht anerkennt, kann es keine nüchterne Diskussion über Israels Verbrechen geben.

Aus dem Englischen von Annette Meyer-Prien.

Postscriptum: Was mich am Begriff Genozid skeptisch macht

Eva Illouz

Ich hoffe, das wird nicht als Entschuldigung für einen Krieg interpretiert, den ich nicht länger akzeptabel oder verständlich finde, sondern als Wunsch nach Genauigkeit. Wenn der IGH einen Genozid feststellt, werde ich das akzeptieren. Ich werde die Erste sein, die ihn anprangert. Aber wir haben Gerichte und Gesetze. Bis dahin sollten wir vorsichtig sein. Warum? Erstens wird Ihnen jeder Kriegsexperte sagen, dass selbst nicht-genozidalen Kriegen oft extremistische Erklärungen vorausgehen, wie wir sie von israelischen Politikern gehört haben. Das ist also auch in anderen, nicht-genozidalen Kriegen üblich. Zweitens sind die Behauptungen der Politiker und das, was die Armee getan hat, zwei verschiedene Dinge. Die Armee verfügt über ein hohes Maß an Autonomie. Drittens widerlegen viele Fakten die Völkermordthese. Israel lieferte Lebensmittel, sehr wenige zwar, aber es hat sie geliefert. Es lieferte Impfstoffe. Es warnte die Bevölkerung, sich aus Gebieten zurückzuziehen, die bombardiert werden sollten. Das steht im Widerspruch zu dem, was wir über Genozide wissen. Viertens: Dies ist ein Krieg, auf den die traditionellen Kategorien des Kriegsrechts nicht anwendbar sind, weshalb wir ihn nur schwer verstehen. Was diesen Krieg einzigartig und anders macht, sind die 500 Kilometer unterirdischer Tunnel und die Tatsache, dass sich die Hamas systematisch in die Zivilbevölkerung eingeschlichen hat. Meines Wissens hat es noch nie einen Krieg gegeben, in dem der Feind die zivile Infrastruktur nutzt, um sich dahinter zu verstecken. Deshalb versuchen wir, unsere Kategorien des Verständnisses auf eine Situation anzuwenden, für die es einfach keinen Präzedenzfall gibt. Fünftens: Hätte Israel einen Genozid begehen wollen, hätte es – und davon bin ich überzeugt – nach zwei Jahren nicht 60.000 Tote gegeben, sondern mindestens das Zehnfache. Es ist schwierig, die Absicht nachzuweisen, eine Gruppe zu vernichten. Ohne diese Absicht kann man keinen

Genozid nachweisen, obwohl ich verstehe, warum der IGH vor einem plausiblen Risiko gewarnt hat. Sechstens: Warum dieses Wort verwenden, wenn der IGH sein Urteil noch nicht gefällt hat? Wenn es doch andere Wörter gibt, die die gleiche Strafe nach sich ziehen wie »Kriegsverbrechen« und »Verbrechen gegen die Menschheit«? Das Wort Völkermord erinnert an »Gottesmord«, das Verbrechen, dessen Juden seit jeher beschuldigt werden. Es bedeutet auch, dass sich der Westen nun weniger oder gar nicht schuldig fühlen kann für seinen eigenen Völkermord an den Juden. Denken Sie einmal darüber nach: Bereits am 10. Oktober 2023 sprach der palästinensische Vertreter bei der UN von einem »Genozid«. 2001 verabschiedeten die Delegierten auf der Konferenz von Durban eine Erklärung, in der Israel als »rassistischer Apartheidstaat« bezeichnet wurde, der sich »des Völkermords und der ethnischen Säuberung« schuldig gemacht habe. Israel das Wort Völkermord anzuheften, versucht man schon lange. Es ist eine politische Strategie, die lange Zeit nicht funktionierte. Diesmal war sie erfolgreich. Ich bedauere, dass Israel dieser Erzählung unfreiwillig Nahrung gegeben hat, denn der Krieg hätte schon vor einem Jahr enden sollen.

Abschließend noch eine Bemerkung: Wie lange hat die UNO gebraucht, um die Ereignisse in Ruanda als Völkermord zu bezeichnen? Sieben Monate. Es ist außergewöhnlich, dass UN-Friedenstruppen ausgerechnet bei Ausbruch der Gewalt aus Ruanda abgezogen wurden, weil alle dachten, es handele sich um einen Bürgerkrieg, obwohl Romeo Dallaire, der Leiter der Vereinten Mission der UNO in Ruanda, wiederholt vor einem Völkermord gewarnt hatte, ihm aber niemand glaubte. Es dauerte sieben Monate, bis die Welt es glaubte. Sie zögerte, die Möglichkeit eines Völkermords überhaupt in Betracht zu ziehen. Ich finde es sehr seltsam, dass diese Möglichkeit im Fall Israels bereits am dritten Tag zur Sprache kam.

Aus all diesen Gründen macht mich der Begriff Völkermord skeptisch.

Aus dem Englischen von Klaus Bittermann.

Der Genozidvorwurf und die Verharmlosung der Hamas

Jeffrey Herf

»Israel wird entstehen und solange bestehen bleiben, bis der Islam es abschafft, so wie er das, was vor ihm war, abgeschafft hat.«[1] Diese Aussage von Hassan al-Banna, dem Gründer der Muslimbruderschaft, nahmen die Verfasser der Hamas-Charta von 1988 in den ersten Absatz ihrer berüchtigten Gründungserklärung auf. Der gesamte Text verkündet die Fortsetzung eines Religionskrieges zur Zerstörung des Staates Israel. In aggressivem Ton bekräftigt er die reaktionären Grundsätze des politischen Islam, bekennt sich zur Anwendung von Waffengewalt und lehnt jedwede Diplomatie im Krieg gegen die Juden und den jüdischen Staat ab. Dennoch wurde die Hamas sowohl vor als auch nach ihrem unterbrochenen Genozid vom 7. Oktober 2023 zu einer *cause celèbre* linker Aktivisten auf der ganzen Welt, die deren Propagandaformel eines »freien Palästina vom Fluss bis zum Meer« aufgriffen.

Eine Form sprachlicher Magie, die unter linken und liberalen Intellektuellen um sich greift, hat Reaktion in Revolution verwandelt. Unter dem Banner einer rückwärtsgewandten politischen Auslegung des Islam hat die Hamas die Unterstützung derer gewonnen, die Religion wie Karl Marx als »Opium des Volkes« betrachten. Diese wundersame Wandlung verdankt sich zum Teil auch ihrem Geschick, sich der Sprache der postkolonialen Linken anzubequemen und als Anführer einer globalen antiimperialistischen Revolte gegen Israel zu präsentieren, wobei sie sich antisemitischer Klischees bedient, um den jüdi-

1 »Die Charta der Hamas« (aus dem Arabischen von Annette Schmitz), https://www.audiatur-online.ch/2011/06/22/die-charta-der-hamas/

schen Staat als rassistisch und kolonialistisch darzustellen.[2] Doch noch ein weiteres Element hat zum Erfolg der Propagandakampagne der Hamas an den Universitäten in Europa und den Vereinigten Staaten und zur Verbreitung der Lüge beigetragen, Israel begehe in Gaza einen Genozid: die Behauptung nämlich, sie selbst sei ein völlig unschuldiges Opfer israelischer Verbrechen – obwohl die Beweise des Gegenteils erdrückend sind. Der gegen Israel erhobene Genozidvorwurf basiert nicht zuletzt darauf, dass die kausale Bedeutung der enormen Handlungsmacht der Hamas, ihre Subjektivität, Initiative und ihr entschlossenes Vorgehen in den letzten drei Jahrzehnten, komplett in Abrede gestellt wird.

Unbeschadet dessen, was die Hamas von ihrem säkularen Gegenstück, der Palästinensischen Befreiungsorganisation (PLO), gründlich unterscheidet, teilen ihre islamistischen Führer mit Jassir Arafat und der säkularen revolutionären Tradition die Entschlossenheit, Geschichte *zu machen*, d.h. in den Lauf der Dinge einzugreifen. Die berühmte marxistische Auffassung, der zufolge es Gesetze der Geschichte oder Widersprüche des Kapitalismus oder Imperialismus gebe, die zum Gelobten Land führten, lehnen sie ab. Die extreme Manifestation politischer Handlungsfähigkeit und menschlicher Entschlossenheit, wie sie in Lenins Erfindung der kommunistischen Partei als Avantgarde zum Ausdruck kommt, war auch in den »nationalen Befreiungskriegen« zu finden, die die Kommunisten im 20. Jahrhundert führten. Georg Lukács erhob Lenins politische Strategie gar zur marxistischen Gesellschaftstheorie. Die *objektiven Bedingungen* der Widersprüche des Kapitalismus oder Imperialismus, versicherten die Leninisten, böten allenfalls die Möglichkeit einer Revolution. Eine solche könne jedoch nur Wirklichkeit werden, wenn eine Avantgarde von Intellektuellen und Aktivisten *das Bewusstsein der Massen weckten*, die ansonsten in

2 Siehe dazu die ausgezeichnete Kritik von Ingo Elbe, Antisemitismus und postkoloniale Theorie. Der »progressive« Angriff auf Israel, Judentum und Holocaust-Erinnerung, Berlin 2024.

falschem Bewusstsein verharrten. Die Massen, sei es das Proletariat, die Bauernschaft oder eine antikoloniale Nation, sollte in Lukács' Begriffen zum ***kollektiven** Subjekt-**Objekt** der Geschichte* werden.[3] Diese Hegelsche Theorie, die menschliches Eingreifen erfordert, um den Lauf der Geschichte in seinem vermeintlichen Fortschritt voranzutreiben, steht im Mittelpunkt revolutionärer Theorie und Praxis.

Trotz ihrer großen Distanz zur säkularen revolutionären Tradition der Linken hat die Hamas mit Lenin und seinen Nachfolgern die erbitterte subjektive Entschlossenheit eines politischen Akteurs gemein, der sich anschickt, den Gang der Geschichte zu ändern. Sie tritt als Vorhut des Subjekt-Objekts der Geschichte auf, als welches sie die Religionsgemeinschaft des Islam versteht. Damit unterscheidet sie sich deutlich von säkularen politischen Akteuren, die nationale Befreiungskriege führen wie einst in Vietnam, und sogar von der PLO. Doch wie die revolutionären Linken von Lenin bis Arafat weist die Hamas den Quietismus des dialektischen Materialismus oder eines selbstgefälligen Hegelianismus von sich, der meint, es gebe Gesetze der Geschichte, die *unweigerlich* nicht nur zu Krisen, sondern auch zu Revolution und nationaler Befreiung führen würden. Wie die säkularen revolutionären Avantgarden steht auch die Hamas vielmehr für die andere Seite des Hegelianismus, der die Bedeutung selbstbewusster Akteure betont, deren Subjektivität und Entschlossenheit sie befähige, *Geschichte zu machen.*

Die von einem vormodernen religiösen Fundamentalismus getragene Charta der Hamas wendet sich der Religion als der Quelle zu, die eine solche Subjektivität und Entschlossenheit hervorbringen soll. In diesem Sinne ist sie eine Form reaktionären Modernismus, alt sowohl wie neu, antiquiert und doch zugleich vertraut.[4] Nach Auffassung der Hamas spendet Religion

3 Siehe W.I. Lenin, Was tun? Brennende Fragen unserer Bewegung (1902); Georg Lukács, Geschichte und Klassenbewusstsein (1923).

4 Siehe Jeffrey Herf, Reactionary Modernism: Technology, Culture and Politics in Weimar and the Third Reich, New York/Cambridge 1984);

weder Ruhe noch Trost, sie lässt einen nicht tatenlos vom Glück in einer anderen Welt träumen, sondern verpflichtet zum Jihad, also zur Anwendung von Gewalt als religiöses Gebot. Zudem bekräftigt die Hamas stolz und unmissverständlich ihren Hass auf die Juden, den sie mit Zitaten aus dem Koran untermauert. Die Charta von 1988 macht, wie schon viele Reaktionäre und auch die Nazis zuvor, die Juden für die französische und die ihr folgenden Revolutionen sowie für den ersten und zweiten Weltkrieg verantwortlich. Doch anstatt in den Herzen und Köpfen der Linken Abscheu und Ekel hervorzurufen, trifft sie mit ihrer kühnen Demonstration revolutionärer Handlungsmacht einen Nerv. Die globale Linke, auch wenn ihr die Begeisterung der Hamas für den Islam nicht behagt, erblickt in der islamistischen Subjektivität einen Verbündeten in ihrem »Kampf« gegen Imperialismus, Kolonialismus und, jawohl, gegen den jüdischen Staat.[5]

Doch von Lenin bis Arafat gibt es noch eine andere Tradition revolutionärer Subjektivität, die sich ebenfalls in der Propaganda der Hamas wiederfindet: die Lüge nämlich, die Avantgarde sei an der Katastrophe, die ihre Gewalt und ihr Terror heraufbefördern, völlig unschuldig, da sie lediglich auf die Gewalt und den Terror der bestehenden Unterdrückung reagiere. Die Hamas führt Krieg und behauptet zugleich, sie verteidige sich nur gegen die Ungerechtigkeiten bestehenden Verhältnisse. Darum, meint sie, trage sie keine moralische oder politische Verantwortung für Tod und Zerstörung, und sollte sie einmal direkt verantwortlich sein, erklärt sie den von ihr verursachten Schaden für ganz und gar gerechtfertigt. Wie die PLO in ihrer terroristischen Phase führt sich die Hamas seit 1988 ununterbrochen auf: als revolutionäres Subjekt, das die eigene Hand-

»Reaktionärer Modernismus. Die Juden und der Antikapitalismus in Weimar und Nazi-Deutschland«, in: ders., Drei Gesichter des Antisemitismus: rechts, links, islamistisch, Leipzig 2024, S. 28-42.

5 Zu den Bündnissen von Kommunisten und Islamisten seit den 1920er Jahren siehe Laurent Murawiec, The Mind of Jihad, New York 2008.

lungsmacht beständig leugnet. Als »rechtschaffene Opfer«,[6] als die sich beide inszenieren, rechtfertigen sie ihren Terror und machen allein Israel für die Kriege verantwortlich.[7]

Durch Terror hat die Hamas wiederholt ihre Entschlossenheit unter Beweis gestellt, Einfluss auf das Geschehen zu nehmen. Als eine linke israelische Regierung in den 1990er Jahren bereit war, mit der Palästinensischen Autonomiebehörde eine Zweistaatenlösung zu vereinbaren, führte sie einen brutalen Terrorkrieg gegen israelische Zivilisten, der eine Mehrheit der Israelis von der Notwendigkeit überzeugte, die konservative Likud-Partei zurück an die Macht zu bringen. Nach dem Rückzug Israels aus dem Gazastreifen im Jahr 2005 hatte die Hamas die Möglichkeit, die Grundsätze ihrer Charta aufzugeben und eine Regierung zu bilden, die die wirtschaftliche Entwicklung ihres Territoriums fördert und einen politischen Kompromiss mit Israel sucht. Stattdessen errichtere sie eine Einparteien-Diktatur, gab Hunderte Millionen Dollar für den Bau des umfangreichsten unterirdischen Tunnelsystems in der Militärgeschichte aus und importierte Waffen, die sie selbst nicht herstellen konnte, darunter Raketen, mit denen sie Israel in den Jahrzehnten vor dem 7. Oktober 2023 fortwährend beschossen hat. An diesem Tag, ihrem berühmtesten Akt der Selbstbehauptung, ließ sie ihrer genozidalen Ideologie die Praxis des Massenmords folgen.[8] Indem sie Zivilisten als Schutzschilde benutzte und Raketen aus zivilen Gebäuden abfeuerte, gelang es ihr, einen beträchtlichen Teil der Linken und der großen Medien weltweit von der Lüge zu überzeugen, sie sei kein *Akteur der Geschichte*,

6 Diesen Begriff prägte Benny Morris in: Righteous Victims. A History of the Zionist-Arab Conflict, 1881–2002, New York 2001.

7 Zur Kritik der linken Rechtfertigung islamistischen Terrors gegen Israel und den Westen siehe Paul Berman, Terror und Liberalismus, Hamburg 2004.

8 Jeffrey Herf, »Hamas Terror: Sie haben den Hass zum Weltbild gemacht«, *Frankfurter Allgemeine Zeitung*, 10. Dezember 2023, https://www.faz.net/aktuell/feuilleton/debatten/wie-die-hamas-den-hass-und-antisemitismus-zum-weltbild-macht-19254740.html

sondern das unschuldige *Opfer* des einzigen historischen Akteurs, der in den Köpfen der Linken und vieler Liberaler eine nennenswerte Rolle spielt: des Staates Israel und seiner Bemühungen, die Hamas militärisch zu zerstören und das Fortbestehen eines Terrorstaates an seiner Grenze zu verhindern.

Der Genozidvorwurf, den die Hamas und ihre Unterstützer gegen Israel erheben, beruht auf einer Reihe falscher Behauptungen über das Vorgehen Israels in Gaza, was Hunger, zivile Opfer und die Absichten der israelischen Regierung betrifft, und diese Falschbehauptungen rühren zum Teil daher, dass man sich weigert, die Hamas als Akteur in diesem Krieg ernst zu nehmen. Im Sommer 2025 legten Forscher des Begin-Sadat-Center for Strategic Studies in Tel Aviv die Ergebnisse einer Untersuchung vor, in der sie die vermeintlich empirischen Feststellungen, auf welche die unterschiedlichen Vorwürfe sich stützen, detailliert widerlegen. Einzelheiten würden hier zu weit führen; interessierten Lesern sei empfohlen, sich selbst mit dieser überaus sorgfältigen Studie zu befassen.[9] Es mag genügen, sich zu vergegenwärtigen, dass der Begriff »Genozid« sich nicht auf einen Krieg zwischen Staaten oder zwischen einer Regierung und terroristischen Organisationen bezieht – es sei denn, ein Krieg wird, wie der Angriff der Hamas vom 7. Oktober, in genozidaler Absicht geführt, nämlich in der Absicht, alle Mitglieder einer religiös, »rassisch«, ethnisch oder national definierten Gruppe zu ermorden. Dies war den bekanntesten Genoziden gemein: der von den Nazis ins Werk gesetzten »Endlösung der Judenfrage« in Europa, der Tötung und Vertreibung von Christen durch die türkische Regierung von 1894 bis 2024, der Ermordung von Kambodschanern, die der Zugehörigkeit zur

9 Danny Orbac/Jonahtan Boxman/Yagil Henkin/Jonathan Braverman, »Debunking the Genocide Accusations: A Reexamination of the Israel-Hamas War from October 7, 2023, to June 1, 2025«, https://besacenter.org/debunking-the-genocide-allegationsa-reexamination-of-the-israel-hamas-war-2023-2025/

Mittelschicht verdächtigt wurden, durch die Roten Khmer ebenso wie der von Tutsis durch Hutu in Ruanda.[10] All diese Genozide wurden mit der Lüge begründet, man führe einen »Verteidigungskrieg«, und zwar gegen Opfer, die die Mörder angeblich bedrohten. Hingegen war die Bedrohung der Existenz Israels durch die Hamas keine Erfindung oder paranoide Phantasie. Der Angriff vom 7. Oktober war ein Akt militärischer Aggression und zugleich der Beginn eines versuchten Genozids.

Hitler behauptete bekanntlich – was Goebbels dann wiederholte –, die Juden führten einen Vernichtungskrieg gegen Nazideutschland. Das allerdings war das Produkt einer paranoiden Phantasie, die mit der Realität nichts zu tun hatte. Auf Grundlage dieser Lüge konnten die Nazis die »Endlösung« zu einer notwendigen und sogar gewöhnlichen Maßnahme in einem von Deutschland geführten Verteidigungskrieg erklären.[11] Tatsächlich verfügten weder die Juden Europas noch andere Opfer eines Genozids über die Souveränität und die Macht, Kriege zu führen, nicht einmal zu ihrer Verteidigung. Sie stellten für niemanden eine »Bedrohung« dar. Ihre Machtlosigkeit war eine wesentliche Voraussetzung ihres furchtbaren Schicksals. In keinem dieser Fälle, die mit Recht als Genozide bezeichnet werden können, zeigten die Opfer sich zu irgendeinem Zeitpunkt in der Lage, Krieg zu führen, geschweige denn selbst einen Genozid zu verüben, wie die Hamas es am 7. Oktober versucht hat.

Am 29. Dezember 2023 hielt Tal Becker, Rechtsberater des israelischen Außenministeriums, die Eröffnungsrede seines Landes vor dem Internationalen Gerichtshof in Den Haag, in der er die Frage der Handlungsfähigkeit und Verantwortung auf eloquente und denkwürdige Weise beantwortete, und zwar in

10 Siehe Benny Morris/Dror Ze'evi, The Thirty-Year Genocide: Turkey's Destruction of Its Christian Minorities, 1894–2024, Cambridge/Mass. 2019.

11 Siehe Jeffrey Herf, The Jewish Enemy: Nazi Propaganda During World War II and the Holocaust, Cambridge/Mass. 2006; »Der jüdische Feind«, in: Drei Gesichter des Antisemitismus (wie Anm. 4), S. 43–70.

Reaktion auf den erfolglosen Versuch Südafrikas, den Gerichtshof zu einer Veurteilung Israels wegen Genozids zu bewegen.[12] Die Anschuldigung Südafrikas, erklärte Becker, lasse »die Verantwortung der Hamas für die Situation in Gaza außer Acht«. Nachdem er einige Details des von der Hamas am 7. Oktober verübten »regelrechten Massakers« in Erinnerung gerufen hatte, wies er darauf hin, dass, was an jenem Tag geschah, »in dem Antrag Südafrikas nahezu gänzlich ignoriert wurde, obwohl es den größten geplanten Massenmord an Juden an einem einzigen Tag seit dem Holocaust darstellt«. Es sei »unmöglich«, so Becker weiter, »den bewaffneten Konflikt in Gaza zu verstehen, ohne das Wesen der Bedrohung, der Israel ausgesetzt ist, und die Brutalität und Gesetzlosigkeit der bewaffneten Kräfte, denen es gegenübersteht, zur Kenntnis zu nehmen«.

Wie es das Recht und die Pflicht jedes souveränen Staates sei, sei es Israels Verantwortung, »gegen die stolz verkündete Vernichtungsdrohung der Hamas vorzugehen«, erklärte Becker. Die »Vernichtungsrhetorik der Hamas-Charta« hätten deren Funktionäre sich »regelmäßig« bedient, als sie nach dem 7. Oktober versprachen, die von ihnen so bezeichnete »Al-Aqsa-Flut« zu wiederholen. Man missbrauche den Begriff Genozid, wenn man Israel auffordere, seine Militäroperationen »gegen die fortdauernden Angriffe einer Organisation zu beenden, die es tatsächlich auf einen Genozid abgesehen hat«. Dieser Krieg sei »beispiellos und einzigartig« durch das »Ausmaß, in welchem die Hamas sich in der Zivilbevölkerung verschanzt und das Leid palästinensischer Zivilisten zu einem integralen Bestandteil ihrer Strategie gemacht hat«. Die »rechtswidrige« Verankerung ihrer Militäroperationen »in dicht besiedelten Wohngebieten« und der Bau eines »mehrere hundert Meilen langen ausgedehnten Netzes unterirdischer Tunnel für ihre Anführer und

12 »Opening statement of MFA Legal Advisor Dr. Tal Becker at the International Court of Justice proceedings«, Den Haag (29. Dezember 2023), https://www.gov.il/en/pages/opening-statement-of-mfa-legal-advisor-tal-becker-at-icj-proceedings-12-jan-2024

Kämpfer im gesamten Gazastreifen« seien »keine zeitweilige Taktik«. Vielmehr handle es sich um »einen festen Bestandteil einer in weitem Umfang vorab geplanten abscheulichen Kriegsführung«, bei der Zivilisten »systematisch« als Schutzschilde benutzt würden. Das entsetzliche Leid der Zivilisten – sowohl der israelischen als auch der palästinensischen – sei »in erster Linie das Ergebnis dieser verabscheuungswürdigen Strategie«; der schreckliche Preis dafür, dass die Hamas ihre Zivilbevölkerung nicht nur nicht schützt, sondern sie zum Nutzen ihrer Propaganda und ihrer Kriegsführung bereitwillig opfert. »Der Genozidvorwurf war ein zentrales Element der Strategie der Hamas, um den von ihr begonnenen Krieg zu gewinnen. Würde sie ihre Waffen niederlegen und die Geiseln freilassen, wäre der Krieg vorbei, und die Genozid-Lüge würde jeder durchschauen, der bereit ist, sich der Realität zu stellen, statt den Fiktionen der Hamas zu glauben.«[13] Im Genozidvorwurf, so Becker, überschatte eine der vielen »Verzerrungen alle anderen«. In der Darstellung Südafrikas gewinne man den Eindruck, »als gäbe es überhaupt keinen erbitterten bewaffneten Konflikt zwischen zwei Parteien und keine ernsthafte Bedrohung Israels und seiner Bürger, sondern nur einen israelischen Angriff auf Gaza«.[14]

Obschon Südafrika vorgebe, die Realität in Gaza zu beschreiben, tue es so, »als ob die Hamas und ihre völlige Missachtung des Lebens von Zivilisten als direkte Ursache dieser Realität einfach nicht existierten« und ihre 30.000 Kämpfer »praktisch verschwunden« wären. Es gäbe »keinen Sprengstoff in Moscheen, Schulen und Kinderzimmern, keine zum Transport von Kämpfern verwendeten Krankenwagen, keine Tunnel und Terrorzentren unter sensiblen Standorten, keine als Zivilisten verkleideten Kämpfer, keine Beschlagnahmung von Lastwagen mit Hilfsgütern, keine Schüsse aus Wohnhäusern, UN-Einrichtungen und sogar Sicherheitszonen«. Die Genozidanklage lese sich, als ob *»nur Israel in Gaza agiert«* (Hervorhebung von mir).

13 Ebenda
14 Ebenda

Südafrika habe »das Gericht im Grunde gebeten, den bewaffneten Konflikt zwischen einem Staat und einer gesetzlosen Terrororganisation durch die Linse eines sogenannten Genozids eines Staates an der Zivilbevölkerung zu betrachten. In Wirklichkeit aber verband es dem Gericht die Augen.« Das Ergebnis war eine politische Blindheit für die Handlungen und Strategien der Hamas. Wenn der Begriff »Genozid« auf Israels gerechtfertigten Selbstverteidigungskrieg angewendet werden könnte, würde »die [Völkermord-]Konvention der Vereinten Nationen zu einer Charta für Aggressoren. Sie würde Terroristen, die sich hinter Zivilisten verstecken, belohnen und ermutigen, und zwar auf Kosten der Staaten, die sich gegen sie verteidigen wollen.« Er forderte das Gericht auf, die Anklage als »Verleumdung« abzuweisen, die darauf abziele, Israel das Recht zu verweigern, sich dem Gesetz gemäß gegen die beispiellosen Terroranschläge zu verteidigen, denen es weiterhin ausgesetzt ist ...«.[15]

Die Bereitschaft der globalen Linken, die Handlungsfähigkeit und Verantwortung der Hamas zu ignorieren, sie nicht als Subjekt, sondern als unschuldiges Opfer Israels darzustellen, war für die Genozidanklage von entscheidender Bedeutung. Die völlige Unkenntnis der grundlegenden Fakten des lange andauernden Religionskriegs der Hamas gegen Israel und der wiederholten Kompromissangebote Israels, die die Hamas nach Kräften abgelehnt und zunichte gemacht hat, trägt sicherlich zu den Entschuldigungen und Rechtfertigungen, bisweilen sogar zur Begeisterung für die Aktionen der Hamas bei. Doch die Parole, Palästina »vom Fluss bis zum Meer« zu »befreien«, die man von 2023 bis 2025 von Linken weltweit vernehmen konnte, zeugt von einem tiefsitzenden Hass auf den jüdischen Staat und dem Wunsch, die Hamas möge ihren versuchten Vernichtungskrieg gegen die Juden gewinnen.[16] Die falsche Darstellung der

15 Ebenda

16 Beispiele solcher Begeisterung finden sich in: Jeffrey Herf, »Springtime for Sinwar«, *Quillette* (2. Mai 2024). https://quillette.com/2024/05/02/springtime-for-sinwar-hamas-israel-gaza-campus-protests/

Kriegsziele Israels, die Behauptung, sein Krieg gegen die Hamas sei einer gegen »die Palästinenser«, und die Schuldzuweisung allein an Israel haben weit zurückreichende historische Vorläufer. Sie stützen sich auf tief verwurzelte Hassgefühle, Ängste und Phantasievorstellungen über Juden, die konstitutive Bestandteile des »Antijudaismus« in der westlichen Kultur sind und in der modernen Tradition des Antisemitismus fortexistieren.[17] Jahrhundertelang hatten Christentum und Islam die Juden beschuldigt, Jesus bzw. die Propheten ermordet zu haben, ehe die säkulare Phantasie einer bösen und mörderischen jüdischen Weltverschwörung aufkam. All dies findet sich auch in den gegen Israel erhobenen Genozidvorwürfen wieder. Der hinterlistig verlogene und mörderische Jude von einst wird als aggressiv rassistischer und kolonialistischer Zionist wiedergeboren. Historiker wissen, wie schwer Geschichte wiegt und dass nur Teile der Welt je modern wurden. »Die Tradition aller toten Geschlechter lastet wie ein Alp auf dem Gehirne der Lebenden«, sagte Marx.[18] Die Genozidvorwürfe gegen Israel finden in der Weltpolitik nicht zuletzt auch deshalb so großen Anklang, weil sie jene viel älteren religiösen Fiktionen und ihren modernen Ausdruck in säkularen Hassgefühlen wiederbelebten, die bei Hunderten Millionen von Menschen auf der ganzen Welt Anklang finden.

Die liberale Tradition der Geschichtswissenschaft und der kritischen Gesellschaftstheorie in Deutschland und der modernen Welt allgemein richtet unsere Aufmerksamkeit auf die kausale Bedeutung der Ideen und Handlungen von Individuen und Gruppen. Heute zwingt sie uns, die Aufmerksamkeit auf die Handlungsfähigkeit, Subjektivität, Entschlossenheit, Ideologie sowie die Entscheidungen der Führer der Hamas zu richten, die

17 Leon Poliakov, Geschichte des Antisemitismus, Worms 1977; David Nirenberg, Antijudaismus: Eine andere Geschichte des westlichen Denkens, München 2017).

18 Karl Marx, Der achtzehnte Brumaire des Louis Bonaparte, in: Marx/Engels, Werke, Bd. 8, Berlin 1975, S. 115.

diesen schrecklichen und unnötigen Krieg verursacht haben, und somit den Mythos der Unschuld zu zerstören, den sie mit dem Genozidvorwurf in die Welt gesetzt haben. Sie zwingt uns, die Ideen und Handlungen der Hamas fest im Blick zu behalten, dieser monströsen Mörder, die uns wie die Faschisten und Nazis von einst weismachen, nur in Selbstverteidigung zu handeln. Wie ihre faschistischen und nationalsozialistischen Vorgänger hinterlassen auch die islamistischen Hassprediger, die gegen die Juden und den Zionismus wettern, ein Erbe der Zerstörung und des Todes.

Das letzte Wort über Handlungsmacht in der Geschichte aber haben die Zionisten und das Volk Israels. Das zionistische Argument brach mit der Auffassung, die Juden könnten sich zu ihrem Schutz auf göttliches Eingreifen verlassen. In einer gefährlichen Welt lag es an ihnen selbst, die lange Ära der Staatenlosigkeit und Machtlosigkeit zu beenden, und zwar durch den Aufbau eines Staates, der über alle Mittel der Souveränität und Selbstverteidigung verfügt. Diese Behauptung von Handlungsmacht war ein Akt des Antikolonialismus und nicht etwa des Kolonialismus, ein Kampf gegen das Erbe des Nationalsozialismus, Judenhasses und Rassismus im Nahen Osten und für einen Staat, der bestrebt war, in Frieden mit seinen Nachbarn zu leben. Die Feinde Israels, Antizionisten und irregeführte Intellektuelle, bedienen sich des antisemitischen Vokabulars, um die zionistische Handlungsmacht als eine Form der Aggression und sogar des Genozids zu missdeuten. Nichts davon trifft zu. Es handelt sich um die legitime und völlig gerechtfertigte Entschlossenheit des jüdischen Volkes, das darauf besteht, dass die Rechte aller Völker gleichermaßen auch für sie gelten.

Aus dem Englischen von Christoph Hesse.

And the Winner is … Hamas!

Richard Schuberth

Hello, here is the United Kingdom.
Bonjour, ici le Royaume-Uni. Hamas:
twelve points, Hamas: douze points,
Israel: zero points, Israël: zéro points …

So sehen Sieger aus. Selbst wenn es gelänge, sie zu vernichten, ihre Finger hielten den Knopf noch in Todesstarre gedrückt, mit dem sie eine ideologische Mobilisierung in Gang setzten, wie sie die Welt noch nicht gesehen hatte. Der Hamas gelang es, sich mit der Reislamisierung Palästinas gegen »die geistige Invasion« des Westens (Artikel 15 der Hamas-Charta von 1988) in den Augen westlicher Linksintellektueller als legitimer Repräsentant der palästinensischen Sache und ihre Pressedienste als verlässliche Primärquellen internationaler Medien geltend zu machen.

Doch auch das reichte ihr nicht. Erfolgsverwöhnt, wie sie war, bedurfte es eines Massakers an israelischen Juden, um auch die Queer- und die Klimabewegung (»No climate justice on occupied land«) von der Notwendigkeit zu überzeugen, Israel abzuschaffen. Denn alles andere als eine vernünftige Zweistaatenlösung bedeutet »Free Palestine«, an der weder die palästinensische Seite noch – seit der Ära Netanjahus – die israelische interessiert ist.

So es international unterstützungswürdige Prioritäten gibt, dann die Ausschaltung des Hamas-Terrorismus auf der einen und den Schutz der palästinensischen Zivilbevölkerung vor der Hamas sowie den völlig planlosen Zerstörungsexzessen der israelischen Führung auf der anderen Seite. Hungerkatastrophen und Massenmorde im Sudan und anderswo müssen zwar wieder einmal schmollend zur Seite treten, doch sind sie das, sobald Israel etwas ausfrisst, gewohnt.

Wieso aber plötzlich »Free Palestine« wieder auf die Transparente geschrieben wurde, erschloss sich nur denen, die mit Schrecken erkannten, dass die Palästinensersolidarität den Todeskult der Hamas übernommen hatte. Wie viel PR-Genie muss eine klerikalfaschistische Mördersekte aufbringen, die die Linke, deren gemeinsamer Nenner einst Religionskritik und Internationalismus waren, dazu bringen kann, ihre Bemühungen vom Kampf gegen Kapitalismus und Umweltzerstörung auf den gegen einen Ministaat umzulenken, der als Knotenpunkt aller Weltübel halluziniert wird. Zugunsten einer Theokratie, muss hinzugefügt werden, damit das Lachen auch sicher im Hals stecken bleibt.

Ein interessanter Wesenszug des Nationalismus ist dieser eigentümliche Zwiespalt zwischen männlicher Wehrhaftigkeit und geradezu aggressivem Herumgeopfere. Ein bisschen ist er wie Mel Gibson. Er kann in seiner Erzählung nie genug gefoltert werden. Das dient der Rechtfertigung von Homogenisierung und Expansion. Auch der rechtsextreme Siedlerzionismus setzt auf diese Karte. Nationalismus gewinnt durch die Härte der Unterdrückung, die nicht nur die Opferbereitschaft stimuliert, sondern überhaupt die Vorstellung, Volk zu sein. Keine Erfolgsbilanz einer Nationwerdung lässt sich mit der Demütigungsgemeinschaft vergleichen. So konturierte erst die Niederlage im Krieg von 1948 die ethnischen Grenzen eines palästinensischen Volkes. Der Islamismus hingegen ist kosmopolitisch, doch gewinnt er nicht durch die Härte der Unterdrückung seiner Schäfchen, sondern wortwörtlich durch deren Opfertod.

Es bedarf schon eines unerschütterlichen Kulturrelativismus, um die Diskrepanz zwischen dem maskulinistischen Getue des Gotteskriegers und seinem feigen Verstecken in Tunneln, unter Krankenhäusern, in Schulen, hinter Kindern und den Rücken ihrer Mütter zu verstehen.

Opferbereitschaft kann man der Hamas gewiss nicht absprechen. Nimmt der Nationalist seinen Mund recht voll, wenn er behauptet, bis zum Letzten seines Volkes kämpfen zu wollen, so lässt der Jihadist aus Gaza Worten auch Taten folgen und versteckt sich bis zum Letzten seines Volkes dort unten im Maulwurfbau. Um Nachwuchs muss er sich dennoch nicht sorgen, denn obwohl die israelische Armee rücksichtsloser vorging als je zuvor, konnte sie noch immer nicht von der international mitnichten honorierten Angewohnheit lassen, Bewohner von Vierteln vor deren Bombardements zu warnen.

Der Aggressor von innen spekuliert darauf, dass die Überlebenden ihre Vergeltungswünsche auf den Aggressor von außen richten werden. Sollten die Chronisten und Analytikerinnen die bevorstehende Katastrophe des 21. Jahrhunderts überleben, dann werden sie die diabolische Brillanz eines kleinen Provinzablegers der ägyptischen Muslimbruderschaft anerkennen müssen, mit der er seinen Feind zum Massenmord aufstachelte und den internationalen Antisemitismus für sich arbeiten ließ.

Ist der Bluffer Putin viel kleiner, als sein Posieren glauben macht, so ist die Hamas größer, als sie scheint. Mit ihrem Coup vom 7. Oktober 2023 hat sie sich, ihr Erfolg gibt ihr recht, als wahrer *global player* inthronisiert. Auch wenn ihr der Global Player Award posthum überreicht werden könnte. Denn ihr Coup bestand in einem orchestrierten Dreischritt aus Judenpogrom, Selbstmord und Massentötung palästinensischer Zivilisten. Der erste Schritt machte ihr Freude, der zweite ihr nichts aus und der dritte war der eigentliche Sinn der Übung.

Wenn man davon ausgeht, dass die Hamas-Führung in ihren Luxussuiten in Katar nicht Aufnahmen der Predigten Scheich Jassins, sondern lieber westliche Blockbuster guckte, so dürfte sie am meisten David Finchers Thriller »Seven« beeindruckt haben. Zur Erinnerung: Der von Kevin Spacey dargestellte religiöse Psychopath John Doe stellt in einer phantasievollen Mordserie die sieben Todsünden nach. Als vorletztes lässt er seinem Widersacher, dem von Brad Pitt gespielten Polizisten Mills, ein Paket mit dem abgetrennten Kopf von dessen Frau zustellen. Interessanterweise ist die dieser Tat zugrundeliegende Sünde der *Neid*, denn Doe beneidete den Cop um dessen Ehe- und

Familienglück. Die letzte Todsünde ist der *Zorn*, und wie erwartet erschießt Mills den Mörder seiner Frau.

Die Führer der Hamas waren und sind wahnsinnig und nicht minder intelligent, denn die Irrationalität ihres finalen Todeskults verfolgen sie mit höchster Rationalität. Bemerkenswert ist, dass sie sich nie – wie Jassir Arafat und die al-Fatah – mit Sympathiekampagnen für ihre westlichen Fans verstellen, weder mit dem Ölzweig des Friedens noch der Kalaschnikow des antiimperialistischen Klassenkampfs winken mussten. Sie haben ihre Ziele immer klar formuliert.

Wer nicht glauben will, dass palästinensischer Tod der wichtigste Aktivposten im Geschäftsmodell Hamas ist, hat deren PR-Managern nicht genau zugehört. Bereits 2008 verkündete ihr hochrangiger Funktionär Fathi Ahmad Hamad im Sender al-Aqsa TV: »Die Feinde Allahs wissen nicht, dass das palästinensische Volk eigene Methoden der Todessuche entwickelt hat. Für das palästinensische Volk ist der Tod zu einer Industrie geworden, worin sich auch die Frauen und alle Bewohner dieses Landes auszeichnen. (…) Deshalb hat es menschliche Schutzschilde aus Frauen, Kindern, älteren Menschen und Mujaheddin formiert, um die zionistische Bombenmaschine herauszufordern. Es ist, als ob sie dem zionistischen Feind zurufen würden: ›Wir wünschen uns den Tod, so wie ihr euch das Leben wünscht.‹« Im selben Jahr gewährte Hamad Einblicke in eine der erfolgreichsten Werbestrategien der Geschichte: Die Hamas provoziere israelische Bombardements, verriet er dem Sender Infolive.tv, denn mit jedem Angriff bewirke sie mehr internationale Berichterstattung und Sympathien.

Vor allem linke Herzen flogen der Hamas zu. Das kann unmöglich der glutäugige transgressive Sex-Appeal der wilden jungen Männer und Frauen einstiger internationaler Résistance wie Che, Malcolm X, Andreas Baader oder Leila Khaled sein, wie ein Blick auf die adipösen Körper und mafiösen Fratzen jener alten Männer, die die eigenen Finanzen und den Tod der anderen verwalten, verrät. Offensichtlich erregen diese Visagen als ins Gesicht gemeißelte Mementos, was Israel aus unseren schönen Freiheitskämpfern von einst gemacht hat, Mitleid im antizionistischen Unbewussten.

Besser beweisbar indes ist, dass in den Köpfen der zeitgenössischen Linken die dürftige, aber mitunter doch brauchbare Unterscheidung zwischen *progressiv* und *reaktionär* abgeschafft ist. Zur Erinnerung: Als *reaktionär* galt im alten Verständnis die Ideologie und Praxis der herrschenden Klasse, die Interessenunterschiede innerhalb einer Gesellschaft, vor allem die zwischen Macht und Ohnmacht, mit fixen Feindbildern und der Konstruktion gemeinsamer Identitäten zu harmonisieren. Als *progressiv* hingegen galten idealerweise Denken und Praxis, welche die soziale Schere so gut wie möglich zu schließen (sei es durch Revolution oder Reform) und die Freiheit von Einzelnen und Gruppen gegen Diskriminierung zu verteidigen trachteten und dabei auch nie die mannigfaltigen Zusammenhänge zwischen sozialen Gegensätzen und Diskriminierung aus den Augen verloren.

Dass vor allem aktivistische Linke aufgrund ihrer nur selten unterprivilegierten Herkunft eher das mit der Identität als das mit dem Sozialen verstehen, erklärt ihre Empathie mit islamistischen Befindlichkeiten. Was früher mal als Dependenztheorie oder geopolitische Machtstrategie zur Sicherung von Märkten analysiert wurde, verwandelt sich in ihren interaktiven, mehr von Tolkien als von Marx beeinflussten Fantasy-Theorien in Endkämpfe zwischen weißen Rassisten und etwas bunteren Opfern, zwischen postkolonialer Besserwisserei und gekränktem Islam. Als Mordor fungiert, wer eignet sich besser dafür, der zionistische Moloch.

2005 übertrug dieser die Verwaltung im Gaza-Streifen der Palästinensischen Autonomiebehörde und vertrieb dort gewaltsam über 8000 israelische Staatsbürger, deren Häuser teilweise zerstört wurden. Schließlich erlangte die Hamas die Macht, schaltete gewaltsam die Opposition aus, transformierte den Landstrich, wie der Journalist Khaled Abu Toameh bereits 2009 festhielt, »in eine islamische Entität im Stil der Taliban«, worunter Frauen, Areligiöse und queere Menschen am meisten zu leiden hatten, und baute ihn zu einer Operationsbasis terroristischer Angriffe aus. Israel und Ägypten machten daraufhin die Grenzen dicht, 17.000 Araber passierten mit speziellen Arbeitsbewilligungen weiterhin die Checkpoints zwischen Gaza und Israel.

Im progressiven Weltbewusstsein verfestigte sich flugs das Bild vom größten Konzentrationslager der Welt, das sich Israel halte, und auch wenn der dazugehörige Holocaust ausblieb, stand der Staat der Holocaust-Überlebenden weiter unter permanentem Genozidverdacht. Judith Butler adelte die Hamas gemeinsam mit der Hizbollah zu Befreiungskämpfern und Ehrenmitgliedern des internationalen linken Widerstands. Der Doyen des Dekolonialismus, Ramón Grosfoguel, und die Autorin Masha Gessen popularisierten den Vergleich mit dem Warschauer Ghetto.

Die radikalste zeitgenössische Organisation des organisierten Judenmords durfte sich also im linken Wahn als Erbe der tapferen jüdischen Männer und Frauen sehen, die den Kampf gegen SS und Wehrmacht suchten, um durch den nahezu sicheren Tod wenigstens der industriellen Vergasung zu entgehen. Wird Yahya Sinwar, der Planer des 7. Oktober, als eine Art Sophie Scholl der zwanziger Jahre dieses Jahrhunderts in die Geschichte eingehen? Wer das geschmacklos findet, der hat noch nicht die Elogen von Greta Thunbergs Erstem Maat der »Madleen«, des Aktivisten Thiago de Ávila e Silva Oliveira, auf den verblichenen Terrorboss der Hizbollah, Hassan Nasrallah, gehört.

Man weiß nicht, wie viele Effekte des 7. Oktober von der Hamas beabsichtigt waren oder ob eine so nicht vorhergesehene Kettenreaktion für sie günstige Fügungen auslöste. Unmittelbar nach dem 7. Oktober regte sich in weiten Teilen der internationalen Linken bekanntlich Entsetzen. Entsetzen über Israel. Die verstörende Täter-Opfer-Umkehr, die permanent mit dem historischen Kontext gerechtfertigt wurde, erklärt sich zum Teil wohl aus der Angst, dass der Hauptfeind nun Solidarität und Mitgefühl in Anspruch nehmen könnte. Sofort rationalisiert wurde dieser Gefühlszwiespalt durch Zweifel an der Realität der Gewalttaten sowie die Sorge um das Ausmaß der Vergeltungsschläge.

Wenn man will, kann man das Bild der Israel Defense Forces als »humanster Armee der Welt« als Propagandalüge abtun. Es gibt nur eine Art von humaner Armee: jene, die nicht aktiv werden muss. Dass die israelische Armee in der Tat in den verschiedenen Phasen ihres Bestehens maßvoller und humaner agierte als nur irgendeine Streitkraft in der Region (von den Armeen der USA und Russlands gar nicht zu sprechen), wird entweder als Lüge abgetan, gegen die sich genug Gewalttaten gegen Palästinenser anführen lassen, oder aber als rassistische Imagepolitik, um sich als zivilisatorischer Gegenpart zu barbarischen arabischen Fanatikern zu brüsten.

Keine noch so linke, keine noch so liberale Regierung, weder in Israel noch einem anderen Land, hätte sich den 7. Oktober ohne militärische Antwort gefallen lassen. Keine Regierung hätte Zweifel daran gelassen, dass die Hamas vernichtet werden müsse. Bloß in der Abwägung, wie viele zivile Opfer in Kauf zu nehmen wären, hätte sich die Härte der Reaktion unterschieden. Doch auch ein Bruchteil der zivilen Opfer des gegenwärtigen Gaza-Kriegs hätte am Vorwurf des Völkermords, der Israel seit seiner Gründung anhaftet, nichts geändert.

Vertreter der israelischen Opposition, darunter auch gefeuerte Militärs, haben immer wieder betont, dass sich die Armee spätestens nach der Eroberung von Khan Yunis aus Gaza hätte zurückziehen sollen, da eine vollständige Liquidation der Hamas nicht möglich sei. Doch die Hamas wusste, dass ihr – als Vollzugsorgan ihres Plans – mit der gegenwärtigen Koalition die bislang rücksichtsloseste israelische Regierung zur Verfügung stand und ihr Faschisten angehörten, die auf die menschlichen Schutzschilde keinerlei Rücksicht nehmen würden. Man konnte Israel endlich als den Massenmörder bloßstellen, als den man ihn immer sehen wollte. Mit einiger Verspätung hatte es sich ins etablierte Vorurteil gefügt, und die Welt der pathischen Projektion war wieder in Ordnung.

Das Ausmaß des Leids und Sterbens in Gaza muss jedem noch nicht verrohten Menschen unerträglich sein. Doch die Kanäle, Protest dagegen kundzutun, sind von Mehrheiten besetzt, die keinerlei Mitgefühl mit den Opfern des 7. Oktober zeigten und sich indirekt und immer häufiger direkt mit dem islamistischen Plan identifizieren, Israel ungeschehen zu machen. An Möglichkeiten zu einem »freien Palästina« hatte es nämlich nie gemangelt. Wer sich von der bestehenden Hegemonie nicht instrumentalisieren lassen will, dem wird – ganz im Stile des vorherrschenden Manichäismus – Komplizenschaft mit der Vernichtung arabischer Zivilisten unterstellt.

Das ist eine der teuflischsten Leistungen einer Organisation, die sich durch geschicktes Switchen zwischen Terrororganisation, politischer Partei und Freiheitsbewegung stets davor schützen konnte, in die politische Verantwortung genommen zu werden. Denn erstaunlicherweise scheint niemand je ernsthaft versucht zu haben, sie – um den Krieg sofort zu beenden – zum Niederlegen der Waffen und die Freilassung der Geiseln zu bewegen. Wen wundert es, war doch auch niemand je auf die Idee gekommen, der Hamas den Tipp zu geben, die Bevölkerung in ihrem 500 Kilometer langen, teils mit internationalen Hilfsgeldern finanzierten Tunnelsystem vor israelischen Bomben zu schützen. Außer einem Journalisten von RT (früher Russia Today), dem Mousa Abu Marzook, Mitglied des Politbüros der Hamas, am 27. Oktober 2023 ohne Umschweife verriet, dass die Tunnel einzig dem Schutz der Hamas dienten, denn für die Zivilbevölkerung seien die UN zuständig.

Die Hamas hat wirklich Unglaubliches vollbracht. Sie hat die mächtige Opposition gegen Benjamin Netanjahu in einen nationalen Schulterschluss getrieben, der Israel als jene homogene Tätergesellschaft erscheinen lässt, als welche sie immer wieder inkriminiert wurde; sie hat die israelische Armee in ihre Domäne gelockt, nicht um sie aus Hinterhalten zu vernichten, sondern um sie so viele Zivilisten wie möglich vernichten zu lassen; sie hat jeglichen Ausgleich, jegliche konstruktive Lösung für Generationen, und wie zu befürchten steht, für immer zerstört – auf beiden Seiten ist die Zweistaatenlösung in weite Ferne gerückt, israelische Einstaatenphantasien vom arabisch-jüdischen *honeymoon* sind es ohnehin, auf palästinensischer Seite heißt die einzig akzeptable Einstaatenlösung: *from the river to the sea* – und Hunderttausende Linke skandieren sie weltweit, ob sie nun wissen, was sie bedeutet, oder nicht.

Israel steht geächteter da als je zuvor. Israelbezogener Antisemitismus ist irische Staatsdoktrin und selbstverständlicher Haupttopos der gesamten britischen Kulturszene, progressive Erstsemestrige an amerikanischen und europäischen Unis feiern ihre politische Initiation nicht mit Kapitalismuskritik, sondern mit der Notwendigkeit, Israel zu zerstören, und in Ländern der südlichen Hemisphäre ist die Vorstellung, Israel sei an ihrer Unterentwicklung schuld, sinnliche Gewissheit. Aber der größte Erfolg der Hamas: Sie konnte Tilda Swinton als informelle Botschafterin gewinnen.

Die taktische Durchtriebenheit der Hamas wird aber wohl nicht so weit reichen, ihre hohen Sympathiewerte ins Unermessliche zu steigern und für die Phase der Konsolidierung eine Taube als neuen Führer aufsteigen zu lassen, der die judenfreundlichen Passagen des Koran auswendig kennt, den Zionisten den 7. Oktober verzeiht und eine Zweistaatenlösung anbietet, welche Israel nicht akzeptieren kann, aber den Zweck verfolgt, alle historischen Verweigerungen eines solchen Plans durch die palästinensische Seite hinter dieser einen israelischen Verweigerung verschwinden zu lassen. Nun, hier stößt auch die jihadistische Taktik an ihre Grenzen, andernfalls sie, während Netanjahu und Yoav Gallant in Den Haager Gefängniszellen schmoren, in Stockholm unter Tränen den Friedensnobelpreis in Empfang nehmen könnte

Ein dummer Cartoon und die Universitätsideologie

Paul Berman

Unter den vielen Protestwellen, die in den Monaten nach dem 7. Oktober 2023 die amerikanischen Universitäten überrollten, gab es ein winziges Gekräusel, das mir sogleich ins Auge stach: ein ausgesprochen kleiner Skandal an der Universität Harvard im Februar 2024, bei dem nicht ein einziges Fenster zerbrochen wurde und der auch keinen Studentenaufstand oder eine Maseninvasion von Staatsbediensteten hervorrief. Es ging um einen Cartoon – der allerdings ein Licht auf einen früheren Skandal in Harvard warf, den ursprünglichen Skandal nämlich, der die gewaltige Flut von Protesten und Auseinandersetzungen an den Universitäten eigentlich erst ausgelöst hatte.

Der ursprüngliche Skandal bestand in einer Erklärung, die über dreißig studentische Gruppen der Universität Harvard in den ersten Tagen nach dem Massaker vom 7. Oktober 2023 unterzeichnet hatten. Darin wurde für die Gräueltaten einzig und allein Israel selbst verantwortlich gemacht und die Hamas nicht einmal erwähnt. Ebenso skandalös war das täppische Zaudern der Präsidentin Claudine Gay, die es versäumte, sich ausreichend deutlich zu dem Massaker und zur Erklärung der Studenten zu äußern, was ihren berüchtigten Auftritt vor dem Kongress zur Folge hatte, wo sie am Verhalten von Studenten, die zu einem Genozid an Juden aufriefen, nichts auszusetzen fand (»hängt vom Kontext ab«).[1] Und daraus folgte schließlich alles Weitere.

1 Claudine Gay musste als Präsidentin zurücktreten, weil sie den Antisemitismus an ihrer Universität bei einer Anhörung vor dem US-Kongress nicht verurteilt hatte (außerdem gab es Plagiatsvorwürfe gegen sie). Auf die Frage, ob es gegen die Verhaltensregeln der Universität verstoße, wenn Studierende zu einem »Genozid an Juden« aufrufen,

Doch so ging es nicht nur in Amerika zu. In Paris sorgte die Sciences Po, auch bekannt als Institut d'études de politiques de Paris, etwa das Harvard Frankreichs, im März 2024 für ihren eigenen Skandal. Studierende hielten eine propalästinensische Versammlung ab, und ein jüdischer Student fand den Mut, das Amphitheater zu betreten, doch wurde er dort auf so widerwärtige Art und Weise empfangen, dass sogar Emmanuel Macron es für seine Pflicht hielt, das »unsägliche und völlig unerträgliche« Verhalten zu verurteilen. Das wiederum führte Ende April zur Besetzung eines Treppenhauses durch Studenten, zum Einschreiten der Bereitschaftspolizei, zur Empörung über die Bedrohung der Wissenschaftsfreiheit und zu dem ganzen Tumult, den etliche Universitäten und Kunstorganisationen inzwischen kennen. Auf solche Weise hat die riesige, bisweilen auch skandalöse Welle von Protesten gegen Israel und den Zionismus, die in Harvard ihren Anfang nahm, sich zu einem, nun ja, vielleicht nicht gerade weltweiten Phänomen entwickelt. Zumindest an lateinamerikanischen Universitäten gab es derlei Probleme merkwürdigerweise nicht, auch in vielen anderen Regionen nicht. Die Protestwelle war jedenfalls riesig.

Der Karikaturenskandal – das Mini-Ereignis in Harvard vom Februar 2024 – wurde von zwei Studentenorganisationen ausgelöst: dem »Harvard Undergraduate Palestine Solidarity Committee« und der »African and African American Resistance Organization«, bedauerlicherweise mit Unterstützung einer weiteren Organisation namens »Harvard Faculty and Staff for Justice in Palestine«. Die beiden studentischen Gruppen wollten die historischen Ursprünge der Solidarität der Afroamerikaner mit der palästinensischen Sache würdigen, die auf den Protest der

antwortete sie: »Das hängt vom Kontext ab.« Bei der Anhörung, so schrieb sie in einem Gastbeitrag in der *New York Times*, sei sie in eine »gut gestellte Falle« getappt: »Ich habe es versäumt, klar und deutlich zu sagen, dass Aufrufe zum Genozid am jüdischen Volk verabscheuungswürdig und inakzeptabel sind und dass ich alle mir zur Verfügung stehenden Mittel einsetzen werde, um Studierende von dieser Art Hass zu schützen.« (A.d.H.)

Bürgerrechtsbewegung aus dem Jahr 1967 zurückdatieren. Sie wollten zeigen, dass die jungen Rebellen damals den Kampf für die Befreiung der Schwarzen damit einen großen Schritt vorangebracht hätten. Zu diesem Zweck erstellten sie eine Infografik, in der auch die Kohlezeichnung eines Künstlers namens Herman »Kofi« Bailey zu sehen war, die die Studenten einer Flugschrift von 1967 entnommen hatten.

Der Cartoon zeigt einen Schwarzen und einen Araber unterdrückt von ihrem gemeinsamen Feind, dem Juden. Ein schwarzer und ein arabischer Mann (dabei könnte es sich um den Boxer Muhammad Ali und den ägyptischen Präsidenten Gamal Abdel Nasser gehandelt haben) blicken hilflos nach oben, mit Schlingen um den Hals. Am oberen Rand der Karikatur hält eine weiße Hand, auf deren Rücken ein Davidstern-Tattoo mit einem Dollarzeichen zu sehen ist, die beiden Stricke locker zwischen den Fingern, bereit zum tödlichen Ruck. Doch ist Rettung in Sicht. Ein dürrer Arm, der eine Machete schwingt, beide mit »Befreiungsbewegung der Dritten Welt« beschriftet, schickt sich an, die Stricke zu kappen und die Verurteilten zu befreien. Bei dem Cartoon handelt es sich, kurz gesagt, um ein Melodram aus Opfern (Schwarze, Araber), Tätern (Juden) und Rettern (Befreiung der Dritten Welt). Die Harvard-Studentengruppen aber hielten ihn für wertvoll genug, ihn auf ihrer Instagram-Seite zu verbreiten, was jemanden von »Harvard Faculty and Staff for Justice in Palestine« offenbar so sehr beeindruckte, dass er den Cartoon sogleich weiterverbreitete und damit seine Zustimmung kundtat (auch wenn die Fakultät selbst und das andere Personal in Wirklichkeit keine Ahnung hatten, was da herumgeschickt wurde). Und schon war der Mini-Skandal im Gange.

Bei dieser Gelegenheit bewies der Interimspräsident von Harvard – Claudine Gay war zu diesem Zeitpunkt bereits gegangen –, dass er aus deren Fehlern gelernt hatte, und ließ sich rasch zu einer Verurteilung herbei. Und Rakesh Khurana, der Dekan des Harvard College, setzte noch einen drauf, indem er den Instagram-Post als »eindeutig antisemitisch und rassistisch«

bezeichnete. Das war scharf formuliert, zumal die beiden Studentengruppen sich selbst gewiss für die tapfersten Gegner des Rassismus hielten. Außerdem hatte »Harvard Faculty and Staff for Justice in Palestine« in seiner Gründungserklärung ausdrücklich bestritten, dass »Kritik am Staat Israel antisemitisch ist«. Ihre eigene Kritik daran wurde jedoch in der Tat als antisemitisch wahrgenommen. »Es hat sich herausgestellt«, sagte der Dekan, »dass einige Angehörige unserer Universität darauf aus sind, zu testen, wie tief der Diskurs sinken kann – und es scheint, dass wir den Tiefpunkt nun erreicht haben.«

Alle haben sich entschuldigt. Harvard ist zivilisiert. Und doch mag niemand beleidigt werden. Die der Dekan beschuldigte, mochten gespürt haben, dass sie, selbst wenn sie es versäumt hatten, die Karikatur genauer unter die Lupe zu nehmen, die allgemeine Meinung der Studenten und auch vieler Fakultätsmitglieder auf ihrer Seite hatten. »Harvard Faculty and Staff for Justice in Palestine« bedauerte indes weniger seine Beteiligung an der Affäre als vielmehr sich selbst: »Wir haben erfahren, dass ein Beitrag mit altbackenen Karikaturen, die beleidigende antisemitische Stereotype enthielten, mit uns in Verbindung gebracht wurde.«

Die Studenten wagten sich mit ihren Entschuldigungen noch tiefer in die Grauzone passiver Aggression vor. Zwar löschten die verantwortlichen Gruppen die in Ungnade gefallene Karikatur aus ihrem Instagram-Post, jedoch nur um sie durch ein Foto des Anführers der jungen Rebellen zu ersetzen, in dessen Flugschrift sie 1967 ursprünglich veröffentlicht worden war: nämlich Stokely Carmichael, später auch bekannt als Kwame Ture, ein charismatischer Mann, dessen berühmtester Slogan die mitreißende »Black Power« war. Seine zweitberühmteste Parole allerdings lautete: »Nur ein toter Zionist ist ein guter Zionist.«

Jetzt erst fällt mir auf, wie gespenstisch das skandalöse Element geworden ist, als würde es von dem ursprünglichen Skandal heimgesucht, und zwar nicht von dem, der sich in Harvard unmittelbar nach dem 7. Oktober ereignete, sondern dem Original des Originals von 1967. Die jungen Rebellen von damals waren Mitglieder des »Student Non-Violent Coordinating Committee«, kurz SNCC, »Snick« gesprochen. In der Zeit vor 1967 war der SNCC – wenn ich es mal so ausdrücken darf – die ruhmreichste Studentenorganisation, die es je gab. Martin Luther King Jr. und eine solide Gruppe erfahrener Aktivisten waren die Anführer der Bürgerrechtsbewegung in ihrer Erwachsenenabteilung, während die jungen Leute im SNCC, Schwarze ebenso wie Weiße, als Fußsoldaten im Einsatz waren, die durch den Süden marschierten, um sich Verhaftungen und Schlägen auszusetzen und letztendlich den Sieg davonzutragen. Der Vorsitzende des SNCC war der junge John Lewis aus Atlanta, in South Carolina gehörte James Clyburn zu den Aktivisten des Verbands. In New York mobilisierte die Highschool-Abteilung des SNCC die Jugend der Jugend.

1965 jedoch rissen Stokely Carmichael und seine Gesinnungsgenossen die Organisation allmählich an sich. Es gelang ihnen, die Weißen auszuschließen, was hauptsächlich bedeutete: die Juden. 1967 hatte Lewis die Organisation verlassen, und Carmichael übernahm den Vorsitz. Im Nahen Osten brach der Sechstagekrieg aus. In den arabischen Ländern löste der Schock, dass so viele arabische Armeen so schnell und schmählich von Israel besiegt worden waren, ein politisches Erdbeben aus, eine Radikalisierung, die von großer Bedeutung für die gesamte Region war. Es begannen die palästinensischen Terroranschläge. Und der Krieg löste bald ein weiteres Erdbeben auch in der amerikanischen Bürgerrechtsbewegung aus. Die neue Truppe des SNCC begehrte gegen die alte Garde der Bürgerrechtsbewegung und ihre vielen Bündnisse auf, vor allem gegen die Allianz mit den amerikanischen Juden. Und in einer SNCC-Mitteilung erschien ein Artikel, der sich gegen den Zionismus aussprach.

Es war eine heftige Auseinandersetzung. Nach Meinung des SNCC war der Zionismus fortan das Böse schlechthin. Der Zionismus sei rassistisch, hieß es, selbst gegenüber dunkelhäutigeren Juden. Er beute Schwarzafrika aus, sei ein Feind der Befreiung Afrikas und verhalte sich gegen die Palästinenser in Gaza wie die Nazis. Der Zionismus sei ein Geschöpf des britischen und amerikanischen Imperialismus zu dem Zweck, dem weißen Amerika bei der Ausbeutung des arabischen Öls zu helfen. Letztlich sei er das Produkt einer »Verschwörung der Rothschilds mit den Briten« – der Rothschilds, die, in Großbuchstaben, »EINEN GROSSEN TEIL DES MINERALISCHEN REICHTUMS AFRIKAS KONTROLLIEREN«. Der Cartoon mit der Schlinge hatte diesen Artikel treffend illustriert. Die Gesinnung, die beide zum Ausdruck brachten, setzte sich bald sowohl im SNCC als auch in der brandneuen Black Panther Party durch, die später eigene Cartoons zu ähnlichen Themen veröffentlichte.

Das waren bedeutsame Entwicklungen, die man vielleicht als Beitrag zu einem »schärferen Bewusstsein« der Schwarzen in ihrem Befreiungskampf darstellen kann, wie die Harvard-Studenten und ihre Unterstützer aus der Fakultät es in ihrer Infografik getan haben. Man könnte jedoch auch einwenden, dass die antizionistische Rebellion der jungen Leute im SNCC 1967 zusammen mit dem Aufstieg der Black Panthers die nationale politische Koalition, die Martin Luther King, Bayard Rustin und die Bürgerrechtler der alten Schule so brillant geschmiedet hatten, in die Luft gejagt hat. Der Zusammenbruch ereignete sich obendrein zu einem entscheidenden Zeitpunkt, als nämlich King auf Rustins Anregung hin erste Schritte unternahm, die Bürgerrechtsbewegung von Grund auf umzuformen.

Zunächst hatte diese Bewegung für gesetzlich verbriefte Rechte gekämpft. Bis 1967 waren ihre wichtigsten Forderungen vom Kongress verabschiedet und von Präsident Johnson unterzeichnet worden. Aber Rustin hatte eine neue Idee, er wollte die Bewegung für rechtliche Gleichstellung in eine Kampagne für wirtschaftliche Gleichstellung umwandeln. Die Bürgerrechtskoalition sollte zu einer riesigen multiethnischen Bewegung für sozialdemokratische Reformen unter der Führung der alten Bürgerrechtler, d.h. der Gruppe um Martin Luther King, ausgebaut werden, um so die Sozialpolitik der Vereinigten Staaten mit Zustimmung der Johnson-Regierung nach europäischem Vorbild empfindlich nach links zu verschieben. Nur verschwor sich leider das gesamte Universum gegen Rustin und King und ihr sehr ehrgeiziges Vorhaben.

Ihnen entgegen standen nicht nur die jungen Radikalen im SNCC mit ihren Genossen in der Black Panther Party samt allen Bewunderern des SNCC und der Panthers, was immerhin schon eine Menge Leute waren. Die sozialdemokratischen Gewerkschaften – die traditionell jüdischen Textilindustriegewerkschaften ebenso wie die Arbeiter der Automobilindustrie – unterhielten ihre eigene Jugendorganisation, die hauptsächlich aus Weißen bestand, die »Students for a Democratic Society« (SDS), die stolz darauf waren, loyale Verbündete des SNCC zu sein. Und die jungen weißen Hitzköpfe der SDS und ihre Freunde unter den Hippies und »Freaks« taten ihr Bestes, die alte Koalition zu sprengen, wenn auch nicht unbedingt im Namen des Antizionismus oder des Judenhasses. In Wahrheit hassten gar nicht alle den Zionismus und die Juden. Aber alle hassten die ältere Generation – mit Ausnahme einiger weniger jedenfalls alle Aktivisten der linken Jugendbewegungen. Für Fünfzigjährige war es hart. Rustins großes sozialdemokratisches Projekt hing ganz von King und seinem Charisma ab, und das Attentat auf King in Memphis im April 1968 setzte dem Vorhaben denn auch ein jähes Ende. Im November wurde Richard Nixon zum Präsidenten gewählt, und Stokely Carmichael brach zu einem neuen Leben in Afrika auf.

Die antizionistische Kehrtwende des SNCC war schon immer etwas rätselhaft, und das liegt an Carmichael selbst. Er wurde auf den karibischen Inseln geboren, wuchs aber in der Bronx in New York auf, wo Juden keine exotische Spezies waren. An der Bronx High School of Science, die er besuchte, drängten sich die Sprösslinge der jüdischen Bronx auf den Gängen, und keiner dieser Schüler war ein Rothschild, einige von ihnen kamen aus Verhältnissen, denen es nicht an Begeisterung für King und die Bürgerrechtsbewegung mangelte. Todd Gitlin war einen Jahrgang hinter Carmichael an der Bronx Science.

Später ging er nach Harvard, wo er zu einem Wortführer der SDS wurde. Harvard zeigte auch Interesse an Carmichael und bot ihm ein Stipendium an. Er zog es jedoch vor, an die Howard University in Washington zu gehen, das angesehenste aller Colleges für Schwarze.

Einer seiner bedeutsameren Freunde dort war Tom Kahn, ebenfalls ein Sozialist aus jüdischer Familie, in diesem Fall aus Brooklyn. Der junge Kahn war es, der Carmichael in den Kreis um Rustin einführte – derselbe Kahn übrigens, der von der für ihre Klugheit berühmten sozialistischen Fraktion Max Shachtmans zu Rustins Strategen und von dort zu denen des Gewerkschaftsverbands überwechselte. Wie konnte es also dazu kommen, dass jemand wie Carmichael, der eine Vielzahl jüdischer Freunde und Genossen hatte, die die Sache der Schwarzen unterstützten, in den Worten des Dekans von Harvard den Tiefpunkt erreichte und dem uralten Aberglauben verfiel, der Unterdrücker der Afroamerikaner sei das internationale Judentum? Bei einem solchen Abstieg könnte man sich fragen, ob nicht irgendein schrecklicher Vorfall ihn zu einer derart kruden Reaktion gedrängt habe: ein durchtriebener Vermieter, ein fieser Mathelehrer, gehässige Schulkameraden oder was auch immer.

Aber das sind alberne Spekulationen. Carmichael war durchaus seriös und seine Entwicklung das Ergebnis ernsthafter Überlegung. An intellektueller Finesse mangelte es ihm jedenfalls nicht. Bei Rustin war schon die klassische Bürgerrechtsidee mächtig raffiniert. Es handelte sich um einen von Indiens antikolonialer Rebellion und der gewaltfreien Philosophie Mahatma Gandhis inspirierten Internationalismus, gemischt mit der Sympathie für die antikolonialen Kämpfe Schwarzafrikas, denen Rustin noch weitere Einflüsse geschickt beimischte, etwa aus verschiedenen Strömungen des amerikanischen Protestantismus und der afroamerikanischen Tradition sowie des sozialdemokratischen Flügels der Arbeiterbewegung und der Anhänger Shachtmans, der weithin jüdischen Fraktion des liberalen Reformismus. Das war eine fabelhafte Gemengelage. Aber es waren Ideen aus den 1940er und 50er Jahren.

Der junge Carmichael war ein Mann der 1960er Jahre. Er ließ sich von Frantz Fanon inspirieren, dem Philosophen der Dekolonisierung, einem Psychiater aus Martinique. Und dessen Ideen scheinen mir der Schlüssel zu dieser Entwicklung zu sein. Fanon war wütender und verbitterter als Rustin, was ihn für eine jüngere Generation reizvoll machte. Und er war ein ehrgeiziger Denker. Seine Ideen entwickelten sich in Phasen. Zunächst ging es darum, das Bewusstsein der Schwarzen zu schärfen und es auf die Höhe der Zeit zu heben – ein transnationales Bewusstsein, das zur französischen Karibik (der er selbst entstammte), zu den Schwarzen Frankreichs, zu verschiedenen Regionen Westafrikas und sogar zu den Schwarzen der Vereinigten Staaten passen sollte. Fanon engagierte sich im Kampf Algeriens gegen Frankreich und ging bald so weit, auch im Namen der revolutionären Araber zu sprechen, wiewohl ich mir nicht sicher bin, ob seine Einsichten in das arabische Bewusstsein viel taugen. Seine Ziele steckte er immer höher, schließlich verfolgte er ein weltweites Programm antikolonialer Revolution und postkolonialer Entwicklung. Im Auge hatte er dabei hauptsächlich die schwarze und arabische Welt, doch ein paar Seitenblicke auf andere Ecken der Welt reichten aus, die Universalität seiner Ambitionen zu untermauern.

Letztendlich ging es ihm darum, der gesamten Menschheit zu vollem und unverstelltem Selbstbewusstsein zu verhelfen, einem Selbstbewusstsein, das erst durch die Anerkennung anderer Menschen ermöglicht würde. Ein solches Selbstbewusstsein sollte zunächst die schwarze und farbige Bevölkerung und sodann die ganze Menschheit erlangen. Fanon war, mit einem Wort, ein kompromissloser Hegelianer, und zusammen mit seiner Herkunft aus Martinique verlieh ihm dies eine unbestreitbare analytische sowohl wie emotionale Kraft. Hegel hatte schließlich behauptet, dass die Sklaverei und der Kampf gegen sie am Anfang aller Geschichte stünden – was Menschen in anderen Teilen der Welt wie eine philosophische Metapher klingen mag, in der Karibik jedoch tatsächlich der Fall war.

Fanons intellektueller Vorgänger war der sozialistische Schriftsteller und Theoretiker C.L.R. James aus Trinidad. 1938, bereits in England, schrieb er »Die schwarzen Jakobiner«, eine Geschichte der haitianischen Sklavenrevolution, in der er sich zugleich mit der afrikanischen Dekolonisierungsbewegung beschäftigte. Auch er betrachtete die Ereignisse durch die Linse eines karibischen Hegelianismus. Nur war James' Hegelianismus marxistisch. Er verwandelte Hegels abstrakte Kategorien von Herr und Knecht in konkrete Realitäten des Klassenkampfs, in dem die Eigenschaften und Interessen der einen Klasse sich mit denen der anderen vermengen konnten. James' Wut auf die Sklaverei war gewaltig, doch mit Hilfe seines Marxismus konnte er zeigen, wie die haitianischen Sklaven, die allen Grund hatten, die Franzosen zu hassen, gleichwohl Ideen und Ideale aus Frankreich übernehmen konnten. Mitunter erfuhren die Sklaven seitens der französischen Revolutionäre sogar Solidarität, die sie ihrerseits auch diesen entgegenbrachten, was in einem ansonsten tödlichen Kampf die Möglichkeit der Verhandlung bot. Und diese wiederum bot die Aussicht auf eine mögliche bessere Zukunft. Dabei heraus kam immerhin ein Buch voller Wut und subtiler Gedanken.

Fanons Hegelianismus allerdings war kein Marxismus, weder in seinem frühen Buch »Schwarze Haut, weiße Masken« noch in seinem berühmteren Werk »Die Verdammten dieser Erde« von 1961 (auch wenn er den Titel der »Internationale« entlehnt hatte). Fanon erkannte die Realität ökonomischer Konflikte und Kämpfe, doch betonte er vor allem Konflikte psychologischer oder vielleicht besser kultureller Natur. Er war sich der Existenz sozialer und ökonomischer Klassen bewusst, in seiner Weltanschauung aber standen Auseinandersetzungen ganzer Nationen im Vordergrund: die kolonisierten gegen die kolonisierenden. Ihm ging es um den globalen Kampf der Dritten Welt gegen die europäischen Imperien (und das zweite Europa, nämlich die Vereinigten Staaten von Amerika). Manchmal sprach er auch von Rassen und nicht nur von Nationen. In einigen rhapsodischen Passagen deutete er etwas wie eine Synthese an, die sich aus den weltweiten Konflikten ergeben könnte. Zumeist jedoch stellte er sich einen Kampf vor, der zu einem Sieg der Kolonisierten und einer Niederlage der Kolonisatoren führen würde (oder zum Gegenteil), ohne dass Eigenschaften der einen sich mit solchen der anderen vermengen oder eine Verhandlung im Verborgenen denkbar wäre. Wenn überhaupt eine Aussicht auf eine Synthese, eine Vereinigung auf einer höheren Stufe bestand, blieb sie äußerst vage.

In dieser Hinsicht war Fanon nicht einmal echter Hegelianer, was er selbst übrigens zugab. Seine Vorstellung von Kampf war plumper als die Hegels und plumper auch als die von James, und dieser Plumpheit verdankt sich sein strikt gewalttätiger Begriff des Kampfs. Gewalt, meinte er, sei für die Unterdrückten unvermeidlich. Und in mancher Hinsicht hielt er sie wirklich für gut. Identität werde durch Machtverhältnisse bestimmt, weshalb die Unterdrückten durch ihre Unterdrückung und nicht durch ihren eigenen kulturellen oder religiösen Reichtum bestimmt würden. (Darum sind in den »Verdammten dieser Erde« die kolonisierten Nationen auch nicht voneinander zu unterscheiden, denn sie sind alle Opfer derselben kolonialistischen Unterdrückung.) Da die Unterdrückten durch ihre Unterdrückung bestimmt würden, bestehe ihre einzige Möglichkeit, eine neue und bessere Identität zu behaupten und ihre psychologischen Probleme zu lösen, in der Anwendung von Gewalt. Gandhi und seine Anhänger sahen ebenso wie die amerikanischen Bürgerrechtler in der Gewaltlosigkeit nicht nur eine Taktik, sondern zugleich ein Prinzip. In ihren Augen hatte Gewaltlosigkeit etwas zu bedeuten. Fanon hingegen erachtete Gewalt als Taktik und Prinzip gleichermaßen. Die Gewalt selbst war für ihn bedeutsam: als eine Therapie für die Kolonisierten. Sie sollte es den Unterdrückten ermöglichen, erst richtige Menschen (oder »Männer«) zu werden.

In seiner kürzlich erschienenen Biographie »Arzt, Rebell, Vordenker«, in der er »Die vielen Leben des Frantz Fanon« umfassend darstellt, beklagt Adam Shatz, dass Fanon in der Gewaltfrage viel unfaire Kritik habe einstecken müssen. Die Gewalt der Kolonisierten, sagt er, habe Fanon als »Gegengewalt« aufgefasst. Schuld seien die Imperialisten gewesen, nicht die Feinde des Imperialismus. Diese Erklärung dürfte einer Lektüre der »Verdammten dieser Erde« kaum standhalten. Fanons Oden an die Gewalt der Unterdrückten geben durchaus Grund zur Besorgnis: »Auf der individuellen Ebene wirkt die Gewalt entgiftend. Sie befreit den Kolonisierten von seinem Minderwertigkeitskomplex, von seinen kontemplativen und verzweifelten Haltungen. Sie macht ihn furchtlos, rehabilitiert ihn in seinen eigenen Augen«, und so weiter. Gewalt ließ Fanon aufrecht in seinem Stuhl sitzen, sie elektrisierte ihn. In dieser (und anderer) Hinsicht war er ein wahrer Anhänger Sartres, der viel Zeit damit verbrachte, aufrecht in seinem eigenen Stuhl zu sitzen, und sich von der Aussicht auf einen offenen Konflikt begeistern ließ. Vielleicht ging es Fanon auch wie Georges Sorel, dem Syndikalisten, der einst ein berühmtes Buch »Über die Gewalt« verfasst hatte, in dem er die revolutionäre Lehre der Anarchisten der direkten Aktion aus den 1890er Jahren vertrat. Indem er sich an der Gewalt des furchterregenden Lumpenproletariats berauschte, gab er auch bereits einen Vorgeschmack des kommenden Faschismus.

Man könnte sich fragen, ob die Kombination aus Nationalismus, Gewalt und Lumpenproletariat in Fanons Vorstellung nicht auch rechtsextreme Möglichkeiten bietet – wenngleich Fanon offenkundig eher seinen Launen als einer extremistischen Berufung folgte. In verstreuten Passagen der »Verdammten dieser Erde« ließ ihn sein gesunder Menschenverstand, wie sein Biograph zu Recht bemerkt, immerhin zugestehen, dass Gewalt in der Tat kein Ideal sei und in taktischer Hinsicht sogar ein schwerer Fehler sein könne. Über die Bedeutung von Freiheit hat Fanon sich schließlich wortreich ausgelassen. Was aber nur bedeutet, dass er in einer Reihe grundlegender Fragen – Gewalt, Nation – uneindeutig blieb.

Die sich seiner Offenheit verdankende emotionale Kraft, mit der er Dinge verurteilte, war allerdings eindeutig. Die Wut in ihm und selbst seine Zweideutigkeiten schienen für einen

Großteil der Menschheit zu sprechen – jenen Teil, der gerade dabei war, die europäischen Kolonialmächte zu stürzen und ein neues Weltsystem zu errichten. Der Mann selbst wirkte anziehend mit seiner Begeisterung für Ideen und seinem Bemühen, die wahre Psychologie der Menschen zu ergründen, was einen leicht dazu führte, die eine oder andere Misshelligkeit bei ihm zu übersehen. Wenn er sich selbst widersprach, was er fast systematisch tat, war auch das nicht ohne Reiz. Dieser Mann hatte es eilig, weil auch das Weltgeschehen es eilig hatte, und ihm blieb keine Zeit, jeden kleinen Widerspruch auszuräumen. Außerdem war er sehr selbstbewusst, und dieses Selbstbewusstsein verlieh ihm einen gewissen Glanz.

Sein Glanz wurde ihm zudem durch eine persönliche Empfehlung Sartres, der in den 1960er Jahren weltweit hohes Ansehen genoss, bestätigt. Sartre empfahl ihn, indem er ein wildes Vorwort zu den »Verdammten dieser Erde« schrieb, das noch gewalttätiger klang als Fanon selbst. Dort behauptete er, »daß zur Zeit ihrer Ohnmacht das kollektive Unterbewußtsein der Kolonisierten die Mordlust ist«. Auf allen Kontinenten verstanden die angesagten jungen Leute der 1960er Jahre intuitiv, dass Fanons Ideen und selbst seine Exzesse dem Geist eines wahrhaft revolutionären Zeitalters entsprachen. War das nicht auch Stokely Carmichaels Erfahrung? Ganz bestimmt. Ich stelle mir vor, wie Carmichael Fanon begierig liest und sich sagt: »Ja, das bin ich, von dem er da spricht. Und die Welt, die er beschreibt, ist die Welt, wie sie tatsächlich existiert.«

Ich kann mir das gut vorstellen, weil es auch meine Erfahrung war, wenngleich auf eine Art und Weise, die unterschiedlicher kaum sein könnte. Mein Exemplar der »Verdammten dieser Erde« – das gerade auf meinem Tisch liegt – ist eine Taschenbuchausgabe für 1,25 Dollar, die ich 1969 gekauft habe. Die verblassten gelben Textmarkierungen, die sich durch die Seiten ziehen, erinnern mich daran, wie ernsthaft ich es damals studiert habe. Das tat ich im Frühjahr 1969 am Columbia College unter der Leitung meines Professors Edward Said, der sich selbst noch in einer Phase befand, in der er die Einflüsse Fanons und der französischen Philosophen unersättlich aufsog. Durch meine Lektüre lernte ich, dass Fanon in den »Verdammten dieser Erde« weder ein liberales noch ein kommunistisches Schema zur Analyse aller erdenklichen Dinge bot. Die gewalttätigen Passagen – und davon gab es viele – beunruhigten mich überhaupt nicht. »Das Leben kann für den Kolonisierten nur aus der verwesenden Leiche des Kolonialherrn entstehen«, schrieb Fanon, doch die verwesende Leiche schien mir im Alter von neunzehn Jahren unheimlich kraftvoll, was die Lektüre umso schöner machte. Auch ich glaubte, dass Fanon für weite Teile der vormals schweigenden oder zum Schweigen gebrachten Menschheit sprach.

Allerdings fragte ich mich, wie viele Bevölkerungsgruppen in diese einfache Aufteilung in Kolonisierte und Kolonisatoren wohl nicht passen mögen. Schließlich gehört nicht jeder in eine dieser beiden oder irgendwelcher Kategorien.

Die Juden zum Beispiel – wo gehören sie hin? Ich habe mich mit jüdischen Themen nicht viel beschäftigt, dennoch stellte ich mir diese Frage, als ich mich daran machte, gelbe Linien in das Buch zu ziehen. Und ich fragte mich das abermals, als ich auf Drängen meines Professors brav an einer Lehrveranstaltung teilnahm, um etwas über die säkularen und progressiven Ideale der »Volksfront zur Befreiung Palästinas« zu erfahren, die mir als die wahren Verfechter von Fanons Philosophie vorgestellt wurden, wiewohl deren säkulare und progressive Ideale mir Unbehagen bereiteten – als ob mir eine leise Stimme ins Ohr geflüstert hätte, dass die »Volksfront zur Befreiung Palästinas« 54 Jahre später am Massaker vom 7. Oktober beteiligt sein würde, was dann ja auch der Fall war.

Meine anfängliche Begeisterung für Fanon wich allmählich gewissen Vorbehalten. Nun muss man sagen, dass Fanon selbst sich über die Juden einige Gedanken gemacht hat. Er grübelte über ihr psychologisches Befinden nach, vielleicht mehr als jemals über das der Araber – wenngleich er dies hauptsächlich in seiner Studie über die psychologische Lage der Schwarzen tat, um die es ihm eigentlich ging. Seine Gedanken waren voller

Mitgefühl. In »Schwarze Haut, weiße Masken« zeigte er unverhohlene Sympathie für die Juden und ihre Notlage: »Der Antisemitismus trifft mich mitten ins Fleisch, ich errege mich, eine entsetzliche Aberkennung zapft mir das Blut ab, man verweigert mir die Möglichkeit, ein Mensch zu sein. Ich kann mich von dem Schicksal nicht lossagen, das meinem Bruder bereitet wird.« Er begriff, dass der Hass auf Juden und der auf Schwarze zusammengehören. »Es war mein Philosophieprofessor, ein gebürtiger Antillaner, der es mir eines Tages in Erinnerung rief: ›Wenn Sie hören, daß man schlecht über die Juden redet, dann spitzen Sie die Ohren, man spricht von Ihnen.‹« Mit anderen Worten: »ein Antisemit ist zwangsläufig negerfeindlich.«

Er stellte vergleichende Beobachtungen über die Vorurteile an, denen Juden und Schwarze auf unterschiedliche Weise ausgesetzt waren, sowie über deren jeweilige psychologische Reaktionen. Er war tolerant und wohltätig. Einen jüdischen Psychiatriepatienten beschrieb er als »ein schönes Beispiel für ein Reaktionsphanomen«, da dieser sich zornig auf die Seite seiner Feinde stellte. »Der Jude wird zum Antisemiten, um gegen den Antisemitismus zu reagieren«, kommentierte Fanon (wobei die Verwendung der Gegenwartsform die Schärfe dieser Diagnose offenbart).

Aber »Schwarze Haut, weiße Masken« ist nicht sehr weit verbreitet. Mit den »Verdammten dieser Erde« wandte er sich anderen Themen zu. Doch selbst dort hielt er gelegentlich inne, um zumindest beiläufig zu bemerken, dass Deutschland Reparationen an Israel zahle, was er offenbar guthieß. Damit ließ er keinen Zweifel daran, dass er auch Israel selbst guthieß, auch wenn er dies nicht ausdrücklich sagte. Ist das überraschend? In der heutigen Zeit mag einem Fanons offenkundige Sympathie für das zionistische Projekt tatsächlich überraschend vorkommen.

Doch sollte man bedenken, dass 1961, als »Die Verdammten dieser Erde« erschien, Zustimmung zu Israel unter Intellektuellen der traditionellen Linken völlig selbstverständlich und normal war. Israel war schließlich ein Flüchtlingsstaat, und das war allen in der traditionellen Linken bewusst. Israel war voll von Menschen, die, in Fanons Worten, »gezwungen waren, andere Länder zu verlassen«, und die in ihrem neuen Land, das auch die Heimat ihrer Vorfahren war, der Verfolgung und Vernichtung zu entgehen versuchten – was den Israelis die instinktive Sympathie der Linken eintrug. Die Vorstellung, dass diese Nation von Flüchtlingen eine imperialistische Zumutung sei, der man den Garaus machen müsse (»der letzte Siedlerkolonialstaat der Welt«, wie Adam Shatz es in seiner Fanon-Biographie voller Überzeugung ausdrückt), hatte sich noch nicht durchgesetzt. Fanon sprach seine Erwartung, dass Israel Bestand haben werde, deutlich aus, indem er über ein neues kollektives Unbewusstes spekulierte, das nach hundert Jahren israelischer Existenz unter den Juden entstehen würde. Und dann erlag er im Alter von 36 Jahren einer Leukämieerkrankung und bekam keine Gelegenheit mehr, seine Gedanken zu jüdischen oder zionistischen Themen weiterzuentwickeln.

Fanons sehr früher Tod war in vielerlei Hinsicht eine Tragödie, doch in gewisser Hinsicht berührt sie, glaube ich, genau diese Fragen. Ein Mann mit seinem Scharfsinn und seinem weiten philosophischen Horizont, der jüdisches Leid in all seiner Komplexität anerkannte, hätte Israel den Arabern vielleicht auf eine Weise erklären können, wie niemand sonst es bisher vermocht hat – so stelle ich mir jedenfalls gerne vor. Er hätte klarstellen können, dass Juden, die aus Ländern wie Algerien nach Israel fliehen, nicht Menschen aus Frankreich gleichzusetzen sind, die beschließen, Siedlerkolonialisten in Algerien zu werden. Wenigstens den amerikanischen Professoren, die sich als Experten für Unterdrückung empfehlen, hätte er etwas von der historischen Realität näherbringen können. Womöglich hätte er in seiner Rolle als freundlicher Psychiater auch den Juden einiges erklären können.

Andererseits war sein früher Tod, gerade was das Verhältnis zum Zionismus betrifft, vielleicht auch für die Schwarzen in Afrika und anderen Teilen der Welt eine Tragödie. Er wollte ihnen ein klares Bewusstsein geben und eine explizit schwarze Perspektive vermitteln, weshalb er das beharrliche Ansinnen der Weißen zurückwies, über alle Belange der Schwarzen aus einer weißen Perspektive zu bestimmen. Diesem Thema widmete er einige seiner besten Ausführungen. In Bezug auf die Kontroversen über den Zionismus gab es da offensichtlich einen wunden Punkt – offensichtlich, würde ich sagen, zumindest für jemanden wie ihn, der in seiner Analyse mit dem feinen Gespür eines Sartre vorging. Ein solches Gespür bewies er vor allem, wenn es um Unaufrichtigkeit ging.

»Unaufrichtigkeit«[2] war ein großes Thema von Sartre, vielleicht sein größtes Thema überhaupt, zumindest in »Das Sein und das Nichts«, auf das Fanon sich ausdrücklich bezog. »Unaufrichtigkeit« nannte Sartre die besondere Verlogenheit von jemandem, der die Wahrheit kennt, sie jedoch nicht mag und darum lieber lügt, ja sogar noch leugnet, gelogen zu haben. Mit solcher Verlogenheit kann einer sich selbst davon überzeugen, dass seine Lügen Wahrheiten seien, auch seine Lügen über das Lügen – selbst wenn er weiß, dass Lügen Lügen sind. Unaufrichtigkeit ist, mit einem Wort, verdrehtes Bewusstsein.

Die schwarze Perspektive auf den Zionismus – was war das? Worin hätte sie bestehen sollen? In den letzten Jahrzehnten hat der Befreiungskampf der Schwarzen weltweit ein Ansehen erlangt, von dem Fanon nur träumen konnte. Ihr Kampf ist zum modernen Ideal eines gerechten Kampfes für eine bessere Welt geworden. Und im Laufe dieser Entwicklung hat die antizionistische Bewegung, die in den 1960er Jahren im Kleinen begann und sich in den Jahren nach 2000 im Großen fortsetzte, behauptet, der Zionismus sei selbst nicht als Befreiungskampf, sondern als Feind all dieser Kämpfe zu betrachten. Er sei ein Teil der Vorherrschaft der Weißen und des Kolonialismus, der die Schwarzen einst unterdrückt hat. Im Zionismus sei auch nicht etwa ein Gegner des Nationalsozialismus und seiner systematischen Vernichtung zu sehen, sondern dessen Gegen-

2 Franz. *mauvaise foi*, wörtlich: schlechter Glaube. (A.d.H.)

stück. Der Antizionismus wiederum gilt nunmehr als Erbe und Bruder des Kampfs der Schwarzen, mit dem er sogar untrennbar verbunden sei, da ja der Zionismus seinerseits nur eine Ausprägung der Vorherrschaft der Weißen sei. Diese Argumentation kam natürlich in vielen Teilen der Welt sehr gut an, weshalb die antizionistische Sache auf verschiedenen Kontinenten das höchste moralische Ansehen unserer Zeit erlangt hat, nicht nur an den Universitäten.

Jemand mit dem Überblick eines Fanon müsste allerdings feststellen, dass inmitten des weltweiten Lärms, der um die antizionistische Sache gemacht wird, der eigentliche Befreiungskampf der Schwarzen – also der Kampf der eigentlich Schwarzen – wieder einmal, genauso wie in der Vergangenheit, durch Stimmen von Nichtschwarzen übertönt wird. Jeder weiß, dass es so ist, tut aber so, als wüsste er es nicht: eine klassische Darbietung der von Sartre beschriebenen Unaufrichtigkeit.

Das größte Grauen der letzten Monate hat sich in der arabischen Welt ereignet, aber nicht etwa im armen gebeutelten kleinen Gaza. Das größte Grauen bereiteten die kontinuierlichen Angriffe auf die Masalit im Sudan – eine schwarze Bevölkerungsgruppe –, ausgeführt von überwiegend arabischen Kräften in einem dort aufs Neue entfachten Bürgerkrieg: mit katastrophalen Folgen für die Schwarzen. *Le Monde* schätzt die Zahl auf bisher etwa 75.000. Hinzu kommen zahllose Vergewaltigungen, eine Flüchtlingskrise, von der acht Millionen Menschen betroffen sind, sowie eine schrecklichen Nahrungsmittelknappheit, unter der etwa 18 Millionen Menschen leiden. Ich erwähne das hier, damit jeder weiß, dass über diese Ereignisse berichtet wird, und zwar nicht nur in entlegenen Veröffentlichungen von Menschenrechtsorganisationen.

Die Antizionisten aber haben es geschafft, die Sprache der Befreiung der Schwarzen zu vereinnahmen, mit der sie die wirklichen Schwarzen, die leiden, unhörbar machen. Die Schreie der Opfer in anderen Teilen der Welt zu übertönen ist seit vielen Jahren eine der Hauptfunktionen der antizionistischen Bewegung. Dies hat Bernard-Henri Lévy bereits 2001 in einem Essay mit dem nicht zufällig an Fanon erinnernden Titel »Les Damnés de la guerre« (Die Verdammten des Krieges) elegant dargelegt. Aber wer würde den Antizionismus heute noch so charakterisieren, nämlich als ein Beispiel vormals so genannten »falschen Bewusstseins«? Und wer würde darauf aufmerksam machen, dass im Gegensatz dazu eine Funktion des Zionismus – oder sagen wir: des ursprünglichen Zionismus – darin besteht, sich für die kleinen statt für die großen Nationen stark zu machen: die kleinen Bevölkerungsgruppen, die wie die zionistische Nation selbst von gewaltigen feindlichen Staaten und Bevölkerungen umgeben sind?

Die Stimmen der Masalit werden überall auf der Welt überhört (obwohl alle sie hören können), mit Ausnahme von Menschenrechtsexperten und einer Handvoll Reporter. Während ich dies schreibe, wird der Studentenaufstand an der Columbia-Universität in New York gerade von der Gruppe »Columbia University Apartheid Divest« angeführt, die sich auf das von Weißen diktierte rassistische Gesellschaftssystem bezieht, das vor nicht allzu langer Zeit in Südafrika herrschte – so als wäre der Aufstand an der Columbia einer zugunsten der unterdrückten Schwarzen, die gegen Rassismus in Afrika rebellieren. Dieser Aufstand jedoch gibt das bloß vor – vielleicht mit einem flüchtigen Nicken in Richtung Sudan, so ganz nebenbei. Ein führender Studentenvertreter von »Columbia University Apartheid Divest« wurde berühmt durch seinen Ausspruch: »Seid dankbar, dass ich nicht einfach losziehe und Zionisten ermorde« – was insofern nicht einmal allzu abwegig klingt, als er damit lediglich wiederholte, was schon Stokely Carmichael gesagt hatte. Zudem entspricht es der Charta der Hamas. Da diese ja inzwischen jeder gelesen hat, sollte auch jeder wissen, dass die Charta in Artikel 34 (und anderswo) die Forderung nach Sklaverei erhebt. Ob vielleicht auch das mal einen Kommentar verdiente? Doch würde wohl niemand deshalb über islamistischen Fundamentalismus und die Geschichte arabischer Plünderer, die Schwarze in Afrika überfielen, ins Grübeln geraten.

Würde genau das nicht Fanon tun, wenn er noch am Leben wäre? Nämlich der Verbitterung der Schwarzen seine Stimme geben, sich wachsam gegen die Spielarten der Falschheit zeigen, die allesamt den Stempel der Unaufrichtigkeit tragen? Ich bilde mir nicht ein, das zu wissen. Ich bin nicht Fanon. Und ich bin auch kein unterdrückter Sudanese. Aber es tut mir wahrhaftig leid, dass er nicht mehr da ist.

Fanon starb 1961, im selben Jahr, in dem »Die Verdammten dieser Erde« erschien. Was er an scharfsichtigen moralischen Beobachtungen, psychoanalytischen Verwicklungen und auch schlichter, mitunter allzu schlichter Wut in seinen politischen Analysen aufzubieten hatte, fand damit ein Ende. Und seine Leser fanden sich unter diesen Umständen dazu verdammt, dem Reiz seiner akkuraten Aufteilung der Welt in gute und böse Nationen zu erliegen. Sie erlagen ihr ohne Rücksicht auf die Ideen und Absichten anderer und in der Annahme – die auch die seine gewesen war –, dass Identität durch Machtverhältnisse bestimmt werde und nicht durch das, was Menschen tatsächlich denken und glauben.

Die algerische Revolution ereignete sich im Zusammenhang einer größeren panarabischen Bewegung, die in ihrem Kampf gegen das französische und britische Imperium von Fanons einfachem Standpunkt aus nur als das letzte Wort des Progressivismus angesehen werden konnte. Die Panarabisten standen freilich auch dem Zionismus absolut feindlich gegenüber, was bereits darauf hindeutete, dass eine solchermaßen unversöhnliche Feindschaft zu einer progressiven Gesinnung einfach dazugehört. Zu diesem Schluss kam wahrscheinlich jeder, der sich die Welt entlang der Konfliktlinie vorstellte, die die guten von den bösen Nationen trennte. Ebenso neigte wahrscheinlich jeder dazu, die Ideen und Absichten der panarabischen Bewegung in Bezug auf Zionismus und Juden als irrelevant abzutun.

Doch was wäre, wenn Ideen und Absichten tatsächlich eine Rolle spielen? Wenn Fanons Gewohnheit, Ideen und Ziele aus seinen Analysen auszuschließen, einen systematischen blinden Fleck hinterlassen hätte? Die großen französischen Philosophen konnten sich in der Frage, ob Ideen eine Rolle spielen, nie entscheiden. Oder sollte jeder Kampf auf der Welt einfach danach beurteilt werden, wer unten und wer oben zu sein scheint?

Sartre war ein Musterbeispiel solcher Verwirrung. Sein Mitgefühl für die Geknechteten verführte ihn dazu, sich auf die Seite der Algerier gegen die Franzosen und auf die der Palästinenser gegen die Zionisten zu schlagen. Er tat dies mit so ungestümer Leidenschaft, dass er ebenso wie die willkürliche Gewalt gegen die Franzosen in Algerien auch die Gewalt guthieß, die Palästinenser gegen beliebige Israelis verübten, zum Beispiel gegen israelische Sportler.[3] Er hielt die Feindschaft für gerechtfertigt und verschwendete keinen Gedanken daran, wie sie zum Ausdruck gebracht wurde, solange sie überhaupt zum Ausdruck kam – je wilder, desto besser. Auch er maß der Gewalt eine Bedeutung bei. Das machte ihn natürlich zu einem aufregenden Denker. Rücksichtslosigkeit betrachtete er als Zeichen von Ehrlichkeit, und er war der Philosoph der Ehrlichkeit.

Allerdings sollte deutlich geworden sein, dass Sartre in seinen Launen ein bisschen verrückt war. In »Schwarze Haut, weiße Masken« stellte Fanon Überlegungen zu einem Syndrom an, das er in Anlehnung an die psychoanalytische Literatur als »wahnhaften Manichäismus« bezeichnete. Gemeint war ein Wahn, der auf der manichäischen Vorstellung beruht, alles in der Welt sei Ausdruck eines immerwährenden Kampfs zwischen Gut und Böse. In Sartres Fall war es gewiss ein manichäischer Wahn, der ihn immer wieder dazu verleitete, mörderische Gewalt gegen Menschen gutzuheißen, deren Schuld, wenn sie denn schuldig

3 In einem Artikel mit dem Titel »Über München« schrieb Sartre am 15. Oktober 1972 in der maoistischen Zeitschrift *Le Cause du peuple*: »In diesem Krieg ist die einzige Waffe der Palästinenser der Terrorismus. Es ist eine schreckliche Waffe, aber die Unterdrückten haben keine andere, und die Franzosen, die den Terrorismus der *Nationalen Befreiungsfront Algeriens (FLN)* gegen Franzosen gebilligt haben, müssen auch die terroristische Aktion der Palästinenser billigen. Dieses verlassene, verratene und verbannte Volk kann seinen Mut und die Kraft seines Hasses nur zeigen, indem es tödliche Angriffe organisiert.« (A.d.H.)

waren, bloß eine Frage der Extrapolation oder Imputation zweiter Ordnung war.

Sartre hat allerdings auch die Nazizeit und die deutsche Besatzung miterlebt, und obwohl sein Wissen über jüdisches Leben minimal war, zog er die erforderlichen Schlüsse. Er hatte keine Schwierigkeiten zu erkennen, dass die Opfer des Antisemitismus auch eine unterdrückte Bevölkerungsgruppe waren. Wenngleich er selbst es nie so ausgedrückt hätte, bot der Zionismus den Unterdrückten offensichtlich eine Zuflucht. So entwand er sich seinem Wahn zumindest so weit, dass er schließlich mit Israel sympathisierte. Als 1967 der Sechstagekrieg ausbrach und das Überleben dieses Landes in Gefahr schien, stellte er sich mit all seinem Renommée auf die Seite Israels. Es war eine Entscheidung. Er zögerte, diese Entscheidung zu treffen. Er schwankte. Er musste dazu gedrängt werden. Dennoch tat er es – was angesichts seiner Vorliebe für die Palästinenser und seiner Wahnvorstellungen unmöglich erscheinen mag. Manchmal aber zeugt Zögern von Gewissen. Und Gewissen ist auch Ehrlichkeit. Sartre fand nichts daran, sich lächerlich zu machen, solange er authentisch war oder zumindest so wirkte.

Fanons Witwe aber geriet außer sich vor Wut, als sie erfuhr, dass Sartre sich auf die Seite Israels gestellt hatte. Wenn ich an »Schwarze Haut, weiße Masken« zurückdenke, an Fanons leidenschaftlich zur Sprache gebrachte Solidarität mit den Juden und seine Gegnerschaft zum Antisemitismus, kann mir gut vorstellen, dass er selbst, wenn er noch am Leben gewesen wäre, über Sartre und dessen Entscheidung gründlich nachgedacht hätte. Ich kann mir sogar vorstellen, dass Fanon all seinen Mut zusammengenommen und sich Sartre in seinem Schwanken angeschlossen hätte, wohl wissend vielleicht, dass auch er zuzeiten einem manichäischen Wahn erlegen war, was in großen Teilen der »Verdammten dieser Erde« nur allzu deutlich wird. Nun sollte er sich zusammenreißen. Auch Fanons Biograph Adam Shatz zieht diese Möglichkeit in Erwägung, hält sie jedoch für »unwahrscheinlich«. Ich wiederum frage mich, ob Shatz, bei all seiner Bewunderung Fanons, ihn nicht in gewisser Weise unterschätzt, vor allem indem er herunterspielt, wie ernsthaft Fanon sich mit jüdischen Themen auseinandersetzte und wie eng seine Instinkte mit denen Sartres zusammenhingen.

Sartres Schwankungen haben jedenfalls ein Muster vorgegeben. Michel Foucault folgte diesem Muster einige Jahre später, als er sah, wie die iranischen Massen den tyrannischen Schah stürzten. Das war in den Jahren 1978/79. Foucault beobachtete, wie die islamistischen Mullahs an die Macht kamen. Und war begeistert. Er betrachtete die iranische Revolution als einen Ausbruch der Freiheit, was ihn dazu bewog, einige Zeit im Iran zu verbringen und allerlei Freuden zu genießen. Die Zeit, die er dort verbrachte, führte ihn jedoch auch zu der Erkenntnis, dass der Ausbruch der Freiheit im Iran in Wirklichkeit ein Festspiel der Ideologie war, und zwar einer antisemitischen Ideologie. Die iranische Revolution gegen die Tyrannei war ein Ausbruch tyrannischer Bigotterie, was Foucault abstoßend fand.

Die Ideen und Absichten, die Menschen hegen, sind durchaus von Bedeutung, und was auf den ersten Blick fortschrittlich scheinen mag, könnte sich auf den zweiten schon als nicht ganz so fortschrittlich herausstellen. So jedenfalls erging es den wankelmütigen französischen Philosophen mit ihren oftmals ebenso wackeligen Schlussfolgerungen – nicht allen, aber vielleicht den größten unter ihnen. Ausgerechnet ihre Unschlüssigkeit hat sie vor der ärgsten Versuchung der Philosophie, nämlich vor Unnachgiebigkeit bewahrt. Ein echter Philosoph ist letztlich ein Verrückter.

Und was geschah in Amerika? Stokely Carmichael, der gewitzte junge Wortführer der Black Power, vertrat seine eigene Meinung zu diesen Themen. Instinktiv war er bereit, die weltweiten Kämpfe auf nationale Identitäten zurückzuführen, dabei ließ er sich selbst auf keinerlei Schwankungen ein. Er akzeptierte die absolute Feindschaft des arabischen Nationalismus gegen den Zionismus und mochte sich nicht mit widersprüchlichen Aspekten oder Verwicklungen herumschlagen, die sich in dieses feindselige Verhältnis eingeschlichen haben könnten. Dazu musste er natürlich mutwillig die Augen verschließen.

Der Vorwurf gegen den Zionismus – und zwar der wirkliche Vorwurf, nicht nur das philosophische Ideal eines solchen – war eine vielschichtige Angelegenheit, denn tatsächlich sind allerlei Widersprüche in einige dieser Schichten eingedrungen, und das von Anfang an.

Wäre es unangebracht, wenn ich diese Ebenen hier benenne? Oberflächlich ging es dabei zunächst um Land, ein sozusagen lokaler Vorwurf, was leicht zu verstehen war. Auf einer tieferen Ebene, und in größerem Maßstab, lautete die Anklage auf imperialistische Kolonisierung, was zutreffend erscheinen mochte, wenn man den Zionismus aus einem bestimmten Blickwinkel betrachtete, oder böswillig verzerrt, wenn man ihn aus einem anderen besah. Die antizionistische Anschuldigung hatte indes eine noch tiefere Ebene, die unterste, nämlich theologische Schicht. Diese findet man etwa in der Charta der Hamas. Ihre Anklage gegen die Juden, die alten islamischen Texten entstammte, wie die Granden der Muslimbruderschaft und der modernen islamistischen Bewegung sie interpretierten, lautet klar und deutlich, das Judentum sei ein Komplott gegen den Propheten Mohammed und den gesamten Islam. Ein kosmisches Verbrechen.

Dieser Vorwurf geht nicht zuletzt auf den deutschen Einfluss der späten 1930er und frühen 40er Jahre zurück. Auch dies kann man in der Charta der Hamas sehen, in der das Mutterdokument des modernen europäischen Judenwahns gewissenhaft zurate gezogen wird, nämlich »Die Protokolle der Weisen von Zion«, aus denen so ehrfürchtig zitiert wird, als wären sie selbst ein altehrwürdiger islamischer Text, was sie nicht sind. Die »Protokolle« sind ein Kompendium europäischer Phantasien über jüdische Verschwörungen aus dem 19. Jahrhundert, die 1903 in Russland als Schwindel veröffentlicht und sodann bei der extremen Rechten überaus erfolgreich wurden.

Auch Hitler berief sich in seiner eigenen Charta »Mein Kampf« auf die Protokolle. Seine Regierung verteilte sie später auf Arabisch und in anderen Sprachen der Region im Nahen Osten, wo sie noch erfolgreicher waren, weil sie viele der Verwünschungen gegen die Juden aus alten islamischen Texten in moderner Form bekräftigten. Somit war es dem Vorwurf gegen den Zionismus gelungen, das Vernünftige und das Absurde, das Fortschrittliche und das Entsetzliche, das Orientalische und das Europäische, das Alte und das Moderne in einem Sandwich aus Ressentiments, Ergebenheit, Überschwang, Theologie und Aberglauben zusammenzupressen.

Aber die Wahrnehmung komplizierterer Sachverhalte war Carmichaels Sache nicht. Er las die wankelmütigen französischen Philosophen (deren Lektüre zu seinem eigenen Glamour beitrug), wollte selbst jedoch lieber ein Radikaler als ein Philosoph sein, und seine Radikalität bekundete er dadurch, dass er Fanon zu seinem Lieblingsphilosophen erkor. Ein Radikaler zeichnet sich dadurch aus, dass er nicht ins Wanken gerät. Carmichael wollte stattdessen provozieren. Der Fernsehmoderator David Frost fragte ihn einmal, welchen weißen Mann er am meisten bewundere. Und Carmichael stellte seine Treue zur antizionistischen Sache tapfer zur Schau, indem er so antwortete, wie die Führer der Muslimbruderschaft es beizeiten gerne taten, nämlich verschlagen und provokativ. Obschon er keine Bewunderung empfinde, gab er zu verstehen, halte er Hitler für den größten aller weißen Männer, ja für »ein Genie«. Hitler – auch wenn »das, was er getan hat, falsch, böse usw. war«.

Das war 1970. Das Interview schockierte viele Menschen, die Stokely Carmichael bewunderten. Das muss ihm gefallen haben. All die Kinder, die er von der Bronx Science kannte? Bayard Rustin? Er hatte es ihnen gezeigt! Doch hätte niemand überrascht sein dürfen. Der Cartoon in der Flugschrift des SNCC von 1967, der im Februar 2024 in Harvard wieder auftauchte, hatte hinlänglich deutlich gemacht, welche Art intellektueller Entwicklung da im Gange war.

Künstlerisch war die Karikatur eine Petitesse, ideologisch jedoch hatte sie weitreichende Folgen. Sie präsentierte den Antizionismus des Nahen Ostens in seiner grotesken Sandwich-Version, nur ohne die schmackhafte Zutat der islamischen Theologie, die westlichen Gaumen ungenießbar gewesen wäre. Dies bedeutete eine Vereinigung der globalen revolutionären Linken und der extremen Rechten, der Antiimperialisten und der Faschisten – in einem Cartoon, dessen Ikonographie Anleihen bei der kubanischen Plakatkunst der 1960er Jahre (erkennbar an der Machete, die die Stricke durchtrennt) und bei den Naziplakaten der 1930er und 40er Jahre machte. Vielleicht bezog sich der Cartoon auch auf die Ikonographie der antisemitischen Kampagne während der Dreyfus-Affäre in Frankreich in den 1890er Jahren, auf deren Bilder einer verborgenen und unheimlichen Macht der Juden, die nur darauf lauern, sich eine ihnen hilflos ausgelieferte Welt untertan zu machen.

Dieser verhängnisvolle und erbärmliche Cartoon – wie konnte ein so minderer Wiedergänger fünf Monate nach dem Massaker vom 7. Oktober 2023 bei den Unruhen in Harvard eine so große Rolle spielen? Die Universität hat, nachdem die erste Kommission gescheitert war, eine neue Kommission zum Thema Antisemitismus eingesetzt, die sich, sofern sie nicht ebenfalls scheitert, mit dieser Karikatur und ihrem gespenstischen Wiederauftauchen wohl oder übel wird befassen müssen. Ich habe allerdings den Verdacht, dass Untersuchungen des universitären Antisemitismus zur eigentlichen Sache niemals vordringen, ebenso wenig wie zu den damit zusammenhängenden Auseinandersetzungen in der akademischen Welt.

Es gibt sogar schon ein Problem mit dem Thema der Untersuchung, das inzwischen jedem aufgefallen ist: die Definition von Antisemitismus – wie soll man den dingfest machen? Wenn jemand sagt, Antisemitismus bestehe heutzutage darin, Israel an Standards zu messen, die für kein anderes Land gelten, wird jemand anders bestimmt entgegnen: »Nun, ich halte Israel für das schlimmste Land der Welt. Ein weißer Siedlerkolonialstaat hat kein Existenzrecht, nur weil er zufällig jüdisch ist. Und wie können Sie es wagen, die Nazis ins Spiel zu bringen! Das sind demagogische Verleumdungen, die uns alle nur davon abhalten sollen, die gut begründeten menschenrechtlichen Schlussfolgerungen unserer wissenschaftlichen Forschung darzulegen, die von siebzehn jüdischen Professoren unterstützt werden!« und so weiter – womit die Untersuchung in einem Durcheinander versinkt, aus dem nur Blasen an die Oberfläche steigen.

Wenn ich ein Universitätspräsident mit der autokratischen Macht wäre, Professoren tun zu lassen, was ich will, würde ich die Besonneneren dazu bewegen, eine umfassende Untersuchung durchzuführen, und zwar des Meinungsklimas, das an den geisteswissenschaftlichen Fakultäten und einigen anderen Orten außerhalb der Universität, zumal im Kunst- und Literaturbetrieb, herrscht und das zuweilen auch in die Mainstream-Presse durchsickert. Das Meinungsklima wird üblicherweise als links beschrieben. Ich glaube jedoch, man sollte es besser als ein politisiertes Vermächtnis der Avantgarde beschreiben, denn sein Zentrum liegt eher in den Kunst- und Geisteswissenschaften als etwa in den Sozial- und Wirtschaftswissenschaften, wo linke Meinungen normalerweise gedeihen sollten, sofern sie das überhaupt tun. Diese Avantgarde schwankt, grob gesagt, seit mehr als einem Jahrhundert zwischen der extremen Linken und der extremen Rechten, zwischen dem Wunderbaren und dem Schrecklichen hin und her, stets auf der Suche nach einer einzigen Idee.

Diese einzige Idee besagt, dass tief unter den Unwahrheiten des modernen Lebens noch unsichtbare Wahrheiten lauern und dass, wenn diese nur offenbart würden, eine neue Ära anbräche. Eine solche Ära ließe sich auf verschiedene Weise beschreiben. Es könnte eine neue literarische Religion sein, etwa im Sinne der wundersamen anarchistischen Dichter und ihrer Freunde aus dem Frankreich der 1890er Jahre, die diese Strömung der modernen Avantgarde maßgeblich begründet haben; oder eine Rückkehr zur barbarischen Herrlichkeit authentischer Erfahrung, im Sinne der rechten deutschen Philosophen der 1920er und 30er Jahre; oder eine soziale Emanzipation im Sinne der französischen Postmodernisten, deren Genie darin bestand, die künstlerischen Geistesblitze und die Verspieltheit der linken Dichter mit der Tiefgründigkeit der rechten Philosophen zusammenzubringen. Ebenso ließen sich die tiefen Wahrheiten auf unterschiedliche Weise beschreiben. Es könnte eine binäre

Wahrheit der Sprache sein, die auf dem Kontrast von Zeichen und Unterscheidungen, oder eine der Musik, die auf dem Kontrast von Tönen und Stille beruht. In jedem Fall sind sie in ihren Symmetrien geradezu mathematisch: elegante Wahrheiten, die der religiösen, platonischen oder poetischen Vorstellungskraft behagen – Wahrheiten, die, kurzum, den Künsten und Launen der Metaphysik angemessen sind.

Was sich in letzter Zeit in den geisteswissenschaftlichen Fakultäten und in der Welt der Künste zu einem Meinungsklima verdichtet hat, ist allerdings weniger abstrakt und auch weniger gefällig. Aber in seiner Schlichtheit übt es nach wie vor großen Reiz aus. Es handelt sich um eine Gesellschaftsanalyse, in der als tiefe Wahrheit Fanons Konflikt zwischen Kolonisierten und Kolonisatoren oder Unterdrückten und Unterdrückern firmiert. Welch gewaltigen politischen Erfolg diese Analyse hat, ist unübersehbar. Man erkennt ihn etwa bei Kunstkritikern, die in der Biographie eines Künstlers mit Vorliebe eine Unterdrückte-gegen-Unterdrücker-Ästhetik entdecken, deren Dialektik sie für alles verantwortlich machen, was der Künstler je getan hat. Man sieht es ebenso an den Beschriftungen älterer Werke in Museen, wo Künstler der Vergangenheit regelmäßig dafür getadelt werden, dass sie zu den Untaten ihrer Zeit beigetragen hätten, statt zu tun, was Künstler eigentlich tun sollten, nämlich die Sache des Fortschritts voranbringen. Und man sieht es schließlich in der Kunst selbst, die sich als visueller Kommentar zu einem dem Werk angedichteten Text entpuppt, der implizit eine Geschichte von Unterdrückung und Widerstand erzählt.

Solcherart Kunst mögen manche Menschen aus politischen oder moralischen Gründen höchst aufregend finden. Sie mag geradezu erbaulich wirken, wie schon die bürgerliche Kunst im 19. Jahrhundert erbaulich wirken sollte. Die Aufregung kann philosophisch oder ästhetisch sein. Es verschafft Befriedigung, wenn man Kunst kurzerhand auf eine Dialektik zweier Elemente reduzieren kann, so wie es stets anregend ist, zu sehen, wie sich Komplexes in Einfaches auflöst. Und wenn andere

Leute in der mit radikalem Reduktionismus und moralischen Predigten unermüdlich hausierenden Kunstwelt eine Art höheren Schwachsinns erblicken – nun, umso besser! Provokation ist Schönheit, und Schönheit ist Provokation.

Aber das Hauptopfer dieser Art von Denken sind derzeit irgendwie die Juden geworden. Das »Irgendwie oder anders« war angesichts der Faszination des Entweder-oder-Denkens, fürchte ich, unvermeidlich. In dieser Hinsicht war Stokely Carmichael ein Mann unserer Zeit. Im Zusammenhang mit Israel und Palästina hätte jedem sogleich auffallen müssen, dass man reduktionistische Vereinfachungen der Sorte Kolonisierte/Kolonisatoren in gewöhnlicher oder irgend realistischer Weise darauf niemals würde anwenden können. Dabei geht es nicht nur darum, Flüchtlinge mit Kolonialisten zu verwechseln. Schließlich weiß jeder – oder könnte jeder wissen –, dass gut die Hälfte der beschuldigten weißen Siedlerkolonialisten, vielleicht sogar eine knappe Mehrheit von ihnen, aus arabischen Ländern und den zumeist muslimischen Gebieten Zentralasiens nach Israel geflüchtet ist, ganz zu schweigen von den Juden, die aus Ostafrika dorthin flohen.

Wenn man den Planeten in »den Westen und den Rest« – noch so eine manichäische Phrase – aufteilt, sollte einem aufgehen, dass Israel, ethnographisch betrachtet, zum Westen und zugleich zu jenem Rest gehört, was, manichäisch betrachtet, nicht möglich ist. Der Krieg im Gazastreifen könnte sogar ein Hinweis auf die gespaltene Natur Israels sein. Die israelische Armee und ihre Befehlshaber erweisen sich als äußerst fähig, diszipliniert und gewissenhaft im Stil einer modernen westlichen Armee. Doch die Armee oder zumindest einige ihrer Befehlshaber scheinen sich nur widerwillig um das Leid der Massen zu sorgen. Einige der bekannteren führenden Politiker der katastrophalen Regierung Israels geben sogar vor, sich überhaupt nicht darum zu kümmern, oder befürworten dieses Leiden ganz offen, als ob Israel, das auf der Landkarte nur ein weiteres Land im Nahen Osten zu sein scheint, militärisch gesehen in der Tat nur ein weiteres Land im Nahen Osten sein könnte.

So wie die antiislamistische Intervention Saudi-Arabiens im Jemen eine humanitäre Katastrophe hervorrief, hat auch die antiislamistische Intervention Israels im Gazastreifen, wenngleich nicht in saudischem Ausmaß, in allzu getreuer Übereinstimmung mit der in der Region üblichen Manier eine humanitäre Katastrophe hervorgerufen.

Die in Teilen der akademischen Welt und der Kunstszene vorherrschende Stimmung aber macht es insgesamt schwierig, solche Verwicklungen und Nuancen klar zu benennen oder überhaupt zu erkennen. Sehr viele Leute sehen, wenn sie auf Israel blicken, lieber Südafrika und dessen Vergangenheit. Sie sehen nicht ein weiteres Blutbad in einer Geschichte noch größerer Blutbäder im Nahen Osten, sondern vornehmlich das, was die Islamisten immer schon sehen wollten: ein Verbrechen gegen Gott oder überhaupt das größte aller Verbrechen, nämlich die vollständige Auslöschung eines ganzen Volkes, weshalb die Rede vom »Völkermord« zu einem Schlagwort geworden ist. Sie betrachten die Juden als Nazis, wie man es seit vielen Jahrzehnten aus der hysterischen islamistischen Propaganda gegen den Zionismus kennt. Hingegen wollen sie das Wesen der Hamas, ihre Glaubenssätze und ihre Gewalt, partout nicht sehen, selbst wenn sie all das sehen. Sie sehen bloß, dass der Widerstand gegen das, was sie sich als weißen Siedlerkolonialismus vorstellen, gerechtfertigt, Selbstverteidigung hingegen ungeheuerlich ist. Und das Massaker vom 7. Oktober scheint ihnen – so ist nun einmal die Logik: unausweichlich – eine gute Sache zu sein. Das Massaker vom 7. Oktober ist völlig in Ordnung. Eine gute Sache im Namen der Menschheit. Und ebensosehr im Namen der Aufklärung. Eine gute Sache in sowohl moralischer als auch psychologischer Hinsicht. Ein Grund zur Freude – was einige Leute auch offen zum Ausdruck bringen, selbst wenn sie leugnen, Juden töten zu wollen; andere ziehen das lediglich in Betracht, während sie leugnen, so etwas in Betracht zu ziehen; und wieder andere behaupten, dagegen zu sein, ziehen es aber dennoch in Betracht.

Die feierlich zur Schau gestellte Unaufrichtigkeit erreicht ihren Höhepunkt in den schrecklichen Gesängen »From the river to the sea« und »Globalize the Intifada«, was (im ersten Fall) fünfzig Prozent der jüdischen Weltbevölkerung staatenlos machen und (im zweiten) eine weltweite Terrorkampagne gegen Juden auslösen würde – doch wie man uns weismacht, brächte es stattdessen »Menschenrechte für Palästinenser« und »beherzten weltweiten Protest« hervor. Allerdings weiß jeder, dass diese Parolen einen Vorstoß ins Verbotene, eine Grenzüberschreitung darstellen, genau deshalb skandieren junge Menschen sie so gerne. Und niemand will erkennen, worin die Übertretung besteht. Niemand will zugeben, wie schockierend es ist, dass in den Vereinigten Staaten und Frankreich und vielleicht auch anderswo eine Massenbewegung von Studenten, angeführt von deren Elite, entstanden ist, die diese unerkannten Übertretungen ausdrücklich befürwortet.

Was sollten die Universitäten tun? Ich würde mein imaginäres Komitee dazu anhalten, die gesamte öffentliche Meinung zu prüfen. So würde man erkennen, dass die Welle des aggressiven Antizionismus an den Universitäten, mag er sich verbrämt oder offen äußern, im Zusammenspiel mit dem ebenso virulenten Hass im Kunst- und Literaturbetrieb mehr als nur ein Versagen des Anstands bedeutet. Es handelt sich um eine geistige Krise. Ausgelöst haben sie nicht die Studenten und auch nicht eine Handvoll radikaler Organisationen, so schrecklich jede von ihnen sein mag; ebenso wenig die paar Professoren, die verrückt aussehen und sich auch so anhören. Die Ursache liegt in einer Reihe von Lehrmeinungen und Annahmen, die von etwas wirklich Interessantem zu etwas Groteskem verkommen sind und stillschweigend gutgeheißen werden von Professoren, die nicht nur vernünftig aussehen und klingen, sondern mit ihrem fortschrittlichen Gebaren auch ungemein attraktiv sind. Die Entwicklung ähnelt dem intellektuellen Verfall des brillanten Hitzkopfs Stokely Carmichael viele Jahrzehnte zuvor, nur in ungleich größerem universitären Maßstab.

Ich würde meinem Komitee dringend empfehlen, die Herkunft und Entwicklung jener Lehrmeinungen sowie die Form ihres Verfalls zu untersuchen. Meine Vorbilder dabei wären Marx und Engels, die als ein Zweipersonenkomitee mit ihrem Buch »Die deutsche Ideologie« damals etwas ganz Ähnliches taten. Dabei handelte es sich um eine Studie über die deutschen Philosophen jener Zeit und das von ihnen erzeugte Meinungsklima, wobei Ideologie im marxistischen Sinne natürlich abschätzig zu verstehen ist. Die Studie, zu der ich mein Komitee bewegen würde, könnte »Die Universitätsideologie« heißen, wobei Ideologie ebenso negativ zu verstehen wäre. Ihr Gegenstand wären die Wahnvorstellungen der geisteswissenschaftlichen Fakultäten und verwandter Fachbereiche unserer Zeit, ihr Ziel eine intellektuelle Revolution – eine Selbstrevolutionierung der Universitäten in der Hoffnung, dass auch die Kunst- und Literaturszene ihrem Beispiel folgen und dergleichen unternehmen würde. Das wäre wundervoll belebend.

Aber es mag sein, dass eine solche Selbstrevolutionierung nicht nach dem Geschmack jeder Universität ist. Vielleicht werden die Leute in den Verwaltungen, die die Verrohung der Debatten in den letzten Monaten beobachtet haben, ein anderes Vorgehen bevorzugen. Lieber werden sie nach Sündenböcken suchen und die besonders aufmüpfigen Studenten ausfindig machen. Sie werden »Agitatoren von außen« beschuldigen, die es zweifellos gibt, oder die Aufmerksamkeit auf die unmöglichsten und peinlichsten Professoren richten, die nicht allzu zahlreich sind, und darauf hoffen, den Universitäten damit eine Verschnaufpause zu verschaffen. Wenn nur die Unruhestifter, die Außenseiter, die Unmöglichen und Peinlichen erst suspendiert, ausgewiesen, verhaftet, gezüchtigt, gefeuert oder degradiert worden sind, werden die Universitäten sich endlich ihrer großen Aufgabe widmen können und eine erneuerte Kultur des Anstands, der Wissenschaftsfreiheit, der Toleranz und einer vernünftig sachlichen Debatte ausrufen. Man wird, kurzum, den perfekten Sprachkode suchen.

Habe ich recht damit? Wenn ja, wird die Universität die Krise der letzten Monate so zu bewätigen suchen, dass sie ihren institutionellen Möglichkeiten gemäß alles unternimmt, nichts von dem zu untersuchen, was eigentlich das Problem ist. Denn wir haben es nicht etwa mit einem Ausbruch ungehörigen Benehmens zu tun, sondern mit einer Art von Unaufrichtigkeit, die nach ganz links und ganz rechts zugleich ausschlägt. Eine solche geistige Entwicklung vollzieht sich an den Universitäten sowohl wie in der Kunst- und Literaturszene, und zwar nicht nur in Amerika, sondern ebenso in Europa.

Aus dem Englischen von Christoph Hesse.

Auf der Suche nach der Identität

Die radikale Linke als Avantgarde des Antisemitismus

Klaus Bittermann

Im Nahen Osten und in Israel interessiert sich kaum jemand dafür, was deutsche Schriftsteller und Kulturbetriebsintellektuelle über den Krieg in Gaza denken oder schreiben. Es ist deshalb rührend zu beobachten, wie engagiert diese sind, der Welt ihre Meinung kundzutun und sogar auf einer extra einberufenen außerordentlichen Mitgliederversammlung am 8. Dezember 2024 einen »Antrag auf eine öffentliche Positionierung des PEN Berlin zu getöteten Journalist:innen und Autor:innen«[1] zu stellen, um der »Zerstörung des kulturellen Lebens in Gaza und im Libanon« Einhalt zu gebieten, auch wenn dieser Antrag ungefähr so viel Bedeutung hatte wie ein Sack Reis, der in China umgefallen ist. Gestellt wurde dieser Antrag u.a. von Per Leo, Omri Böhm, Tomer Dotan-Dreyfus, Deborah Feldman, Tomer Gar-di, Eva Menasse, Susan Neiman, Miryam Schellbach.

Diese Gemeinschaft der Gläubigen an das Gute der palästinensischen Sache bekundete den in Gaza »getöteten Journalist:innen und Autor:innen« ihre Solidarität, um jedoch erstaunt darauf zu reagieren, dass manche im PEN dann doch gerne wissen wollten, wer damit gemeint sei, denn bei einigen der getöteten Pressevertreter bestand der Verdacht, Mitglieder und Propagandisten der Hamas zu sein, was sich bei einigen dann auch bestätigte. Dessen ungeachtet wollte man sie – selbstverständlich aus rein humanitären Erwägungen – gleich mit umarmen mit dem interessanten Argument, es gäbe im PEN wohl kaum jemanden, der nicht schon mal für Springer gearbeitet hätte, eine Haltung, die immerhin verrät, dass man die Zugehörigkeit zur Hamas für etwas hält, das einem schon mal passieren kann.

1 Die folgenden Zitate sind diesem Antrag entnommen.

Der Aufruf setzte sich auch für das »kulturelle Leben in Gaza« ein und hinterließ Rätsel, da sich die Frage stellte: Gab es das unter der Hamas? Und wie sah das aus? Immerhin hatte die Hamas das gesamte öffentliche Leben in Gaza unter Kontrolle. Man durfte sich also fragen, worin »das historische Gedächtnis des Gaza-Streifens« bestand, das man »akut von Vernichtung bedroht« sah. Aufgezählt wurden u.a. 120 »Kulturstätten«, von denen man gerne gewusst hätte, was sich hinter ihnen verbirgt. Vermutlich wissen die Antragsteller das selbst nicht, aber die Zahl ist beeindruckend, denn die Kulturstättendichte in Gaza dürfte damit die in Berlin bei weitem übertreffen. Zudem verrät der unspezifische Kulturbegriff, dass man Kultur für ein wertvolles und wertfreies Gut hält, ohne sich darüber im Klaren zu sein, dass Kultur auch unter den Nazis eine erhebende Sache war, denn auch der KZ-Aufseher wollte sich abends nach getaner Arbeit bei Beethovens 5. Sinfonie entspannen. Für jemanden wie Walter Benjamin war Kultur immer auch ein Dokument der Barbarei, und das umso mehr unter einer Terrorherrschaft. Wenn also die Hamas in diesen 120 Kulturstätten das Sagen hatte – und es gibt keinen Grund, daran zu zweifeln –, so hätte man gerne gewusst, warum man deren Verschwinden bedauern sollte.

Dass die Kultur laut Per Leo & Co. als Wert an sich gilt, ohne die die Menschen »nicht frei und selbstbestimmt leben« können, zeigt, wie unterbelichtet und überhöht zugleich der Begriff Kultur im Kulturbetrieb ist, wo man offenbar tatsächlich glaubt, mit der »Zerstörung kulturellen Lebens« sei »die Zukunft des palästinensischen Volkes« gefährdet, als ob das »palästinensische Volk« keine anderen Probleme hätte. Was die Menschen in Palästina aber viel mehr brauchen, ist sauberes Wasser, Lebensmittel und eine Wohnung. Im übrigen unterscheidet die Rede vom »palästinensischen Volk« sich kaum von der völkischen Rhetorik der Rechtspopulisten.

»Schon unter der Hamas war die Pressefreiheit im Gaza-Streifen eingeschränkt; kritische Journalist:innen wurden eingeschüchtert und kriminalisiert«, schreiben die Unterzeichner, und an der Wahl der Verben sieht man, dass es laut Per Leo und den Mitunterzeichnern in Gaza unter der Hamas so schlimm nicht war, denn Israel nämlich lässt die Berichterstatter gleich erschießen. So funktioniert Propaganda.

Dass in Kampfzonen Journalisten ein großes Risiko eingehen, wenn sie zwischen die Fronten geraten, dürfte niemanden überraschen, zumal in einem Krieg, in dem die Hamas-Kämpfer nicht als Kombattanten zu identifizieren sind, sondern sich unter die Bevölkerung mischen. Die Formulierung verrät, dass Per Leo die Hamas nicht für fanatische Faschisten hält, die den Tod ihres »Volkes« billigend in Kauf nehmen, sondern für einen Verein, der Pressefreiheit ein bisschen einschränkt, aber wenigstens die »Autor:innen und Journalist:innen« leben lässt. Gaza hingegen sei wegen Israel »inzwischen zum tödlichsten Ort der Welt geworden«, eine Einschätzung, die die Verfasser exklusiv haben dürften, denn bekanntlich gibt es zahlreiche nationale Konflikte und Kriege auf der Welt, die Gaza leicht den Rang ablaufen dürften.

Dem Antrag fehlten nur zwei Stimmen für eine Mehrheit, aber dass er überhaupt zur Abstimmung gestellt wurde und die Hälfte der abgegebenen Stimmen erhielt, ist deprimierend. Vielleicht ist es deshalb nicht ganz unerheblich, darauf aufmerksam zu machen, wie dieses merkwürdige Palästinaengagement zustande kam. Jedenfalls scheint es auf der Welt einzigartig, denn kein Land ruft solche Leidenschaften und Aversionen hervor wie Israel. Dabei geht es um die Frage, wie die antiimperialistische Ideologie des bewaffneten Kampfes und der Militanz als Faszinosum entscheidend dazu beitrug, dass sich in universitären antiwestlichen Kreisen und bei progressiven Kulturbetriebsintellektuellen der Antisemitismus unter dem Mantel des Humanismus ausbreiten konnte.

Zu Beginn der frisch gegründeten Bundesrepublik war der Typus des irgendwie proisraelischen Antisemiten nicht selten anzutreffen. Während die staatstragende, konservativ geprägte Weltsicht unter Adenauer gegenüber dem Antisemitismus eine stählerne Ignoranz an den Tag legte und ihn offiziell für nicht existent erklärte oder als Phänomen unverbesserlicher Altnazis abtat, indem man ihn unter den Teppich kehrte, wo er sich freilich munter vermehrte, aber zumindest in der Öffentlichkeit nicht zu einem lästigen Problem wurde (abgesehen von der Tatsache, dass damals die Hakenkreuzschmierereien auf jüdischen Friedhöfen eine beliebte Freizeitgestaltung der Rechten waren), kamen auch die liberal gesinnten Bürger manchmal schwer ins Grübeln. Selbst einem Mann von untadeliger antifaschistischer Gesinnung wie Thomas Mann waren die Juden suspekt. In seinem Tagebuch schrieb er:

> »›Rasse‹ ist vollends kompromittiert. Wie soll man sie [gemeint sind die Juden] nennen? Denn irgend etwas anderes ist es mit ihnen und nicht nur Mediterranes. Ist dies Erlebnis Anti-Semitismus? Heine, Kerr, Harden, Kraus bis zu dem faschistischen Typ Goldberg – es ist doch ein Geblüt.«[2]

Und Marion Gräfin Dönhoff, die sich im Umfeld des »anderen Deutschland« aufgehalten hatte und dem liberalen Flaggschiff der *Zeit* ein Gesicht gab, hörte nie auf, die Juden zu besseren Menschen erziehen zu wollen, indem sie schon 1948 die »verantwortlichen Männer der Regierung Israels« darauf hinwies, doch bitte innezuhalten und »bestürzt« zu erkennen, »wie weit sie auf jenem Wege bereits gelangt sind, der erst vor kurzem ein anderes Volk [gemeint sind die Deutschen] ins Verhängnis geführt hat«.[3] Mit dieser dräuenden Verhängnislogik versuchte Dönhoff die Deutschen von der Schuld freizusprechen, faktisch aber warnte der Täter das Opfer, nicht rückfällig zu wer-

2 Thomas Mann, Tagebücher 1944–1.4.1946, Eintrag vom 27.10.1945, Frankfurt 1986.

3 Marion Gräfin Dönhoff, »Völkischer Ordensstaat Israel«, in: *Die Zeit*, Nr. 39, vom 23.9.1948. Der Artikel wurde unkommentiert nachgedruckt in: *Die Zeit*, Nr. 39, vom 23.9.1988 (zur Zeit des Historikerstreits). Zitiert nach: Martin W. Kloke, »Israel und die deutsche Linke«, Frankfurt 1990.

den. Zudem wies sie immer wieder darauf hin, dass man die Antisemiten nicht unnötig provozieren dürfe, z.B. mit einem Buch wie »Hitlers willige Vollstrecker« von Daniel Goldhagen, das »den mehr oder weniger verstummten Antisemitismus wieder neu beleben«[4] würde. Marion Gräfin Dönhoff drückte auf diese Weise die unterschwellig vorhandene Stimmung aus, den Juden eine gewisse Mitschuld an ihrer eigenen Vernichtung zu geben, die sie dann in langen, faseligen Artikeln als die »Verewigung des Antisemitismus« beschwor und beraunte.

Diese Leute waren philosemitisch eingestellt, was die Sache stilistisch sehr gestelzt machte. Das Ganze lappte in der Regel dann schwer ins Absurde. Statt eines nüchternen Blicks auf die Verhältnisse im Nahen Osten schwurbelte man mit verklärtem Blick und in religiösem Sprachduktus:

> »Israel ist eine Aufgabe, kein Staat; eine Gemeinschaft, kein Volk, eine Verheißung, keine Macht [...] Israel ist eine Utopie und die einzige Realität zugleich, in der sich das menschliche Leben von der Ewigkeit berührt findet, der Trost der Erwartung.«[5]

Dass diese verquasten Visionen irgendwann mal kippen würden, wenn die Projektion Israel nicht mehr der Wunschvorstellung entsprach, die mit der Vorstellung zusammenhing, dass Israel durch Auschwitz doch geläutert sein müsse, war nur eine Frage der Zeit. Der Konflikt, der nur unterschwellig ausgetragen wurde, brach während des Sechstagekriegs 1967 aus und nahm eine überraschende Wendung, als die konservative Presse und *Bild* so siegestrunken waren, als hätten sie nachträglich die Schlacht von Stalingrad doch noch gewonnen, wie Ulrike Meinhof in *Konkret* kommentierte. Und in der Tat rief Israels militä-

4 Marion Gräfin Dönhoff, »Warum Goldhagens Buch in die Irre führt«, in: *Die Zeit* vom 6. September 1996.

5 Heinz-Joachim Heydorn, *Gewerkschaftliche Monatshefte* 6/1958. Zitiert nach Martin W. Kloke.

rischer Triumph bei den Konservativen mit Nazivergangenheit eine »kriecherische Bewunderung« hervor, wie Paul Berman schrieb.[6] *Bild* feierte den israelischen General Mosche Dajan »als neuen Rommel, als Nachfahren des ›Wüstenfuchs‹«. Natürlich stieß diese Bewunderung bei der neuen Linken auf Ablehnung, und obwohl Israel dafür nichts konnte, brachte die Euphorie von *Bild* die Studenten in eine unangenehme Lage, denn für sie galt der Grundsatz, dass die Freunde von *Bild* nur die Feinde der Linken sein konnten.

Damals beharrte Ulrike Meinhof noch darauf, die Solidarität mit den ehemals Verfolgten müsse auch den Staat Israel einschließen, allerdings dürfe sich die Linke nicht »von den Sympathien der USA und der *Bild*-Zeitung vereinnahmen lassen, die nicht Israel gelten, sondern eigenen, der Linken gegenüber feindlichen Interessen«.[7] Meinhof versucht das Dilemma der Linken dahingehend abzumildern, dass die Sympathien von USA und *Bild* nicht aufrichtig gemeint seien (was sich schlecht belegen ließ), und das hieß, es mussten irgendwelche dunklen Machenschaften dahinter stecken. Die Angst vor einer Vereinnahmung durch die USA und *Bild* ließ die Linke glauben, automatisch auf der Seite Amerikas zu stehen, würde man für das Selbstverteidigungsrecht Israels eintreten. Dabei wäre es vorrangig darum gegangen, den Konflikt analytisch zu begreifen, wozu es nicht mal einer besonderen Sympathie für Israel bedurft hätte.

Die von *Bild* zum Ausdruck gebrachte Begeisterung der deutschen Bevölkerung und der alten Parteigenossen machte deutlich, dass massenpsychologisch etwas Stärkeres am Werk war als ein politisches System, nämlich das Gären einer verdrängten Vergangenheit. Rein ideologisch gesehen hätten die Deutschen zu den Arabern in Palästina und deren Anführer Amin al-Husseini halten müssen, der eine islamistische SS-Einheit auf

6 Paul Berman »Idealisten an der Macht«, München 2006.
7 Ulrike Marie Meinhof, »Die Würde des Menschen ist antastbar. Aufsätze und Polemiken«, Berlin 1980, S. 102.

dem Balkan schuf, einen fanatischen Judenhass pflegte und wie Hitler die Vernichtung aller Juden zu seinem Lebensziel erkoren hatte. Zwar hat außer dem Irak kein arabischer Staat die Nazis unterstützt, aber als Deutscher genoss man in der Nachkriegszeit wegen Hitler in den arabischen Ländern ein hohes Ansehen, und der Grund dafür war nicht schwer zu erraten. Gegenüber den Russen hatten die Deutschen ausgesprochene Aversionen, der Kommunismus stand für das Böse schlechthin, für Barbarei und für den Untergang der westlichen Welt, schließlich hatte man einen Weltkrieg gegen sie verloren. Es war also in gewisser Weise logisch, sich mit dem siegreichen »Blitzkrieg« der Israelis zu identifizieren, ohne selbst etwas zum Sieg beigetragen zu haben. Mit ihm ließ sich zwar Russland auch diesmal nicht besiegen, aber gleichzeitig half die Begeisterung über die eigenen Schuldgefühle hinweg.

Inzwischen gab es jedoch eine neue Generation, die der alten aus guten Gründen unversöhnlich gegenüberstand. Allerdings befasste diese sich weniger mit dem Nazi-Erbe und dem Vernichtungsantisemitismus der Eltern als mit Israel, das sie als kapitalistisch-imperialistischen Staat definierte, der wie jeder andere kapitalistisch-imperialistische Staat abgeschafft und durch einen Sozialismus ersetzt werden müsse. Hier taten sich innerhalb des SDS vor allem die strikt antiimperialistisch argumentierenden Peter Gäng und Joscha Schmierer hervor, der Begründer des KBW und militante Studentenführer in Heidelberg, der im von den arabischen Staaten angezettelten Sechstagekrieg nichts anderes erkennen wollte als Expansionsgelüste des imperialistischen Staates Israel.

Der SDS, damals die wichtigste Linksgruppierung, die zunächst das Recht der Israelis als Verfolgte des Nazi-Regimes auf einen eigenen Staat anerkannte, ging vorsichtig auf Distanz, indem man betonte, dass »in der jetzigen Situation unsere Gefühle für das israelische Volk nicht verwechsel[t]« werden dürfen »mit der rationalen, ökonomischen und politischen Analyse der Position des Staates Israel im internationalen Konfliktsystem zwischen den hochindustrialisierten Ländern und den Ländern der Dritten Welt«.[8] Indem der SDS von »Gefühlen für das israelische Volk« sprach, die einer objektiven Beurteilung des Konflikts im Wege stünden, wies man unbewusst darauf hin, dass künftig gerade diese Gefühle eine ganz entscheidende Rolle bei der Deutungshoheit des Konflikts spielen würden. Dieser Trend nahm mit der seit der Ermordung Benno Ohnesorgs beginnenden Radikalisierung der Linken innerhalb kurzer Zeit eine ungeahnte Dynamik auf.

Bereits im August 1967 wandelte sich in der damals für die Linke einflussreichen *Konkret* der Ton mit Titeln wie: »Angeklagt: Israels Napalmkrieg« und: »Marschieren für Israel?«, in denen mit Schreckensmeldungen über eine »brutale Kriegsführung« gegen die Palästinenser eine antiisraelische Stimmung verbreitet wurde, befeuert durch den Glauben, es gäbe einen humanen Krieg, der rein logisch im Vorwurf einer »brutalen Kriegsführung« steckt, als ob das Ergebnis eines Krieges nicht immer in Tod, Zerstörung und Leid bestünde.

Damit war das Muster geschaffen, das sich seither wiederholt: Mit Berichten über die Leiden der Zivilbevölkerung, mit Bildern von Kriegsopfern und »Unschuldigen« ließ sich einen Solidarisierungsreflex hervorrufen, der nicht mehr nach den Hintergründen und der Geschichte des Konflikts fragte, und auch nicht danach, was die Juden zu erwarten hatten, wären die arabischen Staatschefs in der Lage gewesen, ihre ja keineswegs geheimen, sondern immer wieder offen propagierten Drohungen in die Tat umzusetzen.

Nach dem Sechstagekrieg fanden heftige Diskussionen im SDS statt, die im kleinen Führungskreis zunächst keine Konsequenzen hatten, weil alles vom kurz vor dem Sechstagekrieg stattgefundenen Mord an Benno Ohnesorg am 2. Juni überschattet war. Auf der XXII. Delegiertenkonferenz vom 4.–8. September 1967 forderte schließlich die marxistisch-leninistisch

8 Der SDS-Bundesvorstand in einer Nahost-Erklärung vom 5.6.1967. Zitiert nach Martin W. Kloke.

ideologisierte Heidelberger Hochschulgruppe in einem Antrag zum »Konflikt im Nahen Osten« den SDS auf, sich für einen uneingeschränkt antizionistischen Kurs auszusprechen, der sich folgendermaßen anhörte:

> »Der Krieg zwischen Israel und seinen arabischen Nachbarn kann nur auf dem Hintergrund des antiimperialistischen Kampfes der arabischen Völker gegen die Unterdrückung durch den angloamerikanischen Imperialismus analysiert werden [...] Der SDS verurteilt die israelische Aggression gegen die antiimperialistischen Kräfte im Nahen Osten. [...] Zionistische Kolonisierung Palästinas hieß und heißt bis heute: Vertreibung und Unterdrückung der dort lebenden eingeborenen arabischen Bevölkerung durch eine privilegierte Siedlerschicht.«[9]

Es war des Weiteren von einer »sozialrevolutionären Bewegung in den arabischen Ländern« die Rede, während Israel nur noch »als Brückenkopf des Imperialismus und als zionistisches Staatsgebilde« auftauchte. Von diesem maoistischen Entwurf waren die führenden Köpfe des SDS wenig begeistert. Vor allem bei Dutschke, der Gollwitzer nahestand und Kontakte zu der Deutsch-Israelischen Studiengruppe hatte, stieß der Entwurf auf Ablehnung. Er notierte – »Die Gründung des Staates Israel war die politische Emanzipation des Judentums, die unbedingt erhalten bleiben muss« – und schlug eine völlige Neuüberarbeitung vor. Für Krahl hatte das Bündnis mit Dutschke Vorrang, zudem hielt er die unterschiedlichen Positionen in der Antragsgruppe für unlösbar. Der Antrag wurde vertagt.

Eine große Rolle schien diese Diskussion allerdings nicht gespielt zu haben, denn sie findet in einem ausführlichen Bericht von Tilmann Fichter und Siegward Lönnendonker[10] über die

9 Aus dem SDS-Nachlass. Zitiert nach Martin W. Kloke.

10 Siehe: Tilmann Fichter & Siegward Lönnendonker »Genossen! Wir haben Fehler gemacht. Der Sozialistische Deutsche Studentenbund 1946-1970: Der Motor der 68er Revolte«, Marburg 2021.

XXII. Delegiertenkonferenz keine Erwähnung. Die Schwerpunkte bei dem einwöchigen Treffen in Frankfurt waren das Schulungsprogramm des SDS, die Hochschulpolitik, die Organisationsfrage, die Schülerbewegung, die Notstandsgesetze, das KPD-Verbot, die Militärdiktatur in Griechenland und der Vietnamkrieg. Der Sechstagekrieg findet keine Erwähnung. Nicht einmal die »Hofnarren Springers«, wie der SDS-Vorsitzende Reimut Reiche die Mitglieder der Kommune I nannte, kamen damals auf die Idee, sich über den Krieg im Nahen Osten zu empören, stattdessen versuchten sie mit dem Verkauf staatschinesischen Propagandamaterials über die Kulturrevolution den Bewusstseinshorizont der Genossen zu erweitern.

Dass die antizionistische Politik im SDS-Führungszirkel zunächst nur eine periphere Rolle spielte, darauf verweist auch eine Veranstaltungsreihe mit Herbert Marcuse, der nach dem Tod von Benno Ohnesorg vom Studentenbund eingeladen worden war und mit einigen führenden SDSlern zwischen dem 11. und dem 13. Juli 1967 öffentlich diskutierte. Als Marcuse das Wort ergriff, sah er sich durch den erst seit einem Monat zu Ende gegangenen Sechstagekrieg genötigt, Israel zur Sprache zu bringen, obwohl das Thema der Veranstaltung im Auditorium maximum der FU Berlin »Vietnam – Die Dritte Welt und die Opposition in den Metropolen« hieß. Er konzedierte, dass »Emotionen, moralische Begriffe und Gefühle in die Politik und sogar in die Wissenschaft gehören«,[11] was ihm die Zustimmung auch der heutigen Aktivisten einbringen würde, die den Impuls ihrer Politik genau daraus beziehen, ohne damit den Konflikt zu verstehen. Man könnte vermuten, dass es sich um ein Zugeständnis an die Studenten handelte, vielleicht auch um

11 »Vietnam – Die Dritte Welt und die Opposition in den Metropolen«, eine Podiumsdiskussion mit Rudi Dutschke, Peter Gäng, René Mayorga, Bahman Nirumand und Herbert Marcuse, in: Herbert Marcuse »Das Ende der Utopie. Vorträge und Diskussionen in Berlin 1967«, Frankfurt 1980, S. 142.

das 1967 allgemein vorherrschende Politikverständnis, dem auch Marcuse erlegen war. Als er in seinem Redebeitrag dies vorausschickte, schien ihm eine gewisse Vorsicht geboten zu sein, es wegen des Konflikts im Nahen Osten nicht zu einer Spaltung innerhalb der Linken kommen zu lassen, die er, der nach Amerika emigriert und dort geblieben war, für eine reale Möglichkeit hielt, vermutlich weil an den amerikanischen Universitäten antizionistische und antisemitische Positionen bereits offen zutage traten.[12] Er sieht auf der einen Seite die Identifizierung der »traditionellen Linken«, d.h. der eher liberalen Linken, mit Israel, auf der anderen Seite die Neigung der »marxistischen Linken«, wie Marcuse die antiautoritäre Linke nennt, die arabische Welt teilweise »mit der antiimperialistischen Welt« zu identifizieren. Er entschuldigt sich dafür, dass er sich »in einer sehr persönlichen und nicht nur persönlichen Weise mit Israel solidarisch und identisch fühle«,[13] weil er nicht vergessen kann, dass »die Juden jahrhundertelang zu den Verfolgten und Unterdrückten gehörten, daß sechs Millionen von ihnen vor nicht allzu langer Zeit vernichtet worden sind«.[14] Es tut ihm sogar »schrecklich leid«, darauf hinweisen zu müssen, dass arabische Vertreter sehr deutlich gemacht haben, Israel auslöschen zu wollen. Und deshalb müsse die Voraussetzung dafür geschaffen werden, dass die Juden keine Angst mehr zu haben brauchen und dass in Übereinstimmung mit Sartre ein Vernichtungskrieg gegen Israel unter allen Umständen verhindert werden muss, weil »die Etablierung des Staates Israel als eines selbständigen Staates«, zwar als Unrecht bezeichnet werden kann, aber dieses Unrecht könne »nicht gutgemacht werden durch ein zweites und größeres Unrecht. Der Staat ist da und die Verständigung mit der ihm feindlichen Umwelt muß gefunden werden: das ist die einzige Lösung.«[15]

12 Siehe dazu den Beitrag von Paul Berman in diesem Buch.
13 Herbert Marcuse »Das Ende der Utopie«.
14 Ebenda.
15 Ebenda.

Marcuse versuchte durch seine skrupulöse und vorsichtige Argumentation, die »marxistische Linke« für die Lage Israels zu sensibilisieren, immer wieder darauf hinweisend, dass auch Israel kritisiert werden müsse, weil die Behandlung der arabischen Bevölkerung zumindest »verwerflich – wenn nicht mehr« sei.

Erstaunlich dabei ist, dass niemand, nicht einmal Peter Gäng, für den Israel einfach nur ein imperialistischer Staat war, Marcuses Meinung zu Israel in irgendeiner Weise kommentierte, sein Beitrag löste nicht die geringste Resonanz aus. Selbst 13 Jahre später, als einige der SDS-Genossen ein Buch mit den transkribierten Redebeiträgen herausgeben und die Debatten von damals einzuordnen versuchen, geht niemand auf diesen Aspekt der Geschichte ein, keiner erwähnt die Einschätzung Marcuses, der seiner Linie treu blieb und 1971 nach Israel reiste, um mit israelischen und arabischen Intellektuellen und Politikern zu sprechen. Am 2. Januar 1972 erschien in der *Jerusalem Post* so etwas wie die Quintessenz seiner Einschätzung der Lage, in der er sehr pragmatisch mögliche Lösungen des Konflikts diskutierte, wie zum Beispiel einen Friedensvertrag mit Ägypten als erste Vorbedingung für eine Lösung, eine befriedigende Regelung des Flüchtlingsproblems, die »Kompensation des Unrechts jüdischer Landnahme«, die in Folge des Sechstagekriegs für ihn entstanden war, und die Gründung eines Palästinenserstaates, wobei die beste Lösung »das Zusammenleben von Israelis und Palästinensern, Juden und Arabern als gleichberechtigte Bürger eines sozialistischen nahöstlichen Staatenbundes« wäre. Das sei zwar »noch Utopie«, aber diese Utopie war schon damals unter jüdischen und aufgeklärten Intellektuellen weit verbreitet, sie war mit der Überzeugung verbunden, dass bessere Zeiten und damit auch Frieden in der Region möglich seien.

Marcuses Einfluss scheint damals keine großen Auswirkungen gehabt zu haben. Die Aktivisten des SDS bezogen sich auf die große Gemeinsamkeit des Antiimperialismus und bewunderten Marcuses konsequente Kritik des US-Imperialismus, ohne jedoch im Traum daran zu denken, wie Marcuse bei Israel eine Ausnahme zu machen oder die historische Konstellation zu berücksichtigen. Der Antiimperialismus war das tragende Element in der Oppositionsbewegung gegen den Vietnamkrieg, und er wurde zur Verpflichtung der Aktivisten, »die Praxis der Dritten Welt zu ihrer ausdrücklichen Massenbasis«[16] zu machen. In den Diskussionen war vollkommen klar, dass ein gewaltsamer Umsturz der imperialistischen Länder unvermeidlich und dringend herbeizuführen sei. Alle Überlegungen zum Verhältnis von Theorie und Praxis und zur Tauglichkeit von Theorie überhaupt wurden vor diesem Hintergrund angestellt. Der US-Imperialismus befand sich zwar in einer Legitimationskrise, aber in Gefahr befand er sich nicht. Dass die Protestbewegung dennoch glaubte, die richtige Theorie könne, wie Marx sagte, »die Massen ergreifen«, um den Imperialismus zu stürzen, hatte in gewisser Weise mit Größenwahn zu tun, mit dem Glauben an die grenzenlose Machbarkeit, der schon 1966 mit den ersten Testflügen bei der Apollo-Mission Gestalt annahm und in dem eine ganze Generation heranwuchs.[17] Diese Hybris steckte auch in der Diskussion über den Kampf gegen den Imperialismus. Der Überzeugung der Linken zufolge war es nur eine Frage der Zeit, bis der »Papiertiger« durch die Befreiungsbewegungen gestürzt würde. Wo dies gelang, wie in Kambodscha, als im April 1975 eine Militärregierung durch die Roten Khmer in die Flucht geschlagen wurde, verschloss man die Augen vor den 1,7 Millionen Opfern der Kommunisten, die über Leichen gingen, um die Bevölkerung mit einer angeblich ursprünglichen, agrarischen Gesellschaft zu beglücken. Und wo es gelang, die Kolonialmächte zu vertreiben, konnte man schon bald danach beobachten, dass die neuen Machthaber in der Regel nicht besser waren. Der von der Realität beschädigte Glaube an das Gute

16 René Mayorga, Bolivien, in der Debatte mit Herbert Marcuse in ebenda, S. 59.

17 Diesen Gedanken hat Wolfgang Pohrt in »Das allerletzte Gefecht« entwickelt, in: »Werke Bd. 10«, Berlin 2018, S. 126 ff.

des antiimperialistischen Kampfes hat im Antizionismus überlebt. Steht man den chinesischen Gelüsten auf Taiwan mehr oder weniger gleichgültig gegenüber, so lassen sich über 60 Jahre alte Reflexe durch den Konflikt in Palästina wieder reaktivieren. Die Idee des Antizionismus in Form einer bedingungslosen Solidarisierung mit dem palästinensischen »Volk« und seiner Kultur wurde damals geboren und macht seither eine erstaunliche Karriere.

Am 17. Juli 1969 reiste ein knappes Dutzend SDS-Führer auf Einladung von Arafats Fatah und der Demokratischen Front für die Befreiung Palästinas (DFLP) zu einem internationalen Ferienlager in Jordanien, an dem auch circa 100 weitere Gäste aus anderen Ländern teilnahmen, um sich über den Stand der »sozialrevolutionären Bewegung« zu informieren. Wolfgang Kraushaar kolportierte, die Eingeladenen hätten zum Teil eine paramilitärische Ausbildung genossen, in der auch »Schießübungen mit Kalaschnikows auf Flaschen durchgeführt« werden,[18] aber wie Teilnehmer bezeugen, ging es der Fatah vor allem darum, ihr international ramponiertes Image aufzupolieren. Über die Reise gibt es unterschiedliche Pressemeldungen, u.a. von der Deutschen Presseagentur und der *Zeit*, in der Hans-Joachim Noack einen Artikel veröffentlichte mit dem Titel: »Ferienlager bei El Fatah. Der Sozialistische Deutsche Studentenbund auf Erkundungsfahrt bei den arabischen Guerillas«.[19] Darin erklärt einer der Mitgereisten, Udo Riechmann, dass die SDS-Mitglieder nicht als offizielle Delegation unterwegs waren und es keine Absicht gegeben habe, sich militärisch ausbilden zu lassen. »Zweck der Reise sei allein das Studium des palästinensischen Revolutionsmodells gewesen, so viel an Informationen zusammenzutragen wie nur möglich. Als die ersten Mel-

18 Wolfgang Kraushaar »Frankfurter Schule und Studentenbewegung. Von der Flaschenpost zum Molotowcocktail. 1946 bis 1995« Band 1, Hamburg 1998, S. 446-447.

19 *Die Zeit* vom 15. August 1969, zitiert nach Wolfgang Kraushaar.

dungen über eine angebliche Unterstützung der El Fatah durch SDS-Studenten in der Bundesrepublik verbreitet worden seien, habe man sich sofort entschieden, zurückzufliegen.«[20] Nun kann man sich natürlich fragen, warum man sich überhaupt von der Fatah einladen ließ und ob man ernsthaft erwartet hatte, am »palästinensischen Revolutionsmodell«, dessen Prämisse doch in der Vernichtung Israels bestand, gebe es erwägenswerte und interessante Aspekte, aber die strikt antiimperialistische Deutung der Weltordnung verlangte, den nationalen Befreiungskämpfen als antiautoritärer Linker begeistert gegenüberzustehen.

»Nach Israel fahren wir erst, wenn es sozialistisch geworden ist«,[21] sagte das damalige Bundesvorstandsmitglied Hans-Jürgen Krahl nach der Rückkehr der Delegierten etwas flapsig. Er selbst war allerdings auch nicht mit nach Jordanien gefahren und wusste wie viele SDSler über den Nahost-Konflikt so gut wie nichts. Es dürfte tatsächlich nur wenige im SDS gegeben haben, die Marcuse in seinen Erwägungen zustimmten und gegenüber der Fatah skeptisch waren. Da die Reise sogenannten »Geheimhaltungserfordernissen« unterlag, wurde eine verbandsinterne Diskussion verhindert, so dass sich im Graubereich der Erinnerung bald Legenden bildeten.

Für den Autor von »Israel und die deutsche Linke«, Martin Kloke, hatte der Besuch in Jordanien verheerende Folgen:

> »Die von der Fatah eigens für die Reisegruppe ausgerichteten polit-ideologischen Schulungsveranstaltungen verfestigten die antizionistische und revolutionsromantische Grundeinstellung der SDSler, deren ›traditionalistischer‹ Flügel inzwischen vom ›antiautoritären‹ Teil des Verbandes ausgeschlossen worden war.«[22]

20 Wolfgang Kraushaar, ebenda.
21 *Süddeutsche Zeitung* vom 14./15.8.1969
22 Martin W. Kloke, S. 80

Immerhin einige der Reiseteilnehmer scheinen eines Besseren belehrt worden zu sein, als man feststellte, dass »in den Flüchtlingslagern, aus denen sich die Fedajin rekrutierten, die gesellschaftlichen Voraussetzungen für eine Revolution fehlten«.[23] Allerdings kann man sich fragen, wie der SDS reagiert hätte, wenn die »Voraussetzungen« vorhanden gewesen wären. Von Detlev Claussen über diese Situation informiert, scheint Krahl wenig Lust verspürt zu haben, angesichts der antizionistischen Stimmung unter den Genossen das Thema weiter zu vertiefen oder zur Diskussion zu stellen. Von seinen theoretischen Prämissen im Kampf gegen den Imperialismus[24] ausgehend, hätte vielleicht auch Krahl wenig Verständnis für die Lage Israels aufgebracht, hätte auch er womöglich vor allem die kapitalistischen Strukturen im israelischen Staat gesehen, die es zu zerstören galt. Vielleicht war es auch einfach seinem Desinteresse am Nahen Osten geschuldet, dass er sich zurückhielt, zudem zeigten sich beim SDS 1969 erste Auflösungserscheinungen, so dass die Aufmerksamkeit auf einen anderen Schauplatz gelenkt wurde.

Dennoch waren die radikalen Ränder des SDS sehr aktiv und gewannen immer mehr an Einfluss in der Linken. So plante die »Lederjackenfraktion« des SDS (Cohn-Bendit, Joschka Fischer etc.), auf der Beerdigung von Adorno am 13. August Eier zu werfen, woraufhin Krahl den Eierwerfern Prügel androhte.[25] Schon zwei Monate vorher allerdings war der israelische Botschafter in Bonn, Asher Ben Nathan, der auf Einladung von

23 Detlev Claussen in einer E-Mail an den Autor.

24 Auf dem Vietnam-Kongress im Februar 1968 spricht Krahl angesichts der Erfolge des Vietcong gegen die Militärmacht USA auch von den »revolutionären Kämpfe[n] der Guerilleros in Lateinamerika«, die eine »neue Tatsache geschaffen [haben], und zwar die qualitativ neue weltgeschichtliche Aktualität der Revolution«. Siehe Hans-Jürgen Krahl »Konstitution und Klassenkampf«, Frankfurt 1971, S. 145. Ob er die Kämpfe der palästinensischen Befreiungsorganisation dazugezählt hätte, ist unwahrscheinlich, kann aber auch nicht ausgeschlossen werden.

25 Laut einem Bericht in der *Frankfurter Rundschau* vom 14. August 1969. Siehe dazu Wolfgang Kraushaar S. 458.

Dan Diner und des »Bundesverbandes Jüdischer Studenten in Deutschland« am 9. Juni 1969 an der Frankfurter Universität sprechen sollte, von dieser Fraktion des SDS, einigen der Fatah nahestehenden Arabern und einem »Israelischen Revolutionären Aktionskomitee im Ausland« (ISRACA) der Matzpen mit Sprechchören wie »Nazi-Kiesinger und Ben Nathan, eine Clique mit Dajan« und »Zionisten raus aus Palästina« niedergebrüllt worden. Ganz vorne mit dabei war auch der SDS-Vorsitzende Karl-Dietrich (KD) Wolff, der Ben Nathan später um Entschuldigung bat,[26] aber Ende der Sechziger hatte der blinde Antizionismus bei den Antiautoritären Konjunktur.

Martin Kloke berichtet von einer »tumultartigen Stimmung unter den 1500 Zuhörern«,[27] in der sich der Botschafter kaum Gehör verschaffen konnte. Allerdings blieben 19 Veranstaltungen Ben Nathans in der Bundesrepublik ungestört, bis auf Hamburg, wo es ebenfalls zu Protesten kam. Kloke dokumentiert in seinem materialreichen Buch zahlreiche erschreckende Beispiele antisemitischer Gesinnung in der Linken, die in der Häufigkeit tatsächlich deutlich machen, wie unbesonnen und sorglos, wie selbstgewiss und unwissend, aber von sich und der eigenen antiimperialistischen Gesinnung überzeugt, viele Linke nach dem Zerfall der Protestbewegung radikale politische Positionen sich zu eigen machten, die identitär und antisemitisch waren, ohne zu merken, dass sie ins rechte Fahrwasser gerieten, was nicht wundernimmt, wenn an das eigene Urteilsvermögen ausschließlich emotionale und moralische Maßstäbe angelegt werden.

26 Siehe Karl-Dietrich Wolff, »Bin ich nicht ein Hans im Glück? Studentenrevolte, Hölderlin, Kafka«, Frankfurt 2025, S. 86 f. In dieser Autobiographie bekommt man einen ganz guten Einblick, wie die aktivistischen Antiautoritären sich mit großer Geschwindigkeit dem bewaffneten Kampf annäherten und der antiimperialistische Blick auf die Welt sich immer mehr verengte und radikalisierte.

27 Martin W. Kloke, S. 78.

Als sich die organisatorischen Strukturen der Protestbewegung Ende der 60er Jahre aufzulösen begannen, zersplitterte die neue Linke in zahlreiche neue kommunistische Parteien, Aktionsgruppen, die, wie beispielsweise die Rote, Schwarze oder auch Bunte Hilfe, sich die »Gefangenenarbeit« zur Aufgabe machten, oder auch lose organisierte antiimperialistische Gruppen, die den Befreiungskampf in Nicaragua, der IRA, der ETA und natürlich auch der PLO propagierten. Wie viele Aktivisten die Befreiungsbewegungen in anderen Ländern unterstützten, ist schwer zu sagen, weil keine Archive darüber Auskunft geben, aber man schätzt die Zahl bundesweit auf 3000–4000, wiederum nur ein kleiner Teil war in der »Palästina-Solidarität« aktiv, wobei es zur personellen Fluktuation zwischen den verschiedenen Komitees kam, da es mit dem Antiimperialismus eine große gemeinsame Idee gab.

Detlev Claussen, der den Antizionismus weniger im SDS als nach dem Zerfall der Protestbewegung Anfang der 70er Jahre in der radikalen Linken sich verbreiten sah, schrieb über das Milieu:

> »Numerisch waren sie nicht bedeutend, aber sie entwickelten sich im Protestmilieu zu tonangebenden Experten, auf die man sich ebenso verlassen zu können meinte wie auf die wissenschaftlichen Kritiker der Atomenergie. Antizionismus gerann nun vollends zur bloßen Parole – eine Zauberformel für Kritik an jüdischem Verhalten mit approbiertem gutem Gewissen. Antizionismus transformiert sich in Antisemitismus, wenn ›die‹ Juden oder Israel zum Schlüssel eines Welterklärungsmodells gemacht werden.«[28]

Von behutsamer Abgrenzung vom Antisemitismus wollte man nichts mehr wissen, die antiautoritäre und kommunistische Linke bediente sich unverhohlen antisemitischer Stereotypen,

28 Detlev Claussen, »Die Linke, geschichtslos«, in: *Freitag* vom 9.8.1991.

weil sie in Israel ausschließlich den Kolonialisten, Imperialisten, das Böse schlechthin sah, dem gegenüber man sich nicht um Differenzierung bemühen musste, vielmehr ging es darum, sich im Kampf für die Befreiung des palästinensischen Volkes selbst zu verwirklichen und ihn zum wesentlichen Bestandteil seiner Identität zu machen, d.h. es ging nicht um Widersprüche, es ging nicht um richtig oder falsch, um historische Fakten oder Analysen, sondern um den hingebungsvollen Glauben, ein »Volk« von den Fesseln des Unterdrückers zu befreien, ihm seine Ursprünglichkeit und Stammeswurzeln zurückzugeben.

Es wurde immer deutlicher, wohin die Reise ging, denn der aktivistische Teil der Linken begab sich back to the roots auf die Suche nach Identität, die in der zerfallenden Protestbewegung Priorität hatte, weil man sie für das eigentliche Movens politischer Praxis hielt. Auf dieser Suche befand sich auch der Studentenführer Daniel Cohn-Bendit, der sie auf seine Weise popularisierte: »Die kapitalistischen Gesellschaften haben mir die Möglichkeit verbaut, eine Identität zu finden.«[29] Aber wo und wie konnte man Erfüllung finden?

In seinem Buch »Der große Basar«, das aus Interviews zusammengestückelt war, plaudert Cohn-Bendit darüber, wie er, selbst jüdischer Herkunft, zu einem Gegner des Zionismus wurde, was repräsentativ für viele aus seiner Generation war. Im Alter von 15 Jahren arbeitete er in einem Kibbuz. Sein Resümee: »Das war sehr schön. Wir lebten in einer Gemeinschaft, wo die Leute einander halfen, in Solidarität, Gleichheit usw.«[30] Die Existenzberechtigung eines israelischen Staates wurde nicht in Zweifel gezogen. Aber mit dem Ausbruch des Sechstagekriegs reichte die Überzeugung, Israel zu verteidigen, gerade mal »24 Stunden«, denn, wie es Cohn-Bendit dämmerte, habe er offenbar unter dem Einfluss der zionistischen Ideologie gestanden. Das ging auch anderen linken Studenten so, bevor sie

29 Daniel Cohn-Bendit, »Der große Basar«, München 1975, S. 7.
30 Ebenda, S. 8.

einsehen mussten, in welche zweifelhafte Gesellschaft sie sich begeben hatten. So war Micha Brumlik mit 17 in einem israelischen Kibbuz und kehrte 1967 als Antizionist zurück, um »Solidarität mit der PLO« zu üben. Wie viele aus der Bewegung wusste Cohn-Bendit nicht sehr viel über Israel und seine Geschichte. Seine Unsicherheit legte er schnell ab, denn als er auf einer proisraelischen Veranstaltung in Paris mit nationalistischen Juden in einen Streit geriet, und noch mehr, als er schließlich bei seinem zweiten Besuch Israels mit den unterschiedlichsten politischen Positionen konfrontiert wurde, die auf ihn als einem der weltweit bekanntesten Studentenführer niederprasselten, ging seine »Identität als Jude« endgültig in die Brüche. Am meisten beeindruckte ihn der Vorsitzende eines israelischen Studentenverbandes, der kein Hehl daraus machte, dass er die »Araber für unfähig halte, einen Staat zu lenken [und] die Wüste fruchtbar zu machen«. Und das hieß für Cohn-Bendit:

> »Es ist manchmal schwierig, sich die Nazi-Ideologie von der Herrenrasse vorzustellen – hier in Israel ist sie ständig und überall gegenwärtig und greifbar. Eine ganze Generation von Jugendlichen hält sich für die Herrenrasse. Die Israelis als Herrenrasse und die Palästinenser als irrende Juden. [...] Diese Reise hat für mich einen Bruch bedeutet. Von dem Augenblick an, da ich die faschistoiden Tendenzen der israelischen Gesellschaft erlebt habe, da ich gesehen habe, wie man den Genossen von Matzpen auf offener Straße ins Gesicht spuckt, waren die Israelis für mich nicht mehr das arme Volk. Es war Südafrika. Der Rassismus ist überall. Das Verhältnis der europäischen Juden Nordafrikas enthält im Keim den Rassismus der Juden gegen die Araber.«[31]

Das Zitat soll Cohn-Bendit nicht desavouieren oder seinen Selbsthass zur Schau zu stellen. Vielmehr zeigt es, wie seine Idealisierung Israels kollabierte, als er merkte, dass es im Land auch

31 Ebenda, S. 15.

Fanatiker und Rechte gab, wie es sie in jeder Gesellschaft gibt. Es geht lediglich darum, seinen Irrglauben zu dokumentieren, aus persönlichen Erfahrungen ließe sich ein allgemein gültiges Urteil über den Zustand der Gesellschaft fällen. Seine radikale Verdammung setzte die Illusion voraus, Israel sei etwas über allem Stehendes gewesen, und nicht ein Staat, der zwar eine besondere Entstehungsgeschichte hat, aber wie jeder andere Staat auch es sich nicht erlauben kann, tatenlos zuzusehen, wenn seine Existenz bedroht wird. Aus der Idealisierung seiner persönlichen Kibbuz-Erfahrung erwächst nun eine große Enttäuschung und eine vollkommene Verurteilung der israelischen Gesellschaft, als ob ein paar rechtsradikale Israelis repräsentativ für die Gesellschaft seien. Cohn-Bendit schreckt nicht davor zurück, den Israelis pauschal »Nazi-Ideologie«, »faschistoide Tendenzen« und »Rassismus« zu unterstellen, also all das, was heute wieder en vogue ist. Das heißt nicht, dass es all das gar nicht gab, aber eine realistische Einschätzung der Situation nach dem Sechstagekrieg wird man damit kaum bekommen. Zudem hatte nicht nur Cohn-Bendit kaum eine Vorstellung davon, was es für die Israelis bedeutete, von den sie umgebenden arabischen Staaten mit der Vernichtung bedroht zu werden. Aus der damals aufgeheizten Stimmung ließ sich der Zustand einer Demokratie nicht wirklich umfassend beschreiben. Vor allem aber muss man konzedieren, dass ein anderer Staat in einer ähnlichen Bedrohungslage sich vermutlich nicht besser verhalten hätte. Wenn man aber wie Cohn-Bendit auf der Suche nach der eigenen Identität ist, neigt man dazu, alles unter identitätspolitischen Gesichtspunkten zu betrachten. Die politische wie private Selbstverwirklichung, die freie Entfaltung des Individuums, die Abwesenheit von Zwang, die innere Zufriedenheit, also alles, was die »eigene Identität« zur Bedingung macht, setzen einen gesellschaftlichen Idealzustand voraus, an dem gemessen jede Demokratie nur schlecht aussehen kann. Letztendlich entstand aus dieser Identitätssuche die fatale Neigung, den »Westen« pauschal für alles verantwortlich zu machen, was an Unrecht auf der Welt passierte, und die Demokratie für einen irreparablen Systemfehler zu halten. Identität taugt zum Begreifen von gesellschaftlichen Zusammenhängen und politischen Prozessen nichts, doch war die Protestbewegung zugleich die Geburtsstunde der Identitätspolitik.

Der nationale Befreiungskampf der Palästinenser war nunmehr durch die »Nazi-Ideologie von der Herrenrasse« der Israelis legitimiert, die deutsche Linke konnte sich der Phantasie von der Abschaffung Israels durch die Palästinenser hingeben. Für die Protestgeneration verloren die Israelis 1967 ff. in gewisser Weise ihre Unschuld als Opfer, sie wurden als Täter identifiziert, so dass eine Art Schuldverschiebung stattfinden konnte. Von der vor dem Sechstagekrieg vorhandenen prozionistischen Haltung blieb in den kommenden Jahren kaum etwas übrig.

Die antiimperialistische Fraktion des SDS, die sich in verschiedenen K-Gruppen neu sortierte, und die Frankfurter Spontis im Umkreis von Cohn-Bendit hatten sich mit ihrem antizionistischen Kurs durchgesetzt. Untereinander war man heillos zerstritten und schreckte auch vor Nazijargon nicht zurück. Die einen hätten Cohn-Bendit am liebsten in eine »Fischmehlfabrik« bzw. in ein »Umerziehungslager« gesteckt, während die Spontis ihrerseits ebenso wenig zimperlich waren, wenn es darum ging, der Konkurrenz das Wasser abzugraben. Aber Israel war für alle Fraktionen ein verlässliches Feindbild, auf das man sich einigen konnte: nicht nur ein imperialistischer Staat, sondern der imperialistische Staat schlechthin, dessen Bekämpfung zur großen gemeinschafsstiftenden Sache für die radikale Linke wurde, von ihr erhoffte man sich eine Art Erlösung.

Einer der wenigen unabhängigen Linken, der mit diesem weitverbreiteten antizionistischen Selbstverständnis der 68er nicht einverstanden war und bereits 1969 mit dem Artikel »Der ehrbare Antisemit« dagegen anschrieb, war Jean Améry. Eine Reportage in *Konkret*, die die rhetorische Frage stellte: »Ist Israel ein Polizeistaat?« und damit, wie Améry schrieb, insinuierte, in Israel gehe es zu wie in Vietnam oder wie in Algerien, verwies auf das Neue in der Diskussion, nämlich auf »die Ansiedlung des als Anti-Israelismus sich gerierenden Antisemitismus«,[32] der dadurch akzeptabel und »ehrbar« wurde.

Das war ihm unerträglich, musste Israel doch vor dem »finsteren Hintergrund der Katastrophe«, vor dem Hintergrund der sechs Millionen von Deutschen ermordeten Juden, gesehen werden. Israel sollte der »siebten Million«, wie Tom Segev die Überlebenden nannte, ein sicherer Zufluchtsort sein. Das war für ihn eine unbestrittene Selbstverständlichkeit. Nicht aber für diejenigen, denen er sich eigentlich zugehörig fühlte, der Linken, die von »nationaler Identität« zu reden begann und die PLO als eine nationale Befreiungsbewegung gegen den israelischen Imperialismus feierte.

Améry erinnerte in seinen Essays daran, dass die Juden – und gerade sie – »ein Element der *fruchtbaren Unordnung*« seien. Es seien die Arbeiten der Frankfurter Schule gewesen, später die »Sartrianer«, die Strukturalisten, die »liberals« in den USA, die immer wieder »versteinerte Strukturen«[33] aufgebrochen hätten.

Zudem habe es nie einen Zweifel daran gegeben, dass die jüdischen Siedler eine demokratisch-sozialistische Gesellschaft errichten wollten. »Es kann nicht, darf nicht sein«, schrieb Jean Améry fordernd und eindringlich, »dass die Nachfahren der Heine und Börne, der Marx und Rosa Luxemburg, Erich Mühsam, Gustav Landauer es sind, die den ehrbaren Antisemitismus verbreiten, denn in den Antisemitismus mündet notwendigerweise der rabiate Anti-Zionismus ein, der für jeden Juden, wo immer er wohne, welch politischer Meinung er anhänge, eine tödliche Drohung ist.«[34]

Der Hinweis auf die Säulenheiligen half nicht viel. Dennoch: 1969 lag Auschwitz noch nicht lange zurück, und man konnte sich unschwer vorstellen, was sein würde, wenn Israel zerstört würde, denn das hieße, die Juden würden wieder zu »Wan-

32 Jean Améry »Werke Bd. 7. Aufsätze zur Politik und Zeitgeschichte«, Stuttgart 2005.

33 Ebenda, S. 189.

34 Ebenda.

derjuden«, zu staatenlosen und damit rechtlosen Flüchtlingen, die als Bittsteller behandelt oder als »Parias« abgestempelt würden, als die Hannah Arendt sie bezeichnet hatte.

Ein solcher war auch der 1912 geborene Hans Mayer, wie Jean Améry ursprünglich hieß, bevor er seine verhasste österreichische Herkunft nach dem Krieg in einem Anagramm unkenntlich machte. In einem kurzen Aufsatz von 1978 mit dem Titel »Mein Judentum«[35] beschreibt er, dass seine Sozialisation nicht das geringste mit dem Judentum zu tun hatte. Sein Vater war »Volljude«, der im Ersten Weltkrieg fiel, als er vier war. Seine Mutter war Christin, d.h. der jüdischen Halacha zufolge war Améry gar kein Jude, erst die nationalsozialistischen Rassegesetze machten ihn zu einem. Obwohl er mit der jüdischen Religion nie etwas zu tun hatte und auch nie etwas zu tun haben wollte, wurde ihm bereits als Jugendlicher durch die Lektüre von »Mein Kampf« und spätestens durch die »Nürnberger Rassegesetze« klar, dass er einer »minderwertigen Rasse« angehörte, und zwar nicht nur für die Nazis, sondern auch »für die Mehrheit aller Deutschen und Österreicher«. Ein Jude ist, den die anderen als Juden ansehen, schrieb Sartre, und »dies war präzise mein Fall«, so Améry. Und an dieser Zuschreibung hat sich bis heute nichts geändert, wenn die neue aktivistische Jugend alle Juden für die israelische Politik verantwortlich macht.

Dennoch hat die zwangsweise Zuordnung zum Judentum Améry nie dazu gebracht, dieses Schicksal anzunehmen – weder wollte er in diesem Land leben, noch hieß er »den religiös getönten Nationalismus« in Israel gut, und Mosche Dajans triumphales Auftreten war ihm zuwider. Und dennoch war er aufgrund seiner Erfahrung »den Menschen dieser heillosen Erde, die allein sind, verlassen von der Welt, unablösbar verbunden«.

Israel war für ihn keine Verheißung, als Heiliges Land hatte es keine Bedeutung, es sei »nur Sammelplatz von Überlebenden, ein Staatsgebilde, wo jeder einzelne Einwohner noch immer und auf lange Zeit hin um seine physische Existenz bangen

35 Ebenda.

muss«. Aus heutiger Sicht vielleicht etwas pathetisch fügte er hinzu: »Mit Israel solidarisch sein, heißt für mich, den toten Kameraden die Treue bewahren.«

Seitdem er 1969 für Israel Partei ergriffen hatte, weil es unabhängig von der jeweiligen Regierung Juden auf aller Welt Schutz bot, betrachteten ihn seine politischen Freunde als »Abtrünnigen«. Er warf ihnen vor, sie machten es sich mit Prinzipientreue leicht und seien nicht bereit, ihre »Dogmen-Krücken« über Bord zu werfen. An diesen sich festzuhalten war ihm nicht möglich, denn für die einen war er ein Jude, dem die Objektivität abgesprochen wurde, während die anderen, die ein Judentum hatten, glaubten, er habe kein Recht, sich einzumischen.

Améry beschrieb seine Gemütslage als die eines Melancholikers. Es war eine ausweglose Situation, denn er spürte, dass seine bedingungslose Solidarität mit Israel als sicherem Zufluchtsort auch hieß, mit dem menschlichen Leid konfrontiert zu werden, das der Staat Israel anderen angetan hat. Und das ist vielleicht das Großartige an Améry im Gegensatz zur Engstirnigkeit seiner Kritiker, denn er gibt dadurch zu verstehen, wie weit entfernt er von der selbstsicheren Gewissheit war, mit der die internationale Linke schon seit 1967 Vorwürfe gegen Israel erhob, weil sie vollkommen außer Acht ließ, dass Israel ein Zufluchtsort für die in der Welt verfolgten Juden ist, die nicht mit einer breiten weltumspannenden Solidarität rechnen können. Ihnen ist der »schwankende Grund«, auf dem Améry stand, und die Ungewissheit, die ihn quälte, fremd.

An solchen mit Selbstzweifeln durchzogenen Überlegungen hatte man zu diesem Zeitpunkt kein Interesse mehr, man sehnte sich nach einer revolutionären Lösung des Problems. Darin bestand die Hybris des Antiimperialismus. Seit 1967 begann in den Köpfen der deutschen Linken sich immer mehr die Vorstellung durchzusetzen, Israel sei für die Palästinenser das gleiche Übel wie die USA für Vietnam. Vor allem der radikale Flügel der Bewegung, der Anfang der 70er den bewaffneten Kampf aufzunehmen begann, forcierte eine antiisraelische

Stimmung und bediente sich antisemitischer Stereotypen, die von den jüngeren Linken bereitwillig adaptiert wurden. Nicht wenige der linksradikalen Wortführer reisten in den Nahen Osten, um sich von Fatah-Kämpfern an der Waffe ausbilden zu lassen, und wenn man, wie Dieter Kunzelmann in seinen Memoiren[36] selbst schreibt, zu dämlich war, den Abzugshahn zu finden, dann konnte man sich immer noch in der Propagandaabteilung nützlich machen. Noch bevor der rechtzeitig verhaftete Kunzelmann im Untergrund größeres Unheil anrichten konnte, rief er in den sogenannten »Briefen aus Amman« die Genossen des Agitationsblattes *Agit 883* dazu auf, endlich den »Judenknax« zu überwinden. Und nach dem Brandanschlag auf das Jüdische Altenheim 1970 in München, bei dem Shoah-Überlebende umkamen, ließ er es sich nicht nehmen, die Tat als ein vom Mossad begangenes »zionistisches Massaker« zu bezeichnen, um die Juden zur Auswanderung nach Israel zu bewegen, ohne zu bedenken, dass es wenig brächte, sie dorthin zu locken, wenn man sie vorher umbringt. Diese krude Logik war in gewisser Weise Bestandteil einer Denkweise, die auf Provokation aus war und die Unterscheidung zwischen Wahr und Falsch für nebensächlich hielt, weil alles, was das »Herrschaftsdenken« torpedierte, gerechtfertigt schien, auch wenn man Vernunft und Rationalität gleich mit entsorgte, eine Strategie, mit der Trump und die Wutbürger später dann Erfolg hatten.

Ganz in diesem Sinne legte die Untergrundgruppe Tupamaros Westberlin eine Brandbombe im jüdischen Gemeindehaus, beschmierte mehrere jüdische Mahnmale mit »Schalom und Napalm« und »El Fatah« und glaubte allen Ernstes, dass solche »Aktionen nicht als rechtsradikale Auswüchse zu diffamieren, sondern ein entscheidendes Bindeglied internationaler Solidarität« seien, ein Fanal gegen den »hilflosen Antifaschismus«, und Dieter Kunzelmann drängte seine Genossen mit der Frage: »Wann endlich beginnt bei Euch der organisierte Kampf gegen

36 Dieter Kunzelmann »Leisten Sie keinen Widerstand!«, Berlin 1998.

die heilige Kuh Israel?« Auch wenn er in seinen Memoiren in einem steifen Verlautbarungsjargon behauptete, dass er nichts mit dem Anschlag auf die jüdische Gemeinde in der Fasanenstraße zu tun hatte und ihn als eine »Inszenierung des Geheimdienstes«[37] bezeichnete, so schien seine Agitation doch auf fruchtbaren Boden gefallen zu sein.

Joseph Fischer, ein anderer prominenter Linker aus der sogenannten Frankfurter »Putztruppe«, hatte 1969 in Algier an einem Kongress der PLO teilgenommen, bei dem die palästinensische Organisation eine Resolution zum endgültigen Sieg über Israel verabschiedete und dessen endgültige Vernichtung als beschlossene Sache ansah. Die militanten Linken hatten ihre Sympathien für den palästinensischen Befreiungskampf und die Ablehnung Israels aus dieser Zeit nicht abgelegt, als sie später in der Friedensbewegung und bei den Grünen aktiv waren, und diese Sympathien blieben erhalten, auch wenn einige aus der Szene des bewaffneten Kampfes erkennen mussten, dass in den militärischen Ausbildungslagern der PLO nicht nur antiimperialistische Linke, sondern auch Neonazis das Handwerk des Tötens erlernten. Fischer hat bald auch angesichts seines Freundes Hans-Joachim Klein, der als Terrorist verurteilt wurde, erkannt, dass der bewaffnete Kampf in eine Sackgasse führte, weshalb er wie viele seiner ehemaligen Genossen seine Haltung zum Staat Israel revidierte, vielleicht aber auch nur ein bisschen relativierte. Dennoch sollte nicht unterschätzt werden, welchen Einfluss er in den frühen 70er Jahren als einer der Chefs der Gruppe »Revolutionärer Kampf« auf die Ideologiebildung der linken Bewegung hatte und welche zentrale Bedeutung der nationale Befreiungskampf der Palästinenser im linken Milieu einnahm.

Das in der Linken weit verbreitete und von Kunzelmann, der RAF und vielen Führern der Protestgeneration zugespitzte manichäische Denken, in dem Kapitalismus und Sozialismus das grobe Raster lieferten, durch das alle Fakten, alles histori-

37 Ebenda.

sche Wissen, alle gesellschaftlichen Widersprüche hindurchfielen, hatte fatale Konsequenzen, weil damit ein Denken geadelt und akzeptiert wurde, in dem von vornherein festgelegt war, wer moralisch im Recht war und wer nicht. Hätte man auf den Konflikt ohne diese Scheuklappen einen Blick geworfen, wäre man möglicherweise in seinen Gewissheiten ein wenig erschüttert worden.

Je offensichtlicher die Unversöhnlichkeit der Araber gegenüber den Israelis zu Tage trat, je offensichtlicher es wurde, dass die arabischen Staaten kein Interesse an einem Friedensabkommen hatten und Bedingungen stellten, als hätten sie nicht alle Kriege verloren, die sie gegen Israel geführt hatten in der erklärten Absicht, es zu vernichten, desto mehr verschoben sich die Sympathien der linken und auch linksliberalen Kräfte hin zum unterdrückten palästinensischen »Volk«, dessen Ausstrahlung immer stärker wurde, je militanter und martialischer jene Kräfte auftraten, die sich für das »Volk« hielten und in seinem Namen sprachen.

Die deutsche Linke war fasziniert vom einfachen Leben der Palästinenser, ihrer Armut, ihren Sitten und Gebräuchen, so etwa Dieter Kunzelmann, der es großartig fand, auf dem Boden zu sitzen und mit den Fingern aus einer großen Schüssel zu essen. Sie war fasziniert von den Waffen und den Omnipotenzphantasien, die man damit ausleben konnte, fasziniert vom revolutionären Subjekt, das sie im palästinensischen Kämpfer entdeckt zu haben glaubten und dem sie nacheiferten, obwohl unschwer zu erkennen war, dass das nicht funktionieren konnte und dass eine Stammesgesellschaft mit Clanstrukturen etwas anderes war als eine durchkapitalisierte westliche Zivilisation.

Selbst eine kluge Frau wie Ulrike Meinhof gab ihre reflektierte Haltung auf, die sie noch in *Konkret* vertreten hatte. Kurz nach der Befreiung von Andreas Baader hatte sie einige Überlegungen angestellt, in welchem Umfeld sich die RAF zu verorten gedachte: »Zu lernen haben wir von den revolutionären Bewegungen der Dritten Welt und der Metropolen: vom Vietcong, von der Palästinensischen Befreiungsfront, von den Tupamaros und den Black Panthers.« Es hätte also nicht überraschen dürfen, als Meinhof das Massaker des Schwarzen September an der israelischen Olympia-Mannschaft 1972 begrüßte, aber der Fanatismus, mit dem sie die Aktion als »mutiges Kommando [...] gegen zionistische Soldaten, die in München als Sportler auftraten«, feierte und dabei Israel vorwarf, seine Sportler »verheizt« zu haben »wie die Nazis die Juden«, verschlug einem die Sprache. Mit durchideologisierter Klassenkampfsprache spielte man sich zum Herrscher über Leben und Tod auf:

> »Die Aktionen des ›Schwarzen Septembers‹ in München hat das Wesen imperialistischer Herrschaft und des antiimperialistischen Kampfes auf eine Weise durchschaubar gemacht und erkennbar gemacht wie noch keine revolutionäre Aktion in Westdeutschland und Westberlin. Sie war gleichzeitig antiimperialistisch, antifaschistisch und internationalistisch. Sie hat eine Sensibilität für historische und politische Zusammenhänge dokumentiert, die immer nur das Volk hat [...] Sie hat einen Mut und eine Kraft dokumentiert, die die Revolutionäre nur aus ihrer Verbundenheit mit dem palästinensischen Volk haben können, [...] eine Menschlichkeit, die vom Bewußtsein bestimmt ist.«[38]

Ein Großteil der radikalen Linken hielt es für völlig normal, den Tod der israelischen Sportler als Konsequenz eines weltweiten Befreiungskampfes in Kauf zu nehmen, wie sie es für völlig normal hielt, wenn Juden als Geiseln genommen und getötet wurden, um der palästinensischen Sache Nachdruck zu verleihen. Sie gleichen den Fanatikern, über die Voltaire schon 1771 schrieb: »Alle Fanatiker sind Schurken mit gutem Gewissen und morden in gutem Glauben an eine gute Sache.«[39]

38 Zitiert nach: Wolfgang Kraushaar, »Wann endlich beginnt bei Euch der Kampf gegen die heilige Kuh Israel?«, Reinbek 2013, S. 533

39 »Questions sur l'encyclopédie«.

In einem Magazin mit dem Namen *Antiimperialistischer Kampf*, herausgegeben von einer »im Hintergrund bleibenden« Arbeitsgruppe mit dem Namen »Antiimperialismus« und vertrieben von KD Wolffs Verlag Roter Stern, die allerdings sowohl ideologisch wie personell eng zusammenhingen, wurden Stellungnahmen palästinensischer Organisationen zur Ermordung der israelischen Sportler dokumentiert, was sicher nicht mit der Absicht geschah, sie bloßzustellen.[40] Auch sonst wurde Kritik weniger am Vorgehen der palästinensischen Kommandoaktion und ihrer Vernichtungsrhetorik geäußert, sondern am dilettantischen Vorgehen der Behörden, am israelischen Imperialismus im Allgemeinen und am deutschen Polizeistaat im Besonderen.

Der Anschlag wurde in der Öffentlichkeit als »Tragödie« bezeichnet, als ob sich etwas infolge fataler Umstände ereignet hätte, was niemand aufzuhalten in der Lage gewesen wäre. Vielleicht war diese merkwürdige Einschätzung nötig, um sie über die Kreise bewaffneter Kämpfer hinaus als ein Ereignis zu deuten, das zwar »tragisch«, aber auch durchaus legitim war.

Als Jassir Arafat, den Martha Gellhorn 1988 als »hässlichen kleinen Mann mit seinem Zweitagebart, seinem gruseligen Lächeln und den theatralischen Guerillaklamotten«[41] bezeichnet und damit ganz gut getroffen hatte, im November 1974 mit Kufiya und Pistolenhalfter vor der Generalvollversammlung auftreten durfte, um seinen Anspruch auf ganz Palästina geltend zu machen, konnte man den Eindruck gewinnen, dass ihm die Ermordung israelischer Sportler zwei Jahre zuvor nicht sonderlich geschadet hatte, denn der PLO wurde bei den Vereinten Nationen ein besonderer Beobachterstatus eingeräumt.

Nur vereinzelte Linke wie Henryk M. Broder fingen an, die selbstverständliche Solidarisierung mit der RAF und ihren palästinensischen Freunden in Frage zu stellen, als es 1976 bei der

40 KD Wolff, ebenda S. 108.
41 Martha Gellhorn »Die Araber von Palästina«, Berlin 2024.

Entführung einer Air-France-Maschine durch deutsche und palästinensische Terroristen zu einer Selektion jüdischer Passagiere kam. Fassungslos verfolgte Broder die Diskussion in der kommunistischen Presse der KPD, die in ihrem Zentralorgan *Rote Fahne* »aufs Schärfste die militärische Aggression der zionistischen Truppen gegen Uganda« verurteilte und den »Piratenakt« der Israelis mit den »Blitzkriegen der Hitlerfaschisten« verglich. Auch die anderen kommunistischen Parteien wie KPD/ML, KBW und DKP, die sonst in allem uneins waren und sich aufs Heftigste bekriegten, wenn es um die richtige Parteilinie ging, waren sich in der Verurteilung der »brutalen Aggression« Israels erstaunlich einig.[42]

Aber auch unter weniger doktrinär denkenden Linken regte man sich kaum oder gar nicht über die Selektion auf, sondern über die israelische Befreiungsaktion und die »Verletzung der Souveränität« eines Mitgliedstaats der Vereinten Nationen, weil die Israelis nicht erst die Erlaubnis der Behörden in Entebbe eingeholt hatten. »Wenn irgendeine Aktion als ein Akt der Notwehr, als ein übergesetzlicher Notstand, der im Völkerrecht nicht vorgesehen war, verstanden werden konnte, dann war es die gewaltsame Befreiung der jüdischen Geiseln von Entebbe«,[43] schrieb Broder. Man versicherte einem der widerlichsten afrikanischen Diktatoren, »seiner Exzellenz Idi Amin unsere uneingeschränkte Solidarität«, während man den »israelischen Gewaltakt« verurteilte. Das war der linke Mainstream, dagegen schrieben allenfalls Intellektuelle wie Jean Améry an, der höchstens in jüdisch-christlichen Kreisen wahrgenommen wurde. Dort hätte man lesen können: »der Antisemitismus, enthalten im Anti-Israelismus oder Anti-Zionismus wie das Gewitter in der Wolke, ist wiederum ehrbar«.[44]

Gelesen aber wurden ganz andere Autoren. In der Erinnerung Broders waren das Frantz Fanon, Wilhelm Reich und

42 Vergleiche: Henryk M. Broder »Linke Tabus«, Berlin 1976, S. 79 ff.
43 Henryk M. Broder, »Der ewige Antisemit«, Frankfurt 1986, S. 65
44 Jean Améry, »Werke Bd. 7«, Stuttgart 2005, S. 133

Charles Bukowski. Broder vergaß Leila Khaleds »Mein Volk soll leben«, die Autobiographie einer »palästinensischen Revolutionärin«, erschienen im Münchner Trikont-Verlag, in dem früher Bücher über Arbeiterstreiks bei Fiat in Italien, die Geschichte der »anderen Arbeiterbewegung« von Karl-Heinz Roth und über die Klassenkämpfe in ganz Europa herauskamen, seit Anfang der Siebziger aber zunehmend Literatur über Hexen und indigene Völker wie über die Indianer und ihre »Wunden der Freiheit«.

Gleich zu Beginn wird die »Revolutionärin« von ihrem Ghostwriter als »eine heldenhafte Kämpferin, eine Kriegerin durch und durch, eine selbstlose Gefährtin«[45] romantisiert. Offenbar wurde die kitschige Prosa goutiert, die man sonst aus den Nazi-Bergsteigerfilmen mit Luis Trenker kannte und deshalb eigentlich hätte verpönt sein müssen. Da sie »imperialistische Flugzeuge enteignete«, wurde es ihr als »Bürgerin von Haifa« verwehrt, sich »an ihrer Sonne zu wärmen, ihre klare Luft zu atmen, mit meinem Volk dort zu leben. Europäische Zionisten und ihre Anhänger leben jetzt in Palästina, und Waffen sind ihre Rechtsgrundlage, und sie waren es, die uns aus unserer Heimat vertrieben haben«. Im Folgenden ist viel, ja sogar ausschließlich die Rede vom »Verrat am Volk«, vom »Volkskrieg für die Befreiung«, von »palästinensisch-arabischer Identität«, ja sogar von »eine meiner besten Freundinnen war Jüdin«, dahinter aber braute sich drohend der »Weltzionismus« und der »amerikanische Imperialismus« zusammen.

Khaleds Ansicht ist ergreifend schlicht und schwarzweiß: die Palästinenser, unterdrückt und gequält von den Israelis, verraten von den arabischen Staaten und der eigenen Herrschaftselite. In diesem Szenario kommt Leila Khaled eine besondere Rolle zu: Stellvertretend führt sie für das ungebrochene Volk einen nationalen Befreiungskampf, um die »Heimat« zurückzuerobern, damit das Volk seine palästinensisch-arabischen Wur-

45 Leila Khaled, »Mein Volk soll leben«, München 1974, S. 10. Die folgenden Zitate sind ebenfalls diesem Buch entnommen.

zeln bzw. Identität wiederfindet. Es dürfte nicht weit hergeholt sein, wenn man vermutet, dass die deutsche Linke in Leila Khaled eine Sehnsuchtsgestalt entdeckt hat, mit der sie ihre Unfähigkeit kompensierte, die Bundesrepublik irgendwie in Schwierigkeiten zu bringen, von deren sozialen Zuwendungen in Form von Bafög, Arbeitslosengeld oder Sozialhilfe sie in der Regel lebte und bei der sie sich nicht zuletzt auch Hoffnung auf Anstellung machen durfte.

Es entstand eine Romanze, in der man sich hemmungslos zweifelhafter Begrifflichkeiten hingab wie »Volk« und »Heimat«, als ob diese durch den Nationalsozialismus nicht vollständig desavouiert worden wären. Man musste sich nicht mehr die Zähne am deutschen Staat ausbeißen, sondern konnte aus der Ferne den palästinensischen Terror gegen den »imperialistischen Brückenkopf« Israel propagieren.

Auch Schriftsteller machten von dem Angebot, sich mit einer »Revolutionärin« zu solidarisieren und davon moralisch zu profitieren, Gebrauch und verfassten wie Erich Fried für einen einigermaßen intakten Verstand eine nur schwer erträgliche Lyrik in Prosaform:

> »Als ich dich verteidigt hatte / Leila Khaled / im SPIEGEL und im GUARDIAN / gegen Flüche und Lügen / von Zionisten und westlichen Demokraten / da kamen die Drohbriefe / und Telefonanrufe / mit Schimpfworten und / mit obszönen Verdächtigungen / und wahrscheinlich doppelt so viele / weil ich Jude bin / als Kind vom Hitlerfaschismus / aus meiner Heimat vertrieben / und deshalb nach Meinung der Schimpfer / ein Zionist sein müsste / statt heute Partei zu nehmen / für das vertriebene Kind / Leila Khaled.«

Es geht noch weiter, wird aber nicht besser. Als Zeugnis ist es immerhin von einem gewissen Wert, weil es eben nicht um Leila Khaled geht, sondern um Erich Fried, der, wie man den Eindruck gewinnen kann, der eigentlich Leidtragende ist, das wirkliche Opfer. Auch wusste Fried, wie sich mit der Begründung »weil ich Jude bin« die schlummernden Schuldgefühle der Deutschen umleiten und zu einem überzeugenden Argument machen ließen. Fried erteilte der Linken die Absolution, wenn sie mit ihm als Juden für die Sache der Palästinenser eintraten, die als Heimatvertriebene und als Opfer, die doch »nur leben wollen«, sich dem »Hass der Unterdrücker« entgegenstemmen. Bis schließlich alle Mittel recht sind und »mit vielerlei Waffen« gekämpft wird, und zwar »der eine Kampf«, der sich verdächtig nach Endkampf anhört.

Erich Fried war einer »der populärsten deutschen Lyriker« der zweiten Hälfte des letzten Jahrhunderts. Wie für viele andere war sein Erweckungserlebnis der Sechstagekrieg. Er wurde zu einem der beliebtesten Kronzeugen der »jüdischen Untaten« und zum Agitator der palästinensischen Sache. Solche Leute waren in der Auseinandersetzung von großer Bedeutung, denn im Zweifelsfall konnte man auf sie verweisen. Ihnen wurde Kompetenz und Glaubwürdigkeit in diesem Konflikt zugesprochen aus Gründen, die man einen positiven Rassismus nennen könnte, denn allein durch ihre Zugehörigkeit werden ihnen besondere Eigenschaften zugeschrieben, sie sind gefragt in den Medien, nicht deshalb, weil man ihnen eine in der Sache besondere Kompetenz in diesem Konflikt zusprechen könnte, sondern aufgrund ihrer Herkunft, weil sie Juden sind.

Kehren wir zurück zu den Kulturbetriebsintellektuellen, die so sehr um die Erhaltung der palästinensischen Kultur besorgt sind, die unter der Hamas aufblühte und von den Israelis zerstört wurde. Unter dem Mantel der Humanität setzt man sich als Interessensverband für die Kollegen in Gaza ein, selbst wenn diese eine Position bei der Hamas innehatten und nicht nur für den katarischen Sender Al Jazeera arbeiteten, sondern auch für internationale Medien.[46] Es interessiert sie nicht, dass

46 Ein »Glaubwürdigkeitsfiasko« nennt Vanessa Fatho diesen Vorgang in der *FAZ* vom 8.11.25.

diese Kollegen aus Gaza einem Programm zugestimmt haben, dem Folgendes zu entnehmen ist:

> »Auf irgendeinen Teil Palästinas zu verzichten bedeutet, auf einen Teil der Religion zu verzichten; der Nationalismus der Islamischen Widerstandsbewegung ist Bestandteil ihres Glaubens [...] Für die Palästina-Frage gibt es keine andere Lösung als den Djihad. Die Initiativen, Vorschläge und Internationalen Konferenzen sind reine Zeitverschwendung und eine Praxis der Sinnlosigkeit. Das palästinensische Volk aber ist zu edel, um seine Zukunft, seine Rechte und sein Schicksal einem sinnlosen Spiel zu unterwerfen.«

Vermutlich ist auch diese Passage aus der Hamas-Charta von der Meinungsfreiheit gedeckt, die für den PEN eine so große Rolle spielt. Für sie einzutreten ist selbstverständlich, aber man sollte deshalb nicht die blinden Flecken ignorieren, die ihr anhaften, denn bekanntlich hat die Hamas die gleiche Einstellung zur Meinungsfreiheit wie die Nazis.[47] Vor allem geht man der Frage aus dem Weg, welche Position man einer solchen fanatischen Organisation gegenüber einnehmen soll, die für ihre Überzeugung des Jihad und der Vernichtung Israels die eigene Bevölkerung opfert. Stattdessen flüchtet man sich in humanitäre Aufrufe, bei denen unschwer zu erkennen ist, welchem

47 Zur Meinungsfreiheit erklärte Joseph Goebbels schon 1935: »Das wird immer einer der besten Witze der Demokratie bleiben, dass sie ihren Todfeinden die Mittel selber stellte, durch die sie vernichtet wurde. Die verfolgten Führer der NSDAP traten als Abgeordnete in den Genuss der Immunität, der Diäten und der Freifahrkarte. Dadurch waren sie vor dem polizeilichen Zugriff gesichert, durften sich mehr zu sagen erlauben als gewöhnliche Staatsbürger und ließen sich außerdem die Kosten ihrer Tätigkeit vom Feinde bezahlen. Aus der demokratischen Dummheit ließ sich vortrefflich Kapital schlagen. Wenn unsere Gegner sagen: JA, wir haben Euch doch früher die Freiheit der Meinung zugebilligt. Ja, Ihr uns, das ist doch kein Beweis, dass wir das Euch auch tun sollen! Dass Ihr das uns gegeben habt, das ist ja ein Beweis dafür, wie dumm Ihr seid!«

aktivistischen Milieu und welchen Überzeugungen sie entspringen. Sie ignorieren die Tatsache, dass die Hamas keinen Frieden und kein Abkommen mit Israel will, sondern die Aufmerksamkeit der Welt und eine internationale Isolierung bzw. Zerstörung Israels. Und sie ist damit erfolgreich.

Israel wird heute von vielen Seiten ein Völkermord vorgeworfen, ohne dass es jemand für nötig befunden hätte, die Hamas aufzufordern, den Krieg zu beenden und die Gefangenen freizulassen. Entweder wollte man der Hamas das nicht zumuten, oder man wusste schon vorher, wie vergeblich das wäre.

Was die Kulturbetriebsintellektuellen und weite Teile der universitären Lehrkräfte und Studenten wirklich geschafft haben, ist, sich auf das intellektuelle Niveau der Aktivisten zu begeben, die Humanismus predigen, aber mit der Parole »From the river to the sea« offen aussprechen, wozu die Schriftsteller mit einer Schwäche für hehre Gedanken und einem völkischen Kulturbegriff die Begleitmusik schreiben. Sie leiden an der »Geschichtslosigkeit des verdinglichten Bewusstseins« – wie Krahl es ausgedrückt hat –, eine hervorragende Voraussetzung, ideologisiertes Halbwissen als Wahrheit zu preisen. Sie stehen, ob sie wollen oder nicht, im Dunstkreis der Ideologie einer radikalen, militanten Linken, die zu Islamisten keinen Dissens mehr hat, für die sie jedoch nur nützliche Idioten sind.

Gäbe es kein Israel mehr, könnte die Welt in Frieden leben, oder wie Andreas Malm es ausgedrückt hat, »The Destruction of Palestine is the Destruction of the Earth«,[48] denn nichts geringeres als das Schicksal der Welt entscheide sich in Palästina. Hinter diesen Fanatismus kommt ein Erlösungsantisemitismus zum Vorschein, der dem Vernichtungsantisemitismus vorausgeht, indem er daran glaubt, ohne Juden wäre die Welt eine bessere. In dieser großen Idee der Menschheitsbeglückung lässt sich die nächste Katastrophe bereits erahnen.

48 So der Titel eines Buches, der im Londoner Verlag Verso erschienen ist, aber nur einer von zahlreichen anderen Titeln ist, die sich an der Abschaffung Israels abarbeiten.

Erlöse uns von dem Bösen

Christoph Hesse

Als die neonazistische Kleinstpartei »Die Rechte« in diesem Frühjahr ihre Auflösung bekanntgab, war das kaum mehr eine Meldung wert. Ihr größter Coup bleibt ein Wahlkampf-Slogan aus dem Jahr 2019: »Zionismus stoppen: Israel ist unser Unglück.« Den allerdings haben ihr andere mit ungleich größerem Erfolg entwendet und in die Sprache der internationalen Linken übertragen: »Palestine is setting us free.« Voilà, es geht nämlich gar nicht um Palästina, wie »DJs«, »Film Workers«, »Philosophers« und all die anderen Zusammenschlüsse »for Palestine« glauben machen, und vielleicht sogar nur mittelbar um Israel, das wie einst Karthago am Ende jeder Rede rhetorisch zerstört werden muss, sondern eigentlich um »uns«.

Warum sollte ausgerechnet Palästina Leute befreien helfen, die offenbar ganz andere Hilfe nötig haben? Im Gegensatz zu den seit Arafat so genannten Palästinensern leben ihre enthusiastischen Fürsprecher in Westeuropa und Nordamerika immerhin schon (oder noch) in demokratisch verfassten Rechtsstaaten und auch einigem Wohlstand. Und hier, nicht in Palästina, liegt ihr Problem. Eine wunders wie revolutionäre Linke hat ansonsten wenig zu bestellen. Auf dem vergleichsweise leicht zu beackernden Feld des Symbolischen wurde die Ernte bereits eingefahren, wenn auch nicht direkt in ihre Scheune: Inklusion, Diversität, Gendersensibilität, all das ist weithin liberaler Konsens, zumindest im verfluchten »Westen«; und an den Eigentumsverhältnissen, weiß auch die radikale Linke, wird sich so bald nichts ändern. Hatte sie selbst nicht einmal die Ketten zu verlieren, mit denen das Proletariat sich aus dem Staub gemacht hat, glaubt sie jedoch umso fester daran, noch immer eine Welt gewinnen zu können, das heißt die Weltgeschichte noch einmal so herzurichten, wie sie sich Marx etwa im Vormärz dargeboten haben mochte. Dazu aber muss zuallererst der jüdische Staat beseitigt und damit auch die Erinnerung an das unsägliche Verbrechen gegen die Menschheit getilgt werden, das der vermeinten Vernunft in der Geschichte den Garaus gemacht hat. Nichts erfüllt die Sehnsucht nach dem Ausnahmezustand mit so hohen Erwartungen wie der Kampf gegen Israel. Schon zu Zeiten Richard Wagners, als es diesen Staat noch nicht gab und Juden der Gnade ihrer potentiellen Feinde ausgeliefert waren, speiste der Antisemitismus sich nicht nur aus christlicher Überlieferung, pseudowissenschaftlichen Rassenlehren und völkischer Mystik, sondern ebenso aus den revolutionären Leidenschaften des frühen 19. Jahrhunderts.

In seinem Werk »Das Dritte Reich und die Juden« prägte Saul Friedländer den Begriff »Erlösungsantisemitismus«. Die Erlösung vom Judentum, sei es vom jüdischen Geist, von dem ein Wagner besessen war, oder von den leibhaftigen Juden selbst, sollte »uns« (siehe oben) von allen Übeln der Welt befreien; auch in diesem Sinne ist die von den Nazis ins Werk gesetzte »Endlösung« zu verstehen. Friedländer sprach darum von einem »apokalyptischen Antisemitismus«, einer »Art antisemitischer eschatologischer Weltanschauung«. Ebenso wäre von einem »Erlösungsantizionismus« (Bruno Chaouat) zu sprechen, der heute gleich zweierlei »Erlösung« verheißt, nämlich zum einen von Israel, zum andern von der historischen Bürde der Shoah. Jenes Ziel mag angesichts der militärischen Stärke der IDF fern scheinen – obschon das Massaker vom 7. Oktober 2023 demonstriert hat, wozu die Hamas entschlossen und bisweilen auch in der Lage ist –, dieses hingegen wird gerade erreicht.

»Das Zentrum der Welt ist Palästina«

In Jean-Luc Godards Film »La Chinoise« (1967) erklärt eine Studentin (gespielt von Anne Wiazemsky) lapidar, warum Revolutionäre im Westen ihre größten Hoffnungen selbstverständlich in ein Land im Fernen Osten setzen. Ironischerweise fasste Godard selbst diesen Scherz bald als guten Rat auf und machte sich auf den Weg zur PLO nach Jordanien, denn das neue Vietnam befand sich praktischerweise im Nahen Osten. Und da liegt es bis heute. Unter den einstmals besungenen Völkern der Dritten Welt, nunmehr eines »globalen Südens«, sind die Palästinenser seit über fünfzig Jahren das allseits begehrteste. Selbst in Lateinamerika, wo Leute weiß Gott andere Probleme haben, sorgt man sich um ihr Los lieber noch als um das eigene. »Jesús era palestino«, steht an der Universität von Guadalajara in Mexiko geschrieben. Ja, sogar Moses, »ein Ägypter« (Freud), sei eigentlich Araber gewesen, wie Edward Saïd witzelte. Das glaubt heute auch Judith Butler oder behauptet es wenigstens. Schließlich geht es nicht um historische Wahrheit, geschweige denn um die gegenwärtige Wirklichkeit.

Zum Beispiel die im Sudan: Die Flagge dieses von islamistischen Rackets zugrunde gerichteten Landes sieht der palästinensischen zum Verwechseln ähnlich. Zwar ist der Sudan formell ein Staat, aber gewiss nicht das »Zentrum der Welt«. Wer über die Zustände dort etwas erfahren möchte, muss schon das Kleingedruckte lesen, das auf keiner Titelseite zu finden ist. Nach bereits zwei Jahrzehnten Krieg und der Abspaltung des christlichen Südens brach 2023 erneut ein Bürgerkrieg aus, in dem bisher schätzungsweise 150.000 Zivilisten getötet und mehrere Millionen Menschen zur Flucht gezwungen wurden. Nach Angaben der Welthungerhilfe leiden im Sudan aktuell 24 Millionen Menschen unter akutem Hunger, mehr als 600.000 Menschen seien »von katastrophaler Ernährungsunsicherheit betroffen«. Doch kümmert das außerhalb der Region so gut wie niemanden. Überhaupt scheinen die Verhältnisse in Afrika unübersichtlicher als im Nahen Osten, über den im Westen so gut wie jeder Bescheid weiß, zumal die »Genozidforscher«, die inzwischen so zahlreich von sich reden machen wie bisher nur die Bundestrainer. Vor allem aber fehlt dem Sudan der seit jeher beliebteste, weil immer schon ausgemachte Schuldige. Wer die Not in Gaza so unerträglich findet, dass er sich moralisch berechtigt, ja verpflichtet glaubt, etwas dagegen unternehmen zu müssen, könnte sich redlicherweise fragen, warum ihm gerade diese und keine andere Not der Welt schier den Verstand raubt. Mit seinen Tiraden gegen Israel hilft er in Gaza jedenfalls der Hamas, die das Elend in dem von ihr geschaffenen Unstaat seit bald zwanzig Jahren perpetuiert und mit jedem neuen Krieg, den sie gegen Israel in der unverhohlenen Absicht führt, diesen Staat zu vernichten oder wenigstens so viele seiner Bewohner wie möglich zu töten, noch verschärft.

»Gaza is our moral compass«

Mit dem dekretierten »Genozid in Gaza« hat der Geschichtsrevisionismus nicht nur ein neues Niveau, sondern zugleich ein neues und viel größeres Publikum erreicht, zumal im akademischen Milieu und im Kulturbetrieb. Natürlich wird der Holocaust nicht rundheraus geleugnet, vielmehr historisch evakuiert. Das Warschauer Ghetto und selbst Auschwitz befinden sich heute nicht mehr im deutsch besetzten Polen von dazumal. Die »verbale Inkontinenz« (Alain Finkielkraut), von der all die hemmungslos fabrizierten Analogien zeugen, ist programmatisch. Indes sitzen Leute wie Francesca Albanese, von ihrer moralischen Integrität voll überzeugt, nicht wie vormals David Irving oder Robert Faurisson[1] auf der Anklagebank, sondern als UN-Sonderbotschafter und dergleichen hoch zu Gericht.

Als Jean Améry im »modischen Anti-Israelismus« der späten 1960er Jahre einen »ehrbaren Antisemitismus« erkannte, schwante ihm vielleicht schon, dass es sich um eine ziemlich zeitlose Mode handelt, um eine Leidenschaft nämlich, die wie das Unbewusste keine Geschichte kennt. Wenn auch der Anti-

1 Anders als der englische »Historiker« David Irving ist der französische Holocaustleugner Robert Faurisson in Deutschland kaum bekannt. Alain Finkielkraut hat 1982 einen Essay darüber verfasst, der inzwischen auch in deutscher Übersetzung vorliegt: »Revisionismus von links. Überlegungen zur Frage des Genozids«, Freiburg/Wien 2024.

zionismus, in den der nach Auschwitz in eine Art Legitimationskrise geratene Antisemitismus sich zwischen 1948 und 1967 verwandelt hat, von Israels Tun oder Nichttun sich so wenig beirren lässt wie der Antisemitismus von Eigenschaften oder Handlungen von Juden, bedarf er gelegentlich doch der Rationalisierung. Genau diesem Zweck dient die »Genozid-Lüge« (so der Historiker Stephan Lehnstaedt im September 2025 in der *Jüdischen Allgemeinen*), mit der Israel nicht erst neuerdings in die Nähe Nazideutschlands gerückt wird. Die monströse Anschuldigung ist einfach zu nützlich, um sie ernsthaft zu überprüfen. Im Zweifel wird der Begriff eben neu definiert.

Ebenso verfährt man mit dem jüngst importierten Konzept des Siedlerkolonialismus, das in Bezug etwa auf Französisch-Algerien durchaus Sinn ergab, in Bezug auf Israel jedoch nur den einen Sinn hat, diesen Staat, der seinerseits aus einem antikolonialen Befreiungskampf hervorgegangen ist, von Grund auf zu delegitimieren. Störende Tatsachen werden kurzerhand beiseite geschoben, herumgedreht oder am besten gar nicht erst zur Kenntnis genommen. Wer weiß schon etwas über die jüdische »Nakba«, die Vertreibung von etwa 800.000 Juden aus der arabischen Welt, die nur deshalb keine Katastrophe war, weil die nach Israel Geflüchteten im Unterschied zu den von dort geflüchteten oder vertriebenen Arabern nicht über Generationen in Flüchtlingslager gepfercht und als Manövriermasse missbraucht, sondern als Staatsbürger willkommen geheißen wurden.

»Wir sind die Guten, auch wenn Sie's nicht vermuten«

Die Palästinenser haben das fragwürdige Glück, dass Aktivisten aus aller Welt ihnen ihre Sympathie schenken, die diese Leute nichts kostet und freilich auch nichts wert ist; vor allem aber das Pech, dass sie dafür bezahlen müssen, und zwar mit ihrem Leben. Gebraucht werden Opfer. Die Palästina-Claqueure lechzen geradezu nach immer mehr Toten in Gaza, die ihnen die Hamas bereitwillig liefert. Wie viele der Getöteten es für eine

Ehre halten, als Märtyrer in den Himmel geschossen zu werden, wird man wohl nie erfahren. Wer sich dem zum Widerstand verklärten Jihadismus verweigert oder gar einer friedlichen Koexistenz mit Israel das Wort redet, hat in Gaza mindestens mit Ächtung, wahrscheinlich mit Folter und Tod zu rechnen und im Rest der Welt nicht mal Mitleid zu erwarten.

Wenn Israel angegriffen wird, erfährt es nicht etwa Solidarität, sondern desto größere Verachtung. Bei den Palästinensern verhält es sich andersherum. Je fataler die Fehler, die sie machen, je grausamer der Terror, den sie entfachen, umso inbrünstiger werden sie verehrt. Von einer sogenannten Zweistaatenlösung, wie sie 1947, 1967, 2001 und zuletzt 2008 zum Greifen nahe gelegen hätte, schwärmt bisweilen noch das liberale Feuilleton. Die Palästinenser (bzw. ihre Führer) haben es stets vehement abgelehnt, einen eigenen Staat an der Seite eines jüdischen zu gründen und jeden möglichen Kompromiss durch Terrorismus hintertrieben; selbst in Israel wünscht sich das nach den Erfahrungen seit dem Rückzug aus Gaza 2005 nur mehr eine schrumpfende Minderheit.

Wer in Berkeley oder Berlin »No peace on stolen land« skandiert, hat gut reden. Sein Leben wird der selbstzerstörerische Krieg der Palästinenser gegen Israel schon nicht kosten, den er aus sicherem Abstand befeuert, als hingen Wohl und Wehe der Welt davon ab. Sein Beitrag zu dieser makabren Karikatur einer Revolution besteht vor allem darin, dass er, egal wo auf der Welt, »Zionisten« auflauert, vornehmlich Israelis und Juden, die den Staat mit dem Davidstern nicht sogleich verleugnen, um sich treuherzig auf die Seite ihrer Feinde zu schlagen, die angeblich nur ihrem gerechten Zorn über die Regierung in Jerusalem Luft verschaffen: »Kischinjow-Luft«, wie Rosa Luxemburg das einst nannte.[2]

2 In Kischinjow (Chişinău), heute die Hauptstadt Moldawiens, damals Teil des Russischen Kaiserreichs, fand im April 1903 ein Pogrom statt, das weit über Russland hinaus für Aufsehen sorgte und viele Juden zur Auswanderung nach Palästina bewegte.

Der Hanswurst aus Flensburg, der seinen Laden mit einem Schild »Juden haben hier Hausverbot« versieht, repräsentiert die Sorte Antisemitismus, den selbst das Berliner Zentrum für Antisemitismusforschung erkennt: der des unverblümt polternden Wutbürgers, auf den jeder in selbstgerechter Empörung herabsieht. »Spießer-Antisemitismus« nannte Améry das. Jedoch sei dieser alte Antisemitismus, »steht er allein da in seiner Dürftigkeit, weniger gefährlich als der ihm dienstwillige neue, der mit historisch-moralischem Pathos auftritt.« Nicht der Kleinbürger par excellence, der Juden einfach nicht ausstehen kann, sondern die durch ihr gutes Gewissen Enthemmten sind es, die heutzutage Juden bedrohen und Anschläge auf israelische Restaurants oder Lokale wie das Bajszel in Berlin-Neukölln verüben, in dem das Palästina-Syndrom regelmäßig Gegenstand der Kritik ist. Dissens dulden sie noch weniger als Argumente. Ihre Verbrüderung mit dem politischen Islam ist zumindest konsequent. Unbehaglicher dürfte ihnen die Nähe zur einheimischen extremen Rechten sein, die sie ebenso wenig wahrhaben wollen wie das historische Bündnis von Islamismus und Nazifaschismus. »Wie Israel die Welt anzündet«, titelte *Compact* im Juli 2025. Zu den ersten Gratulanten der zur Gaza-Greta geläuterten Thunberg gehörte Jürgen Elsässer.

»Globalize the Intifada«

Im Zentrum der Leidenschaft steht Palästina nur als heroisch verklärte Avantgarde einer Bewegung, die noch viel Größeres vorhat. Ihr Dietrich Eckart ist Ramón Grosfoguel, Professor für Soziologie in Berkeley, im eigentlichen Beruf jedoch der Prophet Johannes unserer Tage, der der Welt verheißt, was die Stunde geschlagen hat und wo die ultimative Schlacht zwischen Gut und Böse (vgl. Offenbarung, Kap. 16), das nun wirklich »allerletzte Gefecht« (Wolfgang Pohrt) stattfindet.

»Die Menschheit«, verkündet er (passenderweise auf einem Portal der proiranischen Islamic Human Rights Commission),

»ist geteilt in diejenigen, die den Genozid in Palästina aktiv oder gleichgültig unterstützen, und die, die dagegen kämpfen.« Und sei es einstweilen nur mit salbungsvollen Worten: »Wir befinden uns in einem zutiefst spirituellen und messianischen Moment: Entweder wir organisieren uns und beenden diese Ungerechtigkeit, oder wir bewegen uns unaufhaltsam auf die Zerstörung des Lebens auf diesem Planeten Erde zu. … Die Befreiung Palästinas wird den westlich-imperialistischen Mächten eine schwere Niederlage beibringen und den Kampf für die Bejahung des Lebens beflügeln. Der Sieg der Palästinenser wird die Menschheit auf eine höhere Bewusstseinsebene führen.«

Man sollte gelegentlich daran erinnern, dass schon die Nazis glaubten oder sich wenigstens einredeten, mit der Ermordung der Juden nicht nur dem »deutschen Volk« und der »arischen Rasse«, sondern der ganzen Menschheit etwas Gutes zu tun, auch wenn diese das noch nicht begriffen habe. Zugleich jedoch dämmerte ihnen, dass sie ein unerhörtes Verbrechen begingen, das sie darum so geheim wie irgend möglich hielten. Das hat die zur »Befreiung Palästinas« stilisierte Vernichtung des »Juden unter den Staaten« (Léon Poliakov) heute nicht mehr nötig.

Ein imaginäres Palästina

Pascal Bruckner

Am 7. Oktober 2023 wurde ein Tabu gebrochen, eine Falle gestellt. Kaum war die Nachricht vom Pogrom bekannt geworden, kamen die Wölfe aus ihren Höhlen hervor. Es war das massivste judenfeindliche Coming Out seit 1945, vor allem auf der Linken und radikalen Linken. Bereits am 8. Oktober, noch bevor die israelische Armee mit ihren Vergeltungsmaßnahmen begann, erklangen an allen nordamerikanischen Universitäten Jubelrufe, die Massen frohlockten, und Russel Rickford, Professor für afroamerikanische Geschichte an der Cornell University, rief öffentlich aus: »Es war beglückend, ermutigend. Wen diese Infragestellung des Gewaltmonopols, diese Veränderung des Machtgleichgewichts nicht begeistert, der ist nicht menschlich. Es war beglückend.« Endlich war die »zionistische« Krake ins Herz getroffen worden. Die verübten Gräueltaten lösten kein Entsetzen aus, im Gegenteil: sie wurden im Namen des Widerstands gegen den Kolonialismus gerechtfertigt und sogar beklatscht. Zum ersten Mal seit 1945 konnte man, unter dem Deckmantel eines antiimperialistischen Diskurses, Juden massenhaft liquidieren. An jenem Tag wurde eine Lizenz zum Töten erteilt: Nun ist es moralisch vertretbar und sogar ratsam, antisemitisch zu sein.

Johlende Mörder

Die mit GoPro- oder Bordkameras ausgerüsteten Truppen der Hamas haben ihre Grausamkeit denn auch keinswegs vertuscht. Anstatt ihre Verbrechen tunlichst geheimzuhalten, wie es sowohl die Nazis als auch die Kommunisten getan hatten, verübten sie sie in einem Open Space und verbreiteten sie sogleich in allen sozialen Netzwerken, wo sie von Millionen von Followern geteilt wurden. Damit sind sie nicht die Ersten: IS und Al-Qaida hatten diese Form des geselligen Massakers bereits erfunden, des coolen Gemetzels, das man sich auf TikTok immer wieder ansieht und dabei vor Freude auf die Schenkel klopft. Die Hamas ist ihnen darin gefolgt. Wenn sie grauenvolle Taten begehen, tun sie das mit belebend guter Laune und unter Freudenschreien. Man könnte das als Vernichtungsenthusiasmus bezeichnen. Es gibt bei diesen Morden keine Hierarchie, es ist die Demokratisierung des Massenmords unter »Allahu-akbar«-Rufen. Ein junger Hamas-Terrorist ruft seine Eltern vom Telefon seiner Opfer aus an. Er schreit vor Freude wie ein Student, der gerade erfuhr, dass er seine Prüfungen bestanden hat: »Ich bin in Mefalsim (einem Kibbuz) und habe eigenhändig zehn Juden getötet. Ich habe ihr Blut an meinen Händen.« Sein Vater spricht ihm Mut zu: »Möge Allah dich in Frieden zurückbringen (…). Töte, töte, töte!« – »Sei stolz auf mich, Vater.« Geschickt spielt die Hamas mit Terror und Mitleid. Einerseits brüstet sie sich damit, Frauen und junge Menschen zu vergewaltigen, zu zerstückeln und zu verbrennen, und stellt die Videos öffentlich zur Schau, andererseits macht sie sich den Tod palästinensischer Kinder bei den Bombardements der israelischen Armee zunutze, um das Mitgefühl der internationalen Gemeinschaft zu erregen und sie zu einer Verurteilung Israels zu bewegen.

Tatsächlich finden seit Stéphane Hessel und Vincent Lemire viele in Frankreich, ebenso wie in der angelsächsischen Welt etwa Angela Davis, Judith Butler, Sally Rooney und Zohran Mamdani, mildernde Umstände für die Hamas und machen ihr schöne Augen: Schwach und hilflos stehe sie einer der mächtigsten Armeen der Welt gegenüber. Der Unterdrückte hat alle Rechte, dazu gehört auch das Recht, sich über die elementaren Regeln des Anstands hinwegzusetzen. Er darf nicht bloß sagen: Ich töte Juden, weil es mir Freude bereitet. Er kann sich auf ein uraltes Unrecht berufen, das Wiedergutmachung verlangt und jedes Massaker rechtfertigt. Und das verfängt bei dem Teil der westlichen Linken, der sich mit dem radikalen Islam arrangiert und sich dessen Thesen zu Eigen gemacht hat. Wenn Israel morgen verschwände, wenn man alle Juden vom Jordan bis Haifa ins Meer triebe, würde nicht nur die arabische Welt monatelang singen und tanzen, sondern auch die antizionistische Linke in der Alten und Neuen Welt. Dann allerdings müssten sie sich einen neuen, ebenso mächtigen Sündenbock suchen und vielleicht sogar die Juden neu erfinden, um sie verfolgen zu können. Dieser alte Hass, der in der westlichen Welt bei der nationalistischen und christlichen extremen Rechten beheimatet war, ist über das zurückliegende halbe Jahrhundert im Namen der palästinensischen Sache auf die Linke übergegangen. Die neue Judenfeindschaft spricht die Sprache des Antirassismus. Sie bestreitet jede Analogie zu den widerwärtigen Wahnvorstellungen der 1930er Jahre, behauptet sogar, den Antisemitismus zu bekämpfen, verurteilt aber die Zionisten im Namen der Menschlichkeit. Aus reiner Nächstenliebe kann man nun in Frankreich ebenso wie in Amerika Listen von »Zionisten« erstellen, die im Film, in der Musik, in den Medien, in der Politik und in der Wirtschaft als Komplizen des »Völkermordstaates« Israel entlarvt und stigmatisiert werden sollen. Und diese neue Abneigung ist keineswegs ein Privileg der extremen Rechten, man findet sie nun hauptsächlich auf der Linken, nämlich in den neuen rotbraunen Strömungen, die Bolschewismus und Faschismus verbinden: in Frankreich etwa bei Jean Luc Mélenchons »France Insoumise«, dem Sprachrohr der Muslimbrüder, das unermüdlich jüdische Lobbys anprangert, die angeblich mit Netanjahu unter einer Decke stecken. Der Antisemitismus ist nicht verschwunden, er hat sich demokratisiert und auf das gesamte politische Spektrum ausgeweitet.

Die Falle

Aber der 7. Oktober war auch eine Falle für Israel. Indem sie sich hinter der Bevölkerung, unter Krankenhäusern und Schulen versteckte, drängte die Hamas die israelische Armee dazu, Zivilisten zu bestrafen, sie auszuhungern und die Enklave unter dem Vorwand der Terrorismusbekämpfung zu verwüsten. Das Ziel der islamistischen Organisation ist nicht, die Bewohner Gazas zu schützen, sondern Israel bis zum letzten palästinensischen Zivilisten moralisch zu vernichten. Bereits am 10. Oktober, also lange vor der Zerstörung der Enklave, wurde der schreckliche Vorwurf des »Genozids« gegen den jüdischen Staat laut. Es sei daran erinnert, dass eine solche Anschuldigung bereits 1948 während des ersten arabisch-israelischen Krieges von palästinensischen Intellektuellen erhoben und seither von diversen NGOs immer wieder vorgebracht wurde, vom Sechstagekrieg 1967 bis zum Libanonkrieg 1982, ganz zu schweigen von den verschiedenen Intifadas. Dabei handelt es sich um ein »Bumerang«-Konzept, um sich die Shoah anzueignen und Gaza mit Auschwitz gleichzusetzen; wenngleich auch Kriegsverbrechen begangen wurden, was Historiker und Juristen genau feststellen müssen. Die Shoah ist für die Nachkommen der Deportierten gleichsam zu einem Nessoshemd geworden: Was sie schützen sollte, wendet sich gegen sie, die Rüstung verbrennt sie von innen. Wie der französische Tierrechtsaktivist Aymeric Caron sagt, gibt es nun keinen Unterschied mehr zwischen den Israelis und den Nazis.

Indes hat Netanjahu der palästinensischen Sache das schönste Geschenk gemacht, das sie sich erträumen konnte: die Bestätigung ihres Märtyrertums. Indem er, zunächst um sich an der Macht zu halten, den Gazastreifen verwüstete, überreichte er seinen Feinden das Opferprivileg. In dem Hass, den der Premierminister und seine rechtsextremen Komplizen den Palästinensern entgegenbringen und mit dem sie Pogrome im Westjordanland schüren, lässt sich unschwer die Reue darüber erkennen, dass sie am 7. Oktober tatenlos zugesehen haben – eine indirekte Verantwortung, die das Andenken dieser Truppe, deren zwanghafte Kriegstreiberei selbst Washington verärgert, für immer beflecken wird. Vertrauen wir darauf, dass die israelische Demokratie diese Führung nach Neuwahlen verurteilt, wenn sie es für notwendig hält. Eine liberale Gesellschaft kann sich nicht auf unbestimmte Zeit in militärische Abenteuer stürzen, selbst wenn sie, wie in den Vereinigten Staaten nach dem 11. September 2001 oder in Israel nach dem 7. Oktober 2023, von einer Hysterie der Rache getrieben wird. Die Zivilisation mit den Waffen der Barbarei zu verteidigen bedeutet, die Grenze zwischen beiden zu verwischen. »Wer mit Ungeheuern kämpft, mag zusehn, dass er nicht dabei zum Ungeheuer wird« (Nietzsche).

Die Hamas hat den Krieg verloren und scheint den Plan Donald Trumps widerwillig zu akzeptieren. Die Hoffnung auf einen dauerhaften Waffenstillstand, ja sogar auf einen möglichen Frieden kehrt zurück. Wenn wir nicht wollen, dass aus der militärischen Niederlage ein moralischer Sieg der Hamas wird, müssen wir die Wahrheit über diesen zwei Jahre währenden schrecklichen Konflikt wiederherstellen. Das sind wir den Opfern des 7. Oktober und den Zehntausenden palästinensischen Zivilisten schuldig, die allein für den Ruhm einer terroristischen Organisation getötet wurden. Man möchte glauben, die riesigen Menschenmengen, die in Europa und den USA für Palästina demonstriert haben, wären aus Menschlichkeit auf die Straße gegangen. Doch nicht ein einziges Mal stand auf den Transparenten die schlichte Forderung »Befreit Gaza von der Hamas« zu lesen. So drängt sich der Verdacht auf, dass der 7. Oktober auch von einer westlichen Pathologie erzählt: unserer Leidenschaft für Barbaren, die sich unter dem Deckmantel des Mitleids verbirgt. Selbsthass, der bis zum Äußersten getrieben wird und im Namen der Solidarität in einer Lobeshymne auf Gemetzel und Blut endet. Wie konnte es so weit kommen?

Die Irrwege des Selbsthasses

1974 erklärte der Schriftsteller Jean Genet, unangefochtener Star der französischen Linken, der in seinen Werken die Schönheit der SS, von Gangstern und Mördern, der Black Panthers und der Fedajin von Jassir Arafat besang, in einem Interview mit Tahar Ben Jelloun für die Monatszeitschrift *Le Monde diplo-*

matique: »Warum die Palästinenser? Es war ganz natürlich, dass ich mich nicht nur den am meisten Benachteiligten zuwandte, sondern auch denen, die den Hass des Westens am stärksten auf sich ziehen.« Schon damals verbanden die Palästinenser oder vielmehr die mythische Vorstellung, die man sich von ihnen machte, zwei Elemente, die eine solche Kristallisation begünstigten: Sie waren arm gegenüber einer Handvoll Kolonisatoren, die zum Teil aus Europa stammten (wenngleich auch eine Million Juden nach 1948 aus den arabischen Ländern vertrieben worden waren, die im jüdischen Staat Zuflucht fanden), und sie waren Muslime, d.h. Angehörige einer Religion, die ein Teil der Linken für die Speerspitze der Bedürftigen hält. So wurde dieser endlose Konflikt von 1980 bis heute, derweil die revolutionären Horizonte zusammenschrumpften, zur unanfechtbaren Angelegenheit eines ansonsten verwaisten Progressivismus.

Nichts ist überraschender als die mediale Aufmerksamkeit, die diese Region der Welt seit so vielen Jahren genießt. Als ob das Schicksal des Planeten sich ausschließlich auf einem winzigen Fleckchen Erde zwischen Tel Aviv, Ramallah und Gaza abspielte. Die Verurteilung Israels ist in erster Linie die Besessenheit von Israel. Die beständige Medienpräsenz ist widersinnig, da sie genaugenommen nichts Neues vermittelt, sondern lediglich ein Stereotyp bekräftigt, nämlich das der Konfrontation zwischen einem kolonialistischen und rassistischen Staat, der erst spät (1948) in die arabische Welt eingedrungen ist, und einem unterdrückten und ausgebeuteten Volk. Die Unkenntnis der meisten Studenten über diese Region der Welt ist keineswegs ein Handicap, sondern sogar ein Vorteil: Man muss nicht wissen, von welchem Fluss in dem Schlachtruf »From the river to the sea« die Rede ist, da es um Gerechtigkeit im emphatischen Sinne geht. Bei der Unterstützung der Palästinenser kommen diese nicht etwa als Menschen aus Fleisch und Blut, sondern als bloße Ideen in Betracht. An diesem östlichen Ufer des Mittelmeers geht es Intellektuellen, Studenten und Politikern weniger darum, einen konkreten Konflikt zu untersuchen –

einen Immobilienstreit zwischen zwei gleichberechtigten Eigentümern, wie Amos Oz so treffend formulierte –, als vielmehr mit der westlichen Kultur abzurechnen. Das tatsächliche Schicksal dieser Millionen Männer und Frauen, die täglich Demütigungen und prekären Lebensbedingungen ausgesetzt sind, im Westjordanland von einer korrupten Palästinensischen Autonomiebehörde und im Gazastreifen von einer terroristischen Bewegung regiert werden, spielt keine Rolle. Denn der Nahe Osten ist zum Schauplatz eines weltweiten Kampfes um den Titel des Paria geworden, den es den Nachkommen der Opfer der Shoah zu entreißen gilt.

Bereits 1969 schrieb das linksgerichtete katholische Organ *Témoignage Chrétien*: »Jesus Christus ist mit den Palästinensern, seien sie Muslime, Juden oder Christen, sobald sie arm sind (...), sie sind die Flüchtlinge, die wahren heiligen Stätten Palästinas, die wahren Zeugen des immer lebendigen Gottes.« Und ein Vertrauter Jassir Arafats sagte 2002 in einer Ansprache an den Westen: »Die Palästinenser sind täglich denselben Leiden ausgesetzt wie Jesus am Kreuz.« Kurz darauf schrieb Georges Montaron, der Chefredakteur der eben zitierten christlichen Wochenzeitung: »In den Herzen aller Armen der arabischen Welt sind die Fedajin Helden, das lebendige Bild der Befreier. Wie Che Guevara in Lateinamerika ist der palästinensische Widerstand eine Flamme, die die Unterdrückten erleuchtet und sich von Mensch zu Mensch ausbreitet. Hier noch mehr als bei uns ist Widerstand gleichbedeutend mit Revolution, von unermesslicher messianischer Kraft.« Überbleibsel einer aufgeregten Zeit? Lyrik einer Epoche, die wir hinter uns gelassen haben? Was seit dem 7. Oktober 2023 an den Universitäten der Alten und Neuen Welt passiert ist, beweist, dass die Mentalität sich nicht geändert hat.

Es drängt sich der Verdacht auf, dass unser Verständnis des Nahen Ostens weniger politisch als psychoanalytisch ist; es geht nicht darum, verfeindete Brüder zu versöhnen, sondern unsere eigenen Mythen auf einem fremden Schauplatz weiterzuerzählen. Die Leidenschaft für Gaza ermöglicht es einem Teil Europas, sich von seinen einst gegen das Judentum verübten Schandtaten zu reinigen, und der arabischen Welt, sich ihr Elend zu erklären. Hassan II., der verstorbene König von Marokko, bemerkte sarkastisch: »Die Ablehnung Israels ist das stärkste Aphrodisiakum der Muslime.« Aber sowohl im Maghreb als auch im Maschrek überwiegt bekanntlich das Misstrauen gegen die imperialen Ambitionen Teherans die Abneigung gegenüber Jerusalem. Die »arabische Straße« blieb seltsam ruhig und gleichgültig angesichts des Schicksals »ihrer palästinensischen Brüder«.

Genealogie des Antizionismus

»Zionistisch«: Schon vor langer Zeit bedeutete dieses Adjektiv in der bolschewistischen Propaganda so viel wie Niedertracht. Stalin kombinierte es mit dem Zusatz »kosmopolitisch«, um Ende der 1940er Jahre eine groß angelegte antisemitische Verfolgung zu starten, die zu einem neuen Holocaust hätte führen können, wenn sein Tod 1953 ihr nicht ein Ende gesetzt hätte. Und Putin ist in dieser Hinsicht sein würdiger Erbe, der in Bezug auf die Ukraine immer wieder Analogien zwischen Juden und Nazis zieht. Doch die Vokabel, die zu einer Beleidigung oder gar Obszönität geworden ist, hat in der arabisch-muslimischen Welt und in einem Teil der europäischen Linken, die ohne Komplexe die gesamte antisemitische Propaganda der letzten Jahrhunderte wiederbelebt, großen Anklang gefunden.

»Zionismus, die kriminelle DNA der Menschheit«, riefen die Menschen während des Libanonkriegs im Juli 2006 auf den Straßen von Paris, und im Mai 2024 stand an der Universität Berkeley der Slogan »All Zionists are Nazionists« mit Farbe an die Wand geschrieben. Ohne Israel wäre die Welt besser dran, denn dieses Taschentuch von einem Land bringe uns alle in Gefahr. Der Hass auf Israel aber bedeutet keineswegs Interesse für die Palästinenser, die meist nur als Vorwand dienen, um eine moralische Haltung einzunehmen oder seine Abneigung gegen das mosaische Volk zu bekunden. Während der Revolution in Teheran 1979 verfiel die extreme Linke in eine Vergötterung des Islam, nachdem sie die Sowjetunion, die Arbeiterklasse und China verloren hatte. Die neokoranische Bigotterie der vom Marxismus abgefallenen Gläubigen ist insofern bemerkenswert, als sie deren Aktivisten zu den schlimmsten ideologischen Verrenkungen in Bezug auf die Rechte von Minderheiten und Frauen zwingt. Die an Wände in Paris und New York geschriebene Parole »Queers for Palestine« lässt einen erschaudern. Wissen die LGBT-Aktivisten, dass sie unter einer islamistischen Regierung im besten Fall geschlagen und inhaftiert, schlimmstenfalls getötet oder von Hochhäusern gestürzt würden?

Der radikale Islam ist zur letzten großen Erzählung geworden, die den Platz des Kommunismus und Dritte-Welt-Aktivismus einnimmt. In der Kategorie der guten revolutionären Themen ersetzen der Chahid, der Jihadist, der Märtyrer von Al-Qaida oder Hamas den Proletarier, den Guerillero, den Bolschewiken. Die Revolution, diese große Abwesende, wird fortan von den Anhängern des Halbmondes getragen, doch nicht irgendwelchen: ausschließlich von den Palästinensern, weil sie von den »Zionisten« bedrängt und so zu Bewahrern des vielfach verratenen revolutionären Versprechens werden. Sie zu unterstützen bedeutet lediglich, einen neuen Knüppel zu schwingen, um auf die westliche Welt und vor allem die Juden einzuschlagen, die heute, nachdem sie jahrhundertelang als Sündenböcke hatten herhalten müssen, die schlimmsten Makel verkörpern.

In einer bestimmten Mythologie ist der Palästinenser unser letzter edler Wilder, unschuldig selbst dann, wenn er tötet oder massakriert. Sein Terrorismus wird mit »Verzweiflung« entschuldigt. Er ist die große christliche Ikone der radikalen Linken, deren Seligsprechungsprozess nun schon 70 Jahre andauert. Die Liebe, die man ihm entgegenbringt, ist leider nur eine Funktion des Hasses, mit dem man die Israelis verfolgt. Das Unglück der Palästinenser besteht seit einem halben Jahrhundert nicht nur darin, dass sie von korrupten Führern wie der Fatah oder blutrünstigen wie der Hamas regiert werden und den

Manipulationen der Staatskanzleien der Region ausgeliefert sind, sondern vor allem darin, dass sie eine imaginäre Angelegenheit für die Progressiven in Europa und Amerika sind, die fast nichts über dieses Volk wissen. Man erweist seinem Kampf einen schlechten Dienst, wenn man ihn dem Jihadismus gleichsetzt, der einen Großteil der westlichen und auch der arabischen Welt abstößt. Eines Tages muss der Fluch der gegenseitigen Feindschaft gebrochen werden: An den israelischen Extremisten wäre es, ihren Traum von einem Großisrael aufzugeben, und an den Palästinensern, sich von ihren falschen Freunden zu befreien, die ihre tödlichen Utopien auf sie projizieren, als erstes von den Muslimbrüdern und den radikalen Linken im Westen, die sich in ihren Medienbastionen oder Universitäten verschanzen. Wir wissen jetzt, dass die notwendige Lösung des israelisch-palästinensischen Problems, d.h. die mögliche Gründung einer neuen Nation mit anerkannten Grenzen im Westjordanland und im Gazastreifen (mit dem Risiko eines Doppelstaates, talibanisch in Gaza und »säkular« in Ramallah), Israel keineswegs Frieden garantieren wird. Ebenso wenig wird sie die Kreuzritter des Propheten im Krieg gegen die Ungläubigen, die Halbherzigen und die Kuffar des Westens besänftigen. Dieser gerechten Aufgabe muss man sich stellen, jedoch ohne Illusionen.

* * *

Die Szene ist Gold wert: Anfang Mai singen und schreien Demonstranten, nicht alle von ihnen Studenten, vor dem Tor der Columbia University: »Al-Qassam, du machst uns stolz, töte noch einen Soldaten (...) brenne Tel Aviv bis zum letzten Haus nieder. Hamas, wir lieben dich und deine Raketen (...) Al-Qassam, bereite den Israelis die Hölle.« Die 1991 gegründeten Al-Qassam-Brigaden sind der bewaffnete Arm der Hamas. Für diese Aktionen in den USA sind Aktivisten der 2011 an der Columbia University gegründeten SJP (Students for Justice in Palestine) verantwortlich. Als Sprachrohr der Hamas und der

Muslimbruderschaft erkennt die SJP den Juden kein Recht zu, auf dem Land Israel zu leben, und ihr stehen beträchtliche Mittel zur Verfügung, um ihre Aktionen gemeinsam mit der BDS-Bewegung durchzuführen. Sie soll sowohl von Katar, Dubai und den Wächtern der Revolution als auch von den Stiftungen von George Soros und Rockefeller finanziert werden. Diese »humanitären Spenden« dienen weniger der Unterstützung des palästinensischen Volkes als vielmehr der Propaganda für die Hamas; nicht zuletzt auch dem Zweck, die Lage der Afroamerikaner in den USA mit dem Kampf der Palästinenser im Gazastreifen in Verbindung zu bringen.

Und noch etwas fanden Journalisten heraus: Wenn sie »From the River to the Sea, Palestine will be free« singen, wissen die meisten Studenten nicht, um welchen Fluss und welches Meer es sich handelt. Doch wen kümmert's: Wenn der Palästinenser für einen Teil der westlichen Jugend zum neuen Verdammten dieser Erde geworden ist, so weil er nichts anderes als eine Idee ist, eine Abstraktion, auf die man seinen Hass projizieren kann, und zwar unabhängig vom historischen oder geographischen Kontext. Es geht nicht um die Unterstützung eines bestimmten Volkes, sondern um die Verachtung der Juden und Amerikas.

Aus dem Französischen übersetzt von Christoph Hesse.

Staat als Wille und Vorstellung

Jürgen Kaube

Frankreichs Präsident hat angekündigt, sein Land werde Palästina als Staat anerkennen. Großbritannien und Kanada stellen das ebenfalls in Aussicht. Drei Viertel der Staaten weltweit haben es schon getan, die meisten von 1988 an, nachdem die PLO (Palestine Liberation Organization) ihren Anspruch auf die Westbank, den Gazastreifen und Ostjerusalem als Staatsgebiet erklärt hatte. An der UN-Generalversammlung nimmt Palästina als »non-member observer State« teil, als beobachtendes Nichtmitglied also. Sein Abgeordneter dort ist von der Palästinensischen Autonomiebehörde entsandt.

Die mehrfache Merkwürdigkeit, in Palästina einen Staat zu erkennen, liegt auf der Hand. Palästina existiert nicht, was anerkannt wird, ist eine Vorstellung. Die ist sehr vage. Es gibt kein einheitliches Staatsgebiet, keine effektive Staatsgewalt Palästinas, und es gibt ganz unterschiedliche Vorstellungen davon, wie eine »Zweistaatenlösung« des Konflikts zwischen Israel und dem imaginierten Palästina aussehen könnte. Nicht einmal die Palästinenser wissen, wie ihr Staat denn aussehen soll.

Die Hamas beispielsweise lehnt eine Zweistaatenlösung entschieden ab. Verschiedene Vertreter der Palästinenser haben das seit dem Teilungsplan der UNO von 1947 bis zu den Verhandlungen von Camp David im Sommer 2000 getan. Es war ihnen stets nicht Staatsgebiet genug, was in Aussicht gestellt wurde. Man müsse noch mehr herausholen, war so lange die Devise, bis jetzt gar nichts mehr herausgeholt werden kann. Für die Diagnose René Girards, im Streit, der bis zum Äußersten geht, ähnelten sich die Gegner immer mehr an, ist der Nahostkonflikt ein niederschmetterndes Beispiel. In der Formel »Vom Fluss« (dem Jordan) »bis zum Meer« (dem Mittelmeer), die inzwischen sowohl den Anspruch der Palästinenser wie der israelischen Regierung ausdrückt, wird diese Lage greifbar.

Dass die Hamas als terroristische Macht im Gazastreifen und die Fatah als Regierungspartei im Westjordanland untereinander verfeindet sind, macht den Staat Palästina gegenüber der Situation von 1988 nicht wahrscheinlicher. Deshalb führt es zu wenig, das Selbstbestimmungsrecht dieses Volks zu betonen, wenn es selbst gar nicht imstande ist, es auszuüben.

Die Einstaatlösung – eine gefährliche Illusion

Das völkerrechtliche Kriterium, ein Staat dürfe erst dann anerkannt werden, wenn sich eine Staatsgewalt hinreichend fest etabliert habe, bleibt im Blick auf Palästina unbeachtet. Ob die Hamas sich auf Rechtsstaatlichkeit, Demokratie und Menschenrechte verpflichten würde, wie es die EU-Außenminister 1992 von Staaten in Osteuropa als Bedingung ihrer Anerkennung verlangten, ist eine leicht zu beantwortende Frage. Hamas hat in Bezug auf Israel und die Juden eliminatorische Absichten. Das immer wieder zu beschönigen ist die Schande derjenigen, die über Gaza sprechen, ohne die Hamas zu erwähnen oder es nur mit der Unterstellung tun, den Hass zum Verschwinden zu bringen sei ganz die Sache Israels.

Spätestens seit dem terroristischen Angriff der Hamas vom 7. Oktober 2023 erscheint darum ein gemeinsam von Palästinensern und Israelis bewohntes Staatsgebiet, die Einstaatlösung, ebenso illusorisch. Der friedliche Staat, in dem zusätzlich zu 1,5 Millionen Palästinensern in Israel sechseinhalb Millionen aus Gaza und Westjordanland sowie 5,8 Millionen Palästinenser aus arabischen Staaten das Bürgerrecht haben, ist ein Wolkenkuckucksheim. In Straßenumfragen antworten viele Palästinenser auf die Frage, was mit den Juden in einem solchen »From the river to the sea« reichenden Palästina geschehen würde, mit zwei Antworten: Es gäbe in diesem Staat ja gar keine Juden mehr. Oder: Sie würden sterben. Der Sprecher der Hamas im Libanon, Walid Kilani, hat in einem Interview mit der *tageszeitung* vom 30.7.25 vorgeschlagen, die Siedler im Westjordanland könnten ja nach Russland oder Europa auswandern. Wer, wie der Judaist Shaul Magid von der Harvard-Universität gerade in seiner Berliner Mosse Lecture, die Diaspora ohnehin zum besten Aufenthaltsstatus von Juden erklärt, mag sich mit dieser verlangten Selbstaufgabe Israels anfreunden, alle anderen dürften es nicht.

Die Anerkennung Palästinas kann, weil sie sich auf ein imaginiertes Gebilde bezieht, von solchen Einwänden absehen. Sie kompensiert durch einen deklaratorischen Akt die Zweifel am Gelingen einer Staatsgründung, die sie durch Deklaration allererst herbeiführen will. Auch in den Stellungnahmen aus Frankreich und Großbritannien wird dieser rein symbolische Sinn der Anerkennung betont. Es soll durch sie Druck auf Israel ausgeübt werden, es wird mit der Anerkennung gedroht. Britanniens Premier, Keir Starmer, hat ausdrücklich formuliert, sein Land werde Palästina anerkennen, sofern (»unless«) Israel die erschreckende Situation in Gaza nicht beende und einem Waffenstillstand zustimme. So erscheint die Staatsanerkennung als positive Variante dessen, was ansonsten als Boykott betrieben wird.

Hier und da kommen innenpolitische Motive ins Spiel; der muslimische Bevölkerungsanteil in Frankreich liegt geschätzt bei mehr als acht Prozent. Oder es werden historische Hypotheken empfunden: Starmer sprach jüngst davon, »die Hand der Geschichte« liege auf den Schultern der Briten, die 1917 Palästina besetzt hatten und von 1920 bis 1948 dort ein Völkerbundsmandat ausübten. Die Labour Party selbst ist tief gespalten, was die Haltung zu Israel angeht.

Die Anerkennungsfrage als politisches Druckmittel

Man verschafft dem Zorn über die humanitäre Situation in Gaza und über die verfahrene Lage zwischen Meer und Fluss, die auch (auch!) durch Israels kategorische Ablehnung jeder grundsätzlichen Konfliktlösung bewirkt ist, mittels Forderung nach Anerkennung Palästinas Luft – und verschluckt sich zugleich dabei. Denn taktisch mag sie überzeugen, je nachdem, ob man glaubt, Israels Regierung lasse sich durch solchen Druck am Ende doch bewegen. Erfolgt die Anerkennung Palästinas jedoch nicht nach einer Staatsgründung, sondern als Mittel zu ihr, begeben sich ihre Anhänger in einen interessanten Selbstwiderspruch. Sie machen das Recht der Palästinenser auf einen Staat abhängig von Konzessionen Israels. Ob ein Waffenstillstand und geordnete Nahrungsmittellieferungen jemals zu einer Zweistaatenlösung führen werden, steht in den Sternen. Insofern könnte die Regierung Netanjahu, die eine solche Lösung ablehnt, sich eigentlich darauf einlassen. Denn Starmer müsste von der Anerkennung Palästinas nach einem baldigen Waffenstillstand wieder absehen, und es bewegte sich in der Frage der Zweistaatlichkeit trotzdem nichts. Aber das ist ebenfalls stark hypothetisch, denn Netanjahu und die Seinen sind genauso verblendet wie ihre Feinde.

Die Anerkennung Palästinas ist irgendwie an die Autonomiebehörde im Westjordanland adressiert, aber sie stärkt die Hamas. Denn sie hat nicht nur das gesamte Gebiet von Gaza unter Verwendung international zufließender Ressourcen zu einem untertunnelten Kampfgebiet gegen Israel gemacht. Sie hat ihren Massenmord sehenden Auges in der Erwartung, ja in der Hoffnung auf israelische Vergeltung begangen. Ihre mörderische Attacke startete sie in einem Augenblick, in dem ihr die Annäherung arabischer Staaten an Israel zu groß schien. Die palästinensische Bevölkerung, in der sie auf fest etablierten Judenhass rechnen kann, ist ihr genauso gleichgültig wie den Rechtsradikalen in Netanjahus Regierung. Deswegen scheut sie auch keine Kompromisslosigkeit. Wenn es nicht zu einem Waffenstillstand kommt, kann die Hamas bei Macron, Starmer und Carney jetzt noch die Prämie der Anerkennung des Staates Palästina einstreichen.

Schon wieder ein Goldenes Zeitalter vorbei

Dana von Suffrin

Wir hatten einen ganz kurzen Augenblick, der ungefähr von den späten Neunziger Jahren bis 2023 gedauert haben muss: Ich erinnere mich an diese schnelle Geste, halb demütig, halb stolz, mit der mein Vater und seine Freunde ungefähr zwanzig Meter vor der Synagoge am Sankt-Jakobs-Platz – also schon in Sichtweite der freundlichen, sicher für diesen Anlass gecasteten Polizeibeamten, die uns Geleitschutz gaben – ihre Baseballkappen und Schiebermützen abzogen, um dann ein paar Schritte mit Kippa durch die Münchener Innenstadt zu laufen. Mitten durch die Stadt! Denn auch im Goldenen Zeitalter galt man als halbwahnsinnig, wenn man es wagte, als Jude durch die Stadt zu laufen, auch damals stand vor jeder Synagoge Polizei.

Mein erster Roman erschien 2019. Er hatte einen psychopathischen, grantigen und, meine ich, sehr lieben Holocaustüberlebenden als Helden. Ich habe also, ohne es zu wissen, die letzten Jahre der beinahe friedlichen Koexistenz erlebt, in der Juden und Deutsche zusammen darüber geschmunzelt haben, was ihren Eltern und Großeltern für merkwürdige Dinge zugestoßen sind. Zumindest dachte ich das ein paar Jahre lang, ungefähr so lange, bis mich eine Moderatorin in der Nähe von Köln fragte, wieso ich nicht »einfach aus Deutschland wegziehen würde«. Das war im Herbst 2024, ich war bei irgendwelchen Kulturtagen eingeladen, es gab dort Christen, die Klezmer spielen, ein paar Friedhofsbesuche und eine Lesung mit mir, und spätestens da wusste ich: Wenn Rundfunkmoderatorinnen so reden, hat sich etwas geändert.

Aber nicht nur bei den Rundfunkmoderatorinnen hat sich etwas geändert. In München wird gerade ein Theaterstück über die DPs gezeigt, auch darin musste man, mit fast schon bedauernswerter Hartnäckigkeit, Gaza erwähnen. Wehe, die Juden sagen nichts zu Gaza, wer Auschwitz sagt, muss auch Gaza sagen, so die Logik. Wenn man umgekehrt Gaza erwähnt, muss man Auschwitz erwähnen, oder zumindest Warschau, so wie Masha Gessen. Die Geschichte der Juden wird ab jetzt für immer mit Gaza verbunden sein, und zwar nicht, weil der 7. Oktober so schrecklich war, der Krieg so brutal geführt wurde oder weil so viele Zivilisten umgekommen sind, sondern weil er den Antisemiten bestätigt hat, was sie schon immer gewusst zu haben gemeint haben: Es gibt schon einen Grund, warum man diese Juden nicht leiden kann.

Die Goldene Ära der Juden in Deutschland scheint also beendet. In den USA wird das Ende der guten alten Zeit schon seit Jahren diskutiert, es ist gar nicht sicher, ob es dazu den Gaza-Krieg dazu überhaupt brauchte, oder ob eine erstarkende Rechte, Evangelikale und alt-neue Ideologen auch genügt hätten. Die Ära so zu benennen ist zumindest für den deutschen Kontext schon übertrieben, denn so lang und prägend war sie nicht, und sie schimmerte auch nicht golden, eher matt, vielleicht ein wenig wie Messing? Also gut, die Messingjahre, in denen Juden kurz Deutsche sein durften: Wenn sie schlecht geschrieben haben, hat man gesagt, sie schreiben schlecht, wenn sie sich schlecht verhalten haben, sagte man eben, sie verhalten sich schlecht – aber man hat sie dabei nicht Juden genannt. Und wahrscheinlich ist sogar dieser Blick auf diese kurze Zeitspanne schon verklärt. Wahrscheinlich war die deutsche Gesellschaft genauso antisemitisch wie jetzt – die Vorstellung eines Deutschlands ohne Antisemitismus ist lächerlich. Aber es gab so etwas wie einen Konsens, seinen Antisemitismus lieber nur in der heimischen Sphäre und nicht in der Öffentlichkeit auszuleben, einen Josef-Fritzl-Antisemitismus, den man erst im heimischen Keller beschwor.

Deutschland hat sich radikalisiert in den letzten beiden Jahren: »Free-Palestine«-Aufkleber jucken keinen mehr, mit geschäftiger Routine werden Lokale mit roten Dreiecken besprüht, als wäre es ein Nebenjob, rote Dreiecke zu sprühen. »Zionist«, ein historischer Begriff, ist in vielen Kreisen nur noch ein Schimpfwort, aber eines der übleren. Das Wort »Diaspora« ist dafür im

Ansehen gestiegen. Ähnlich wie die Begriffe hat sich auch der Status der Juden in Deutschland auf den Kopf gestellt: Einst waren sie sowas wie stolze Opfer, die eine irgendwie würdevolle Aura umgab, jetzt hat man sie auf die Knie gezwungen, ein paar von ihnen haben sich aber auch bereitwillig hingekniet. Die Konflikte sind nicht neu, doch ungleich schärfer als früher, und das manische Sprechen über Israel ist eines der Symptome.

Kurz bevor Bashevis Singer 1978 für sein jiddischsprachiges Werk den Nobelpreis für Literatur entgegennehmen sollte, bat Ministerpräsident Menachem Begin ihn um ein Treffen in New York. Singer bat Begin, ihm einen Wagen zu schicken, wie wir aus der Autobiographie seines Sohnes Israel Zamir wissen. Er musste allerdings am Ende doch Taxi fahren, weil Begin seine Bitte ignorierte, aber die ungleich größere Demütigung stand ihm noch bevor. Kaum dass Singer sich gesetzt hatte, hielt Begin ihm auch schon einen Vortrag darüber, warum das Hebräische dem Jiddischen überlegen sei – natürlich auf Jiddisch, das war ja die Muttersprache der beiden. Begins Hauptargument war, dass man auf Jiddisch keine Kommandos erteilen könne, was sicherlich richtig ist. Singer war beleidigt, schließlich hing er sehr an der jiddischen Sprache, obwohl er Begin natürlich zustimmen musste. Vielleicht dachte er sogar immer noch an Begin, als er kurz nach dem Treffen in seiner Nobelpreisrede die jiddische Mentalität lobte: »Sie fordert und befiehlt nicht, sondern schlägt sich durch, schleicht sich vorbei […].« Was Begin dazu sagte, ist nicht überliefert, aber Singer blieb sauer, er weigerte sich, während Begins Amtszeit israelischen Boden zu betreten.

Bashevis Singer hatte natürlich recht: Die Juden der – diesmal wirklich – guten alten Zeit waren, zwangsläufig, ein recht friedliches Völkchen, das sich nicht nennenswert wehrte, wenn einmal wieder christliche Adelige oder Kosaken sich daran machten, ihm die Holzhütten anzuzünden, die Töchter zu vergewaltigen oder die Söhne totzuhauen. Das Hebräische war übrigens zunächst auch nur bedingt zur Kommandosprache geeignet, es musste sich dazu erst entwickeln, und der erste große einarmige zionistische Held, Joseph Trumpeldor, hat, als er 1920 in Tel Chai nach einem ungeschickten Schusswechsel im Sterben lag, wohl gar nicht in der heiligen Sprache »Es ist gut, für sein Vaterland zu sterben« geflüstert, so vermuten zumindest einige kritische Historiker. In Wahrheit beschimpfte er derb auf Russisch die eigene Mutter. Beides klingt angeblich ähnlich, doch der hebräische Satz eignet sich ungleich besser zur Bildung nationaler Mythen.

Heute eignet sich Hebräisch jedenfalls als Kommandosprache leidlich, und das Jiddische wiederum ist leider trotz Singers Nobelpreis fast ganz verschwunden, traurige Reste kann man manchmal in Brooklyn, in Montreal und in den Aufrufen der jüdischen Antizionisten sehen, die depressive antizionistische Gruppen bilden, die irgendwas mit »Diaspora« heißen und sich nach dem Zustand sehnen, in dem Juden vor allem hilflos waren. Ja ja, das war sicher ein sympathischer Zustand, aber eben auch kein besonders sicherer. Ich habe einen israelischen Freund, der immer behauptet, der schlechteste Soldat in der Geschichte der israelischen Armee gewesen zu sein. An ihn denke ich manchmal, wenn ich sehe, wie man über Israel redet. Jedenfalls: Ihm ist bei einer Übung im Laufen sein Maschinengewehr von der Schulter gerutscht, was er allerdings erst bemerkt hat, als er es versehentlich mit einem Panzer überfahren hatte. Vielleicht gefällt mir die Geschichte aus den falschen Gründen. In diesem Land mag man Juden vor allem, wenn sie schwach sind. Die Lieblingsjuden der Deutschen wurden erniedrigt, in Viehwaggons gestopft, erschossen oder zu Tode gepeinigt, und wer sich etwas anders geriert, kriegt Ärger – und wer das nicht glauben will, braucht sich nur eine beliebige Kommentarspalte zu einem Text von Maxim Biller ansehen.

Das Loblied der Diaspora hat natürlich auch eine Strophe zu Israel. Es ist nun nicht mehr das brennend heiße, gleißend helle Land, in dem wir uns Falafel und Sonnenbrand geholt und Granatapfelsaft verschüttet haben, das Land, in dem wir dank unserer höflich europäischen Prägung mehrmals hintereinander erfolglos versucht haben, in den Bus 8 Aleph zu steigen, das

Land, im dem wir erste sexuelle Erfahrungen mit attraktiven Leuten gesammelt haben. Israel ist für die jüdischen Diasporisten jetzt ein Terrorstaat, plötzlich vergisst man Tante Ruchi und Onkel Jaakow und all die hübschen Kellner, und distanziert sich hastig von ihnen, als hätten sie im Fernsehen einen anzüglichen Witz gemacht. Gaza, das sind doch die anderen? Von Israel distanzieren müssen sich aber natürlich nur die Juden und in erster Linie jene, die gerne ein Teil der globalen, äußerst antisemitischen Linken sein möchten. Bei jeder Gelegenheit betonen sie, wie sehr sie darunter leiden, ihre ideologische Prägung aufzugeben und mit ihrem gesamten Umfeld zu brechen, aber ihr neuer Nimbus als moralische Juden in einer unmoralischen Zeit gleicht das ein wenig aus. Es gibt auch eine ganze Reihe von nichtjüdischen »Diasporisten«, sie gründen Magazine, halten Vorträge über die Staatsräson und sorgen sich auf einmal um Deutschlands Ansehen in der Welt – aber bei ihnen, würde ich sagen, hat sich nicht so viel geändert, sie haben nur 2023 endlich einen Anlass gefunden, Juden gewissermaßen offiziell zu hassen. Diese Leute freuen sich besonders über jeden antizionistischen jüdischen Kronzeugen, der endlich ausspricht, was ihnen selbst so lange verboten wurde.

Als antizionistischer Jude ist man endlich wieder jemand. Zumindest für eine kurze Zeit, bevor man wieder an den angeborenen Paria-Status erinnert werden wird, obwohl man sich selbst für die Neuauflage der Ritchie Boys hält. Shulamit Volkov hat dieses Spektakel schon vor vierzig Jahren beobachtet, aber damals gab es noch kein Social Media. Das ewige Sich-Distanzieren schafft natürlich ironischerweise eine noch größere Nähe zwischen Israel und den Juden, denn man müsste sich ja nicht ständig distanzieren, wenn man nichts miteinander zu tun hätte, und so landet man bei Freuds Verneinung.

Was den wenigsten aufzufallen scheint, ist, dass das Angebot alt und die Aussicht schlecht ist: Juden müssen nur ihre Identität aufgeben, schon dürfen sie in den Klub. Sie müssen sich nur ganz kurz öffentlich demütigen, sich ein wenig flagellieren, von Israel distanzieren, den Krieg einen Genozid nennen, den Zionismus Terrorismus, den Staat Siedlerkolonie, und schon sind sie dabei. Zumindest vorübergehend, zumindest denken sie das, dann werden sie wieder hinausgeworfen, denn sie sind nicht zuverlässig genug, sie werden als »liberale Zionisten« gebrandmarkt, und schon müssen sie ein wenig radikaler werden, und der ganze Spaß geht in die nächste Runde.

Erinnert uns das nicht ein bisschen an das 19. Jahrhundert? Und das 20. Jahrhundert? Man musste nur kurz schön Hochdeutsch lernen, sich vernünftig kleiden, sich von den schmutzigen Ostjuden distanzieren – ungefähr so wie Sigmund Freud, der dann aber doch flüchten musste und dessen Schwestern alle umgebracht worden sind. Argumente bringen heute leider überhaupt nichts mehr, sie helfen in der Diskussion ungefähr so viel weiter wie der liebe Gott Freuds Schwestern in Treblinka. Antisemitismus gibt es – und das ist leider eine banale, aber richtige Tautologie –, weil die Leute Antisemiten sind, in jeder Ära.

Die Autorinnen und Autoren:

Soweit nicht angegeben, handelt es sich bei den Texten um Originalbeiträge.

Paul Berman, geboren 1949, ist ein amerikanischer Autor, der über Politik und Literatur schreibt. Auf deutsch erschienen: »Terror und Liberalismus«, Hamburg 2004. »Idealisten an der Macht. Die Passion des Joschka Fischer«, München 2006.
»Ein dummer Cartoon und die Universitätsideologie« ist auf Englisch erschienen auf der Website *Liberties Journal.*

Klaus Bittermann ist Autor, lebt in Berlin und betreibt seit 1979 die Edition Tiamat. Für die Pohrt-Werkausgabe und seine sonstige verlegerische Arbeit erhielt er im Oktober 2023 den Großen Berliner Verlagspreis, im Frühjahr 2026 den Kurt-Wolff-Verlagspreis. Zuletzt erschien seine Biografie über Wolfgang Pohrt: »Der Intellektuelle als Unruhestifter«, Berlin 2022.

Alexander Bogner ist Soziologe an der Österreichischen Akademie der Wissenschaften und Präsident der Österreichischen Gesellschaft für Soziologie.
Caspar Hirschi ist Historiker an der Universität St. Gallen und Vorstandsmitglied der Schweizerischen Akademie der Geistes- und Sozialwissenschaften.
Der gemeinsam verfasste Beitrag erschien zuerst in *Frankfurter Allgemeine Zeitung* vom 4. September 2025: © Frankfurter Allgemeine Zeitung GmbH, Frankfurt. Alle Rechte vorbehalten. Zur Verfügung gestellt vom Frankfurter Allgemeine Archiv.

Pascal Bruckner ist einer der bekanntesten Romanciers und Essayisten in Frankreich, Vertreter der Nouvelle Philosophie und Mitglied der L'académie Goncourt. Als Verfechter der europäischen Aufklärung, des Laizismus und der universellen Menschenrechte wurde er für seine Bücher mit zahlreichen Preisen ausgezeichnet, die in mehr als dreißig Ländern erschienen sind. Auf Deutsch erschien u.a.: »Der eingebildete Rassismus«, Berlin 2020, »Ein nahezu perfekter Täter«, Berlin 2021, »Die Gesellschaft der Opfer«, Berlin 2024.

Norman J. W. Goda ist ein amerikanischer Historiker, der sich auf die Geschichte Nazi-Deutschlands und des Holocaust spezialisiert hat. Er ist Professor für Geschichte an der University of Florida und dort Inhaber des Norman-und-Irma-Braman-Lehrstuhls für Holocaust-Studien. Goda ist Autor mehrerer Bücher zur internationalen Politik Nazi-Deutschlands, zum Holocaust und zum Kalten Krieg. Er ist zudem als historischer Berater für die Arbeitsgruppe »Nazi War Crimes and Japanese Imperial Government Records« des Nationalen Sicherheitsarchivs der Vereinigten Staaten tätig. Veröffentlichungen u.a.: »Tomorrow the World: Hitler, Northwest Africa, and the Path toward America« (1998); »Tales from Spandau: Nazi Criminals and the Cold War« (2007); The Holocaust: Europe, the World, and the Jews (2. Auflage, 2022).

Jeffrey Herf ist emeritierter Professor für Geschichte an der University of Maryland. Zahlreiche Buchveröffentlichungen: »Israel's Moment: International Support for and Opposition to Establishing the Jewish State, 1945–1949«, Cambridge University Press 2022. »Drei Gesichter des Antisemitismus«, Leipzig 2024.

Christoph Hesse ist Film- und Literaturwissenschaftler, Mitarbeiter des Berliner Leibniz-Zentrums für Literatur- und Kulturforschung und Übersetzer aus dem Englischen und Französischen, u.a. von Alain Finkielkraut, Pascal Bruckner und Bruno Chaouat.
»Erlöse uns von dem Bösen« erschien in der *Jungle World* 40 vom 2. Oktober 2025.

Eva Illouz, geboren 1961 als Tochter sephardischer Juden in Marokko, zählt als französisch-israelische Soziologin zu den weltweit prominentesten Stimmen des linksliberalen Israel. Zuletzt erschien von Eva Illouz »Undemokratische Emotionen: Das Beispiel Israel«, Berlin 2023, und »Der 8. Oktober«, Berlin 2025.
»Ist Antizionismus eine andere Form des Antisemitismus?« erschien in der *Süddeutschen Zeitung* vom 3. Juli 2025. »Völkermord? Im Ernst?« erschien in der *Süddeutschen Zeitung* vom 30. Dezember 2024. Das »Postscriptum« schrieb Eva Illouz am 30. September 2025 als Präzisierung ihres Beitrags »Völkermord? Im Ernst?« für die vorliegende Anthologie. »Omer Bartov und die Grenzen des historischen Vergleichs« erschien am 20. November 2025 auf der Website *k-larevue.com*

Jürgen Kaube ist Herausgeber der *Frankfurter Allgemeinen Zeitung*. Buchveröffentlichung: »Hegels Welt«, Berlin 2020.
Der Beitrag erschien zuerst in: *Frankfurter Allgemeine Zeitung* vom 2. August 2025. © Frankfurter Allgemeine Zeitung GmbH, Frankfurt. Alle Rechte vorbehalten. Zur Verfügung gestellt vom Frankfurter Allgemeine Archiv.

Philipp Lenhard lehrt an der Ludwig-Maximilians-Universität München, Historisches Seminar, Jüdische Geschichte und Kultur. Zuletzt veröffentlichte er das Buch »Wahlverwandtschaften. Eine Kulturgeschichte der Freundschaft im deutschen Judentum, 1888–1938«, Tübingen 2023.
»Go back to Poland!« erschien in: *Historische Zeitschrift*, Band 319/ 2024. »Mit Adorno gegen Israel?« erschien in *Berlin Review* Nr. 16, Januar 2026.

Benny Morris, geboren 1948 in Ein HaHoresh, ist emeritierter Professor der Geschichte an der Ben-Gurion-Universität des Negev und einer der wichtigsten Vertreter der »Neuen Israelischen Historiker«, die in den achtziger Jahren eine kritische Revision der bis dahin gängigen israelischen Geschichtsschreibung anstrengten. Zahlreiche Buchveröffentlichungen. Zuletzt erschienen: »1948. Der erste arabisch-israelische Krieg«, 2008, auf Dtsch. Leipzig 2023. Und: »Die Geburt des palästinensischen Flüchtlingsproblems. Eine Neubetrachtung«, 2004, auf dtsch. Leipzig 2025.
»Der Krieg gegen die Geschichte« erschien ursprünglich in *Jewish Review of Books*, Frühjahr 2020, auf deutsch in: *Jungle World* 23 vom 6. Juni 2024.

Doron Rabinovici, 1961 in Tel Aviv geboren, lebt in Wien. Er ist Schriftsteller und Historiker. Publikationen u.a: »Instanzen der Ohnmacht. Wien 1938–1945. Der Weg zum Judenrat«, Berlin 2000; »Neuer Antisemitismus? Fortsetzung einer globalen Debatte«, herausgegeben gemeinsam mit Christian Heilbronn und Natan Sznaider, Berlin 2019; »Andernorts«, Roman, Berlin 2010 (Shortlist Deutscher Buchpreis 2010); »Die Einstellung«, Roman, Berlin 2022; 2013–2015: »Die letzten Zeugen«. Ein Theaterprojekt des Wiener Burgtheaters gemeinsam mit Matthias Hartmann. Für sein Werk wurde er vielfach ausgezeichnet u.a. mit dem Clemens-Brentano-Preis, dem Anton-Wildgans-Preis und dem Ehrenpreis des österreichischen Buchhandels für Toleranz in Denken und Handeln.

Anne Rethmann ist Postdoctoral Fellow an der Martin Buber Society of Fellows in the Humanities and Social Sciences der Hebräischen Universität Jerusalem. 2025 wurde sie an der Freien Universität Berlin mit summa cum laude in Philosophie promoviert. Ihre Dissertation »Das Nichtidentische der Menschenrechte« wird derzeit für eine Buchpublikation überarbeitet. Ihre Forschungsschwerpunkte liegen in der politischen Philosophie, der Rechtstheorie und der Geschichte der Menschenrechte.

Richard Schuberth hat Romane, Essays, Kurzgeschichten, Aphorismen, Lyrik und Theaterstücke verfasst, außerdem wissenschaftliche Texte, Songs und gesellschaftskritische Satiren. 2021 erhielt er den Theodor Kramer Preis. Zuletzt veröffentlichte er den Roman »Der Paketzusteller« und den Essayband »Lord Byron – der erste Anti-Byronist«.
Der Essay »And the Winner is … Hamas!« erschien in *Jungle World* 30/25 vom 24. Juli 2025.

Dana von Suffrin ist Schriftstellerin und Historikerin. Sie promovierte 2017 über ein wissenschaftshistorisches Kapitel des frühen Zionismus. Heute schreibt sie Romane, Erzählungen, Essays, Theatertexte und Hörspiele. Zuletzt erschien das Hörspiel »Nie wieder gut« (BR, 2025), als nächstes kommt der Roman »Toxibaby«, Köln 2026. Sie wurde mehrfach ausgezeichnet, zuletzt mit dem Tukanpreis (2024) und dem Chamisso-Preis (2025). Sie lebt in München.

Aus der Reihe Critica Diabolis

21. Hannah Arendt, Nach Auschwitz, 13.- Euro
65. Guy Debord, Gesellschaft des Spektakels, 20.- Euro
171. Harry Rowohlt, Ralf Sotscheck, In Schlucken-zwei-Spechte, 15.- Euro
223. Mark Fisher, Gespenster meines Lebens, 20.- Euro
225. Eike Geisel, Die Wiedergutwerdung der Deutschen, 24.- Euro
246. Mark Fisher, Das Seltsame und das Gespenstische, 18.- Euro
253. Wolfgang Pohrt, Werke Bd. 10, Kapitalismus Forever & Texte, 22.- Euro
262. Wolfgang Pohrt, Werke Bd. 4, Kreisverkehr & Texte 82-84, 30.- Euro
268. Wolfgang Pohrt, Werke Bd. 1, Theorie des Gebrauchswerts u.a., 32.-
271. Eike Geisel, Die Gleichschaltung der Erinnerung, Essays, 26.- Euro
272. Mark Fisher, k-punk, Nachgelassene Schriften (2004-2016), 34.- Euro
277. Iris Dankemeyer, Erotik des Ohrs. Adorno, 30.- Euro
284. Caroline Fourest, Generation Beleidigt, 18.- Euro
286. Ingo Müller, Furchtbare Juristen, erweiterte Neuausgabe, 26.- Euro
287. Wolfgang Pohrt, Werke Bd. 8.2, Brothers in Crime, 26.- Euro
294. Wolfgang Pohrt, Werke Bd. 9, FAQ & Ergänzungstexte, 26.- Euro
295. Léon Poliakov, Vom Hass zum Genozid. Das 3. Reich und die Juden, 34.-
301. Klaus Bittermann, Unruhestifter Wolfgang Pohrt, Biographie, 32.- Euro
311. Ingo Elbe u.a. (Hg.), Probleme des Antirassismus, 34.- Euro
313. Wolfgang Pohrt, Werke Bd. 11, Briefe & Mails 1976–2016, 38.- Euro
317. Wiglaf Droste, Vollbad im Gesinnungsschaum. Sprachkritik, 22.- Euro
318. Andreas Stahl u.a. (Hg.), Gesichter des politischen Islam, 30.- Euro
325. Bruno Chaouat, Ist Theorie gut für die Juden?, 30.- Euro
327. Hans Traxler, Wie die Malerei verschwand, 26.- Euro
328. Ingo Elbe, Antisemitismus und postkoloniale Theorie, 28.- Euro
329. Christof Meueler, Die Welt in Schach halten. Wiglaf Droste, 30.- Euro
330. Martha Gellhorn, Die Araber von Palästina, 18.- Euro
331. Hallische Jahrbücher#2, Das Zeitalter des Populismus, 24.- Euro
332. Martini & Bittermann (Hg.), Nach dem 7. Oktober, Essays, 24.- Euro
334. Pascal Bruckner, Die Gesellschaft der Opfer, 26.- Euro
335. Jonathan Guggenberger, Opferkunst, 20.- Euro
337. Adam Kirsch, Siedlerkolonialismus, 24.- Euro
338. Wolfgang-Pohrt-Reader, Wahn und Realitätsverlust, 26.- Euro
339. Coleman Hughes, Farbenblind. Ein Plädoyer, 26.- Euro
340. El Helou & Debora Eller (Hg.), Das Subjekt Frau, 26.- Euro
341. Eric-John Russell, Spektakuläre Logik bei Hegel und Debord, ca. 30.-
342. Florence Schulmann, Der Vogel von Bergen-Belsen, 18.- Euro
343. Jan Gerber, Das Verschwinden des Holocaust, 28.- Euro
344. James Poniewozik, Alle Scheinwerfer auf mich, Trump, 32.- Euro
345. Marceline Loridan-Ivens, Liebe im Schatten von Auschwitz, 20.- Euro
346. Bittermann & Hesse (Hg.), Umkämpfte Geschichte, 28.- Euro
347. Lars Rensmann, Kritische Theorie über den Antisemitismus, ca. 30.- Euro
348. Klaus Thörner, Katar und die Muslimbruderschaft, ca. 20.- Euro
349. Jan Gerber, Fluchtpunkt Entebbe. Linker Terrorismus und Israel, 18.- Euro
350. Richard Schuberth, Vom Antisemitismus, der keiner sein will, ca. 20.- Euro
351. Stewart Home, Yoga-Faschisten. Okkultisten und Rassisten, ca. 24.- Euro
352. Gellhorn, Flanner, West, Im Herzen des Weltfeindes, ca. 20.- Euro

http://www.edition-tiamat.de